VARIETIES OF ELECTORAL GOVERNANCE
Seeking the Institutional Foundations of Democracy

選挙ガバナンスの実態
世界編
——その多様性と「民主主義の質」への影響——

大西 裕
[編著]

ミネルヴァ書房

はしがき

　民主政治において，最も重要な制度の一つが選挙制度であることは疑問の余地がない。選挙制度のあり方は民主政治に大きな影響を与える。しかし，いかなる選挙制度を採用するにしても，選挙が適正になされ，選挙制度に対する国民の信頼がなければ，民主政治は実現困難である。すなわち，選挙制度は選挙ガバナンスに支えられて初めて機能する。とはいえ，2000年のアメリカ大統領選挙の混乱に見られたように，現実には途上国のみならず，先進国においても選挙ガバナンスが十全だとはいえない。ところが，選挙ガバナンスの研究は，日本では一部の法学的研究を除くと実務的な必要によるものに限られ，政治学的な研究は皆無に近く，国際的にも近年研究が始まったばかりである。

　選挙ガバナンス研究の焦点は2つある。1つは，選挙ガバナンスの形態が選挙の「質」にいかなる影響を与えるかである。選挙管理制度は各国で大きく異なる。選挙の質も大きく異なる。両者の間には強い関連があるのではないかとの主張が考えられるであろう。実際，先行研究の多くは，選挙管理機関 (Electoral Government Bodies) が政府から独立的であればあるほど，選挙の質は改善するとしている。しかし，これまでの研究は，この分野の研究が始まって日が浅いことを反映して，リサーチデザイン上で大きな問題を抱えている。第1に，選挙管理機関の独立性ばかりに焦点が当てられている。選挙ガバナンスは多様な制度と慣行によって形成されているが，それらとの関係があまり議論されていない。第2に，研究対象が地域的に偏っている。ラテンアメリカやアフリカは対象とされても，欧州，アジアはほとんど研究されていない。第3に，研究手法として計量分析が先行し，個々の事例の質的特殊性が十分考慮されていない。

　ガバナンス研究のもう1つの焦点は，いかなる制度上の問題が選挙不正を引き起こすのかである。票の買収や投票妨害などの選挙不正の発生と選挙ガバナンスには，何らかの関係があると考えるのが自然である。しかし，ここでも大きな問題が存在する。第1に，投票環境の改善や，より多くの社会構成員に選

挙権を認めることなどを意味する積極的投票権保障と，選挙管理のあり方が区別されず論じられている。第2に，選挙ガバナンスとの関係で，選挙不正が発生しないケースに関する注目が欠けている。選挙不正が発生する理由は，発生しない事例との比較を意識しないと適切な理解を得ることができない。

　本書は，以上の点を鑑み，先行研究の持つ調査設計上の問題を解決し，選挙ガバナンス研究という，比較政治学上，行政学上の巨大な空白に挑むものである。具体的には，本書は以下の3点での貢献を目指している。第1に，世界の選挙ガバナンスを記述・分析する。選挙ガバナンスの形態は世界各国で異なる。しかし，どのように異なるのか，違いが何をもたらすのかは，日本ではほとんど知られていない。本書は，重要な幾つかの国・地域に限られるが，できるだけ多く，かつ外形的な制度紹介にとどまらない形で記述・分析する。多様なガバナンス形態を知ることは，日本の選挙ガバナンスを相対的に捉えることを可能にするであろう。第2に，選挙ガバナンスの中核を占める選挙管理機関と選挙の質との関係を考察する。選挙管理機関が独立的であることが，選挙の質向上に良い影響を与えるという通説見解の妥当性が検討され，独立性以外の要素や，さらには選挙管理機関以外の選挙ガバナンスの担い手の役割も検討対象となる。第3に，積極的投票権保障を，選挙管理と概念的に切り離した上で，その多様性と選挙の質への影響を検討する。本書では直接的には言及しないが，選挙不正を考える上で重要な検討素材を提供することにつながるであろう。

　本書が対象とする選挙ガバナンスは，選挙研究，行政学，比較政治学にまたがる新領域である。本書を契機にこの領域の開拓が進むこと，そして，この領域の開拓が3つの学問に対し新たな刺激になることを願ってやまない。

大　西　　　裕

選挙ガバナンスの実態　世界編
――その多様性と「民主主義の質」への影響――

目　次

はしがき

第Ⅰ部　多様な選挙ガバナンス

第1章　選挙ガバナンスの論点……………………………………大西　裕…3
　　　現代民主主義における選挙
　　　選挙管理，積極的投票権保障，選挙ガバナンス　　本書の構成
　　　国際的論調への返答

第2章　選挙管理と積極的投票権保障………………………………大西　裕…14
1　選挙ガバナンスと政治体制………………………………………………14
　　　動揺する選挙ガバナンス　　選挙管理と積極的投票権保障
　　　選挙不正と民主主義　　代議制民主主義と選挙　　選挙不正の原理
　　　選挙ガバナンスの構成要素
2　多様な選挙管理機関……………………………………………………23
　　　選挙管理機関の独立性　　選挙管理機関の3類型　　選挙管理機関の変容
　　　選挙管理委員会のメンバー
3　積極的投票権保障………………………………………………………29
　　　積極的投票権保障の論点　　変化の少ない制度
4　両者の関係………………………………………………………………32
　　　選挙ガバナンスのコストを保障　　コストを嫌がる政府モデル
5　発見と含意………………………………………………………………35

第Ⅱ部　選挙ガバナンスの形成・展開

第3章　東南アジア諸国の選挙管理…………………………………川中　豪…41
　　　――民主化後のフィリピン，タイ，インドネシア――
1　公正な選挙運営を実現するには………………………………………41
2　選挙管理システムを規定する要因……………………………………42
　　　政治勢力間の相互的戦略行動　　権力の大きさと抵抗の強さ

3　東南アジア3カ国の位置づけ……………………………………………45
　　　　　中立性の程度　　権力分立と野党分裂の程度　　3カ国の特徴
　　4　フィリピン——権威主義体制期から継続する低い信頼性……………54
　　　　　利得の構造　　選挙管理システムの形成　　市民団体の監視
　　　　　選挙不正の蔓延
　　5　タイ——強力な権限と党派性……………………………………………59
　　　　　民主化と政治制度改革　　選挙管理委員会の設置　　権力の集中
　　　　　司法の影響力拡大
　　6　インドネシア——党派性排除と選挙管理の能力……………………63
　　　　　権力の分立　　選挙管理システムの形成　　中立性の確保
　　　　　運営能力　　東南アジアにおける権力と選挙管理
　　Appendix　選挙管理システムに関する定量的検証……………………69

第4章　中東欧諸国の選挙管理……………………………………仙石　学…81
　　　　——体制転換後のポーランドとチェコ——
　　1　民主化後の中東欧諸国における選挙管理……………………………81
　　2　ポーランドにおける選挙管理…………………………………………82
　　　　　現在のポーランドの選挙管理制度　　ポーランドの選挙管理形式の変遷
　　3　チェコにおける選挙管理………………………………………………85
　　　　　現在のチェコの選挙管理制度　　チェコの選挙管理形式の変遷
　　4　両国の制度に関する評価………………………………………………88
　　5　2014年のポーランド統一地方選挙における選挙管理………………91
　　　　　2014年の地方選挙をめぐる混乱　　選挙管理への評価とその後の展開
　　6　残された課題……………………………………………………………96

第5章　英連邦諸国の選挙管理…………………………………稲継裕昭…104
　　　　——イギリス，オーストラリア，ニュージーランドにおける独立型機関創設——
　　1　イギリス…………………………………………………………………105
　　　　　概観　　基礎的な事項
　　　　　（中央）選挙委員会（The Electoral Commission：EC）（2000年設立）
　　2　オーストラリア…………………………………………………………117

概観　　基礎的な事項

　　　連邦選挙管理委員会（Australian Electoral Commission：AEC）（1984年設立）

　　　州レベル，地方レベルの選挙——ニューサウスウェールズ州の場合

　3　ニュージーランド……………………………………………………………129

　　　概観　　基礎的な事項

　　　選挙管理委員会（New Zealand Electoral Commission：NZEC）（2012年設立）

　　　地方選挙

　4　英連邦3カ国の比較…………………………………………………………137

第6章　アメリカ連邦レベルの選挙管理………………松本俊太…147
　　　　——アメリカ投票支援法（HAVA）から10年——

　1　連邦政府による選挙管理とその限界………………………………………147
　2　HAVA制定以前の状況………………………………………………………148
　　　連邦制と合衆国憲法　　連邦レベルの改革の歴史
　3　2000年大統領選挙とHAVAの成立…………………………………………150
　　　HAVAの立法過程　　HAVAの主な内容
　4　HAVAの効果…………………………………………………………………154
　　　HAVAの執行状況　　HAVAの意図せざる帰結　　EACの機能不全
　5　なぜEACはその意図通りに機能していないのか…………………………159
　　　理由1：EACの制度設計
　　　理由2：2000年代後半の変化と，EAC改廃をめぐる党派的な争い
　　　理由3：アメリカの政治文化 vs. 専門家による改革アイデア
　6　今後の展望と研究課題………………………………………………………163

第Ⅲ部　選挙ガバナンスのパフォーマンス

第7章　フランス大統領選挙における選挙管理…………玉井亮子…173
　　　　——公正性をいかに確保しているのか——

　1　有権者と立候補者の権利を保障するために………………………………173
　2　大統領選挙に関する実施部門の活動とその特徴…………………………175

実施部門の活動　　実施部門の特徴
  3　政策・監視部門の活動とその特徴……………………………………179
　　　常設機関——裁判所　　常設機関——独立行政機関
　　　選挙期間中限定設置の監視機能を持つ委員会　　政策・監視部門の特徴
  4　選挙管理システムへの検討……………………………………………189
　　　複数の専門性, 複数の監視　　二重の法的観点

第8章　北欧諸国における選挙ガバナンス……………福島淑彦…201
　　　——なぜ選挙違反が発生しないのか——
  1　北欧3カ国の国政選挙および選挙管理の歴史………………………202
　　　スウェーデン　　ノルウェー　　デンマーク
  2　北欧3カ国の選挙制度…………………………………………………205
　　　議員選出方法　　選挙管理体制
  3　北欧3カ国における選挙の透明性実現のための仕掛け……………215
  4　公正・公平・中立な選挙の実現と北欧諸国…………………………220

第9章　南部アフリカの選挙管理機関……………………遠藤　貢…224
　　　——「埋め込まれた制度」の実態とは——
  1　「埋め込まれた制度」としての選挙管理機関への視角………………224
  2　EMBの独立性・自律性をめぐる諸課題………………………………225
　　　南部アフリカにおけるEMBの形成
　　　EMBの独立性・自律性をめぐる研究課題
　　　EMBへの信頼と選挙への評価の関係
  3　「選挙暴力」と「埋め込まれた制度」としてのEMB……………………232
　　　アフリカにおける「選挙暴力」の類型
　　　「選挙暴力」への対応制度としてのEMB
  4　新生南アフリカを事例として…………………………………………236
　　　2004年選挙を取り巻く選挙ガバナンスの構築　　近年の傾向
  5　アフリカにおける選挙ガバナンスの研究の課題……………………242

第10章　ラテンアメリカの選挙管理機関 …………高橋百合子…247
――有権者と政治家の信頼の規定要因――

1. 選挙管理機関と民主主義……………………………………………247
    問題の所在　　選挙管理機関と民主主義に関する先行研究の問題点
    本研究の目的――選挙管理機関に対する信頼の規定要因の分析
2. ラテンアメリカにおける選挙管理機関…………………………250
    ラテンアメリカの選挙管理機関の特徴
    選挙管理機関に対する信頼の域内比較
3. 選挙管理機関への信頼度の規定要因……………………………255
    マルチレベルの規定要因　　国レベルの独立変数
    個人レベルの独立変数
4. 信頼度の規定要因の検証…………………………………………263
    分析方法　　有権者モデル　　政治家モデル
5. 今後の課題…………………………………………………………268

第11章　在外投票制度の選挙ガバナンス ……………浅羽祐樹…275

1. グローバルなヒトの移動と在外有権者…………………………275
2. なぜ在外投票制度が重要なのか…………………………………276
    在外投票制度の概要　　在外投票制度の帰結　　先行研究の検討
3. EMBや司法の重要性………………………………………………280
4. 多国間比較…………………………………………………………282
    モデル　　分析結果
5. 司法を通じた実質的選挙権の保障へ……………………………288

あとがき　　293
人名索引　　297
事項索引　　298

第I部

多様な選挙ガバナンス

第1章　選挙ガバナンスの論点

大西　裕

現代民主主義における選挙

　2000年のアメリカ大統領選挙を契機に，選挙管理がにわかに脚光を浴び始めた。20世紀においても選挙管理は重要な分野であったが，その理由は，未だ民主化が進まない開発途上国の民主化支援の意味合いであり，先進国でも重要だと考えられていたわけではなかった。途上国においても，意義は認められても，実務的色彩が強く，研究対象としては地味で，どちらかというと面白味の欠ける分野であると考えられていた。それゆえ，あまり注目されることがなかったのである。

　その状況は，21世紀に入り大きく変わった。途上国において選挙管理は実務上依然重要な課題であり続けている。しかし，その重要性は変化してきている。制度上民主主義の形を整えた国が増え，以前のように選挙の実施そのものが重要であるということではなくなってきている。しかし，民主化間もない国々では，自由かつ公正な選挙を実施した経験が少ないため，より丁寧な選挙支援を必要とするケースが増えてきている。選挙管理上の問題が，政治的暴動や政変の原因となることが近年増えているのはその証左である。他方で，これまで問題とはみなされなかった先進国でも，選挙管理が重要なテーマとなってきている。アメリカでは，2000年の大統領選挙で，投票方式の不具合が問題とされたことは，日本でもまだ記憶に残っている。それのみならず，誰が選挙権を有するべきかをめぐり党派的対立が生じている。民主党はマイノリティに対し広く投票権を認めようとするのに対し，共和党はそれを制限するよう州レベルで選挙法の改正を働きかけている。先進国で共通してみられる投票率の低下は，民主主義の正統性を揺るがしかねない状況をもたらしつつある。さらに，全世界的に広まった在外投票のあり方や，囚人や精神疾患者，外国人への選挙権付与が，多くの国で重要な政治的イシューとなってきているのである。

選挙管理が問題となっているのは日本も同じである。高松市や仙台市で，日本では前代未聞の選挙不正が生じたのはつい最近のことである。選挙の管理執行上問題となったケースはこれのみではなく，過去10年間で10倍に増えている。投票率の低下，在外投票などの新しい投票形態への取り扱いなど，選挙管理が重要になっていることは世界と共通しているのである。

小選挙区制や比例代表制などの選挙制度が選挙にいかなる影響を与えるかの研究は，国際的に多くの研究者が進めており，日本でも豊かな研究成果が生まれている。他方，実務上も重要性を増してきている選挙管理については，日本では研究が少なく，大西編『選挙管理の政治学』（有斐閣）にほぼ限られる。国際的にも，研究が本格化してまだ間がない分野である。それゆえ，選挙管理の性格や各国での違いは，日本ではほとんど紹介されておらず，我々が日本の状況を，比較を通じて捉えることが難しい。本書は，この状況を解消し，日本の選挙関係者，一般有権者が，日本の選挙管理の状況を客観的に捉えるための視点と素材を提供することを目的としている。すなわち，本書は世界各国の選挙管理の多様性を紹介し，選挙管理制度がなぜバリエーションに富んでいるのか，選挙のあり方が，選挙管理の質，そして民主主義の質にどのような影響を与えるのかを考察していく。

選挙管理，積極的投票権保障，選挙ガバナンス

まず，本書が扱うテーマについて説明しよう。本書は，広く選挙ガバナンスと呼ばれる領域に関する研究書であるが，とりわけ，選挙管理と積極的投票権保障を扱う。選挙ガバナンスとは，選挙を成り立たせる一連の活動のセットのことを言い，その中には，選挙に関連するルール作成，ルールの適用，ルールによる決着が含まれる（Mozaffar 2002）。選挙は政治家と有権者を主役とするが，政治家の選挙活動と有権者の投票のみによって成立する政治活動ではない。選挙を行うためのルールを作り，そのルールを政治家と有権者に守らせ，選挙事務を管理し，選挙不正があればそれを処罰するなどの活動が不可欠である。これらの総体を選挙ガバナンスという。選挙ガバナンスは機能的な概念であり，政府や選挙管理委員会という政策主体やその活動を意味するものではない。選挙ガバナンスの存在がなければ，選挙結果を確定し，それが正統性を持って市民に受け入れられることはない。民主主義社会において選挙ガバナンスは不可

欠である。

　ただし，先ほど定義したように，選挙ガバナンスは広範囲に及んでおり，その担い手も複数あり，かつ担い手間の関係も多様でありうる。それら選挙ガバナンスの担い手のうち，ほとんどの民主主義国で選挙ガバナンスの中軸的役割を担っているのが，選挙管理機関（Electoral Management Bodies，以下EMB）である。日本では選挙管理委員会と同委員会事務局が，それに相当する。EMBは，私たちが選挙管理と聞いて想像する，有権者登録，投票所の設置・管理，開票作業，投票結果の一義的な公表などの，選挙管理の本質的要素と呼ばれる機能を担当している。このことは民主主義国家であればほぼ共通する。しかし，EMBの形態は様々である。日本のように，選挙管理委員会の形態をとる国もあれば，内務省など政府の一部が担当する国，選挙争訟も担当する関係から選挙裁判所という名称を持つものもある。選挙管理の本質的業務を複数の機関で分割している場合もある。それゆえ，日本の選挙管理委員会のイメージを，そのまま世界各国のEMBに投影させることは妥当でない。

　選挙管理は，選挙ガバナンスの一部であり，かつ中核的業務である。しかし，選挙管理と聞いて思い浮かぶ業務は，世界各国で異なる。韓国であれば，それは選挙に関連する法律の整備から選挙違反の取り締まりにまで及ぶ。ラテンアメリカの国々では選挙違反を裁くことも含む。オーストラリアであれば，選挙区画確定もまた選挙管理業務である。日本でも，18歳への選挙権年齢引き下げに関連して話題となっている主権者教育は，選挙管理に含まれる。選挙ガバナンスに比べて，選挙管理を国際的に定義することは難しい。それゆえ，本書では，選挙管理とはEMBの業務であり，それには選挙管理の本質的要素を含むものと定義しておく。EMBを中心とした選挙管理のあり方が，本書のテーマの1つである。

　もう1つのテーマは，実質的な投票権保障である。21世紀の今日，普通選挙制はごく当たり前の政治参加制度であり，選挙をしない国の方が今は珍しい。しかし，選挙に関してなら既に長い歴史を持つ西欧北米の国々でも，選挙権が存在しても実質的にその行使が難しい人々が，これまで少なからず存在した。在外国民や投票日が就業日の被用者などがそれである。選挙権を持つ人々の範囲も，国家の構成員と同じではないことが不思議ではなかった。以前は未成年者，囚人，一部の身体障害者が選挙権をもたない国が大半であった。国内在住

外国人もまた，居住状態によっては国家の構成員としてよい場合があるが，選挙権を有さないことがほとんどであった。くわえて，選挙権を持つ有権者の中でも，環境の違いによって，選挙に関する情報を豊富に持つ人々もいればそうでない人もいて，それがゆえに棄権など投票権を行使しないことがあり得た。こうした状況をできる限り変え，国家の構成員のできるだけ多くの人々に選挙権を賦与し，選挙情報へのアクセスを保障し，投票しやすい環境を整備し，実質的に投票権を保障しようという動きが，近年世界的に見られる（Hanmer 2009；Alvarez Hall, Hyde eds. 2008）。これを，積極的投票権保障（Substantive Voting Rights, SVRs）と呼ぶ。積極的投票権保障もまた，選挙ガバナンスの一部である。

　EMBのあり方とSVRsの研究は，現在国際的に急速に研究が進められている分野であるが，同時にこれらの研究は，実践的関心に強く引きずられたものでもあった。EMBへの関心は，元来は民主化間もない開発途上国の選挙改善にあった。これらの国では選挙の経験がそもそも少ないため，選挙をどう実施していいかの経験知が不足している。それゆえ，国際機関や国際的なNGOなどが中心となって，選挙改善を行っていったことが議論の出発点である。SVRsもまた，そもそも選挙権を積極的に保障していくという発想自体からして実践的であった。しかも，2000年のアメリカの大統領選挙を契機に，まさに実践的関心から両者をつなげていく行動と研究が登場している。行動という点では，選挙管理を重視する側は，二重投票や幽霊投票などの存在を挙げて選挙の厳格な管理を主張し，SVRｓを重視する側は，投票率の低さを話題にし，囚人や人種的マイノリティへの投票権付与や実質的な保障を推進しようとする。学問的には，Voter Fraud, Electoral Malpractice, Electoral Integrity, Electoral Disenfranchisementなどと表現されて研究が進められている。

　実践的関心からなされるこのような研究が，大きな方向性として主張しているのは，次の2点である。第1に，EMBは政府から切り離すべきである。EMBが政府から完全に切り離された形態は独立モデルと呼ばれ，それが推奨される。選挙管理上最大の問題は，政府がEMBを通じて選挙に干渉することである。政府によって操作された選挙結果は，有権者によって信頼されない。実際に政府による操作がなかったとしても，その可能性があれば人々は信用しないだろう。このような事態の発生は，長期的には民主主義体制を危機に陥れ

る。それを避け，民主的正統性を確立するには，EMB を独立モデルにして政府から遠ざける必要がある。第 2 に，SVRs の推進である。国家の構成員のうち，より多くの人々を有権者として包摂することが，民主主義体制の正統性を高め，人々は代議制民主主義のもとでの決定に従うようになる。これは北米西欧において現代的民主主義が始まって以降，追求されてきた選挙権拡大の流れの一環である。

このような規範的主張の重要性は本書の編者も理解するが，本書はこれらに対しやや距離を置いて EMB と SVRs について検討したい。私たちは現在どのような選挙ガバナンスが世界各国で展開されているのか，それがどのようにして形成されたのか，どのように機能しているのかについて，あまりにも知らないからである。上記 2 つの規範的主張も，客観的な経験的知見に裏打ちされねば妥当とはいえない。

本書の構成

本書は 3 部構成で進めていく。

第Ⅰ部は，まず第 1 章で，世界の選挙ガバナンスが多様であることを，選挙管理制度と選挙法の国際比較を通じて論じる。先述したように，国際的には現在，「独立モデル」と積極的投票権保障が推奨されている。独立モデルは日本の選挙管理委員会の対極に近い組織形態を持つものである。しかし，独立モデルが必ずしも普及しているわけではない。SVRs もまた，伝播の速度は様々である。

より具体的には，第 2 章では，世界各国の選挙ガバナンスのあり方に関して理論的整理をし，選挙管理と積極的投票権保障に関する全般的な把握を試みる。両者は一般的には行政管理と人権保障の問題として別個に考えられがちであるが，選挙ガバナンスの一部をなすものであり，政治体制論上強い繋がりがある。選挙管理に関しては，選挙管理機関は政府からの距離により，独立モデル，混合モデル，政府モデルに分けられ，国際的には独立モデルが推奨されている。EMB の政策・監視部門（日本で言えば選挙管理委員会）を構成するメンバーの属性もまた重要である。実際に独立モデルを採用する国は急増しているが，民主化レベルが最も高い国では独立モデルは多くなく，政府から距離をとる国は民主主義のレベルが中間程度に多い。積極的投票権保障については，近年国際的に盛んになっているにもかかわらず，実際には過去 20 年間であまり変化がな

いこと，とりわけ政府モデルの国では積極的投票権保障に対し忌避的であることがこの章で示される。

第Ⅱ部では，世界各国で選挙ガバナンスがどのように形成・展開しているかを明らかにする。対象となるのは，英連邦諸国，アメリカ，中東欧，東南アジア諸国である。ここでは選挙ガバナンスは説明対象である。実は，選挙ガバナンスを論じることは，選挙管理という行政領域をマニアックに分析することではない。民主化や民主主義に関して政治体制論で議論されてきたことは，制度的に詰めて分析すると，選挙ガバナンスの問題になる。また，選挙ガバナンスから見ることで逆に，政治体制論を一段階発展させられうる。

第3章は，選挙管理機関形成の条件を，東南アジアを素材に探る。フィリピン，タイ，インドネシアはいずれも新興民主主義国に属するが，民主主義のレベル，選挙管理のあり方には大きな差がある。民主主義のレベルは，インドネシアが最も高く，タイが最も低い。ところが，選挙管理のあり方はタイが最も独立性が高いなど，国際的な規範的主張に合致しない状況が存在する。その理由は，権力の集中度合いの違いに求められる。権力の集中が最も進んだタイでは，議会選挙で勝利して政権を獲得した党派が強大な権力を握る。EMBは独立性が高いが，構成員を政権与党が選出するので党派性も強い。それゆえ，反対党派が政権を握ると，EMBの構成員を入れ替えた上でEMBの権限を行使して旧与党を葬り去るという事態が発生する。他方，インドネシアは政治社会が党派単位で分裂しており，政権構成のためには連立が欠かせない。それゆえ，大統領やその所属政党に権力が集中しない。くわえて，EMBが他の選挙関連機関から監視されているため，党派的判断を行うことが困難になっている。

第4章は，EMBのあり方の変動をポーランドとチェコという事例を通して分析する。中東欧では社会主義政権崩壊後，社会主義時代に形成された独立モデルを維持している国と，混合モデルに分けられる。ポーランドは独立モデルの代表例で，チェコは混合モデルの代表例である。国際的な規範的主張によると，混合モデルよりも独立モデルの方が政治的中立性を維持しやすく，民主政治を運営していくうえで優れているはずである。しかし，チェコは選挙運営上の技術に長けた行政府の支援を得る方が，選挙運営上適当と判断して，選挙ガバナンス形態を独立モデルから変更した。他方，ポーランドは選管のメンバーを司法官にするなどの高い独立性ゆえに，選挙管理トラブルが続出すると敗北

した党派から政治的中立性を疑われるという問題が生じている。これらは，独立モデルが選挙運営上最善というわけではないことを示している。

　第5章は，EMB のあり方の変化の要因と国際的伝播を，イギリス，オーストラリア，ニュージーランドから明らかにする。英連邦諸国は，選挙制度の点でも選挙管理制度の点でも民主主義の1つのモデルと見なされてきた。イギリスは現代に繋がる議会制度発祥の地でありかつ，小選挙区制の典型例であり，オーストラリア，ニュージーランドは世界に先駆けて男子普通選挙制度を導入した国々に属する。しかし，3国はそれぞれまったく選挙管理形態を取ってきた。イギリスは典型的な政府モデルであるのに対し，オーストラリアは独立モデル，ニュージーランドは機能別に EMB が細分化された分立型であった。とりわけイギリスとオーストラリアは対照的で，イギリスは，民主政治の最先発国でありながら最も不十分な選挙管理しかできておらず，他方オーストラリアは常に世界各国の EMB のモデルと見なされてきた。他方で，英連邦諸国内では，選挙管理に関する相互交流があり，あり方について情報交換をしていた。この影響もあり，オーストラリア流の EMB に徐々に移行する動きがある。ニュージーランドは既に移行しており，イギリスもようやく選挙管理委員会を創設することになった。ただしその文脈は独立モデルが優れていると判断されたゆえではなく，各国の選挙管理上の問題解決に独立モデルが適切な解と考えられたからである。独立モデルは，NPM がそうであったようにアイデアとして国際的に伝播している可能性がある。

　第6章は，問題のある EMB のあり方を変えにくい理由を，アメリカの連邦レベルでの選挙管理の政治化から議論する。アメリカは，先進国でも選挙管理が重要であることを2000年大統領選挙で示した国である。それゆえに，選挙管理の改善を目指したアメリカ投票支援法（HAVA）を成立させて，州ごとに分立した選挙管理制度の標準化を行おうとしてきた。しかし，HAVA は現在機能停止に近い状態に陥っており，その廃止が政治上の争点となっている。アメリカは州ごとに選挙管理のあり方が大きく異なり，それゆえに国際比較の俎上に載せるのが難しい国であるが，それはアメリカがそもそも国家連合として出発したため，州にこそ選挙管理の実権が存在することに由来する。くわえてアメリカは，そもそも選挙管理を含めて行政機関の運営に党派性が反映されることを是としてきたのであるが，2000年大統領選挙や HAVA が，いみじくも

選挙管理に党派性を反映させることができることと、それゆえに政治的争点であることを浮かび上がらせてしまった。

　第Ⅲ部は、選挙ガバナンスのあり方が、選挙の質にどのような影響を与えているのかを明らかにする。選挙不正や、選挙暴力、選挙への信頼、SVRs の展開が説明対象となる。第Ⅲ部は、パフォーマンスの議論であると同時に、選挙ガバナンスを統治機構全体の中に位置づけていく役割も持つ。つまり、選挙ガバナンスから統治機構のあり方を問うていく議論であり、政治的アカウンタビリティ論と連動している。

　より具体的には、以下の通りである。

　第7章は、選挙管理が適切に機能する理由を、フランスの選挙管理の多元性と司法の存在から検討する。フランスは、選挙管理に政府が強く関与するメカニズムを有している。フランスは分類上、混合モデルに相当するが、フランスの特徴は、EMB の分立制と、それら諸選挙管理機関の相互牽制、そして政策・監視部門に司法部が深く関与していることである。一般的に、選挙管理上問題となるのは、その結果に政党が自党に有利になるよう介入して、選挙結果を歪めてしまうことである。これに対し、フランスは複雑化と司法の介入によって対応する。複雑にすれば、どこかの段階で党派的判断が入り得たとしても、それが他の機関でチェックされ、押し出されてしまう。党派性よりも司法部としての専門性が重要である司法官の介入は、党派的判断の挿入をより困難にする。フランスは確かに政府が選挙管理を行っているが、複雑さと司法の存在が適切な選挙結果を保証するようになっているのである。

　第8章は、EMB のあり方以外に選挙の質に重要な影響を与える要因について、北欧諸国の選挙ガバナンスと選挙不正の関係から論じる。北欧諸国の選挙管理形態は、当初はいずれも政府モデルであったが、スウェーデンは混合モデルに移行し、ノルウェーも政府からの独立性を高める機構改革を行っている。このような違いは北欧のクリーンな選挙に影響を与えていないし、スウェーデンや、部分的にはノルウェーに見られる機構改革は、政府モデルに選挙不正などの点で問題があったためではなく、行政機構内部および選挙制度の変更による調整問題に端を発したものである。しかも、その独立の程度は限定的である。スウェーデンは徴税庁が選挙管理を担当しており、その後独立させて選挙管理委員会が形成されたが、事務局機能は法務省の関連組織である。ノルウェーは

比例代表制に関連した調整議席配分のために設けられたもので，多くの選挙管理業務は政府が直接行っている。このように独立モデルからは依然ほど遠いにもかかわらず，北欧諸国で選挙違反が話題になることはない。その理由は，比例代表制など，そもそも選挙犯罪が発生しにくい選挙制度を取っているうえ，オンブズマン制度の発達に見られるように，情報公開が徹底しており，選挙を通じての利権追求（レントシーキング）などが行いにくい政治制度の存在に求めることができるであろう。

第9章は，EMBの形態のみでは選挙ガバナンスのパフォーマンスを十分説明できないことを，南部アフリカにおける選挙暴力に焦点を当てつつ分析する。南部アフリカでは，民主化後，多くの国が独立モデルのEMBを採用したが，適切な管理を行えているとは言い難い。先行研究の中には，アフリカ諸国を対象に独立モデルの優位性を主張するものもあるが，その判断は妥当とは言い難い。というのも，EMBのあり方は選挙ガバナンスを構成する他の要素と密接に関係しており，そこに「埋め込まれている」からである。選挙の質自体，EMBだけでなくきわめて複合的な要因によって左右され，選挙暴力が逆にEMBのあり方を決めている可能性もある。本章は，このことを南アフリカで検証する。

第10章は，ラテンアメリカ諸国を題材に，EMBに対する信頼を規定する要因を探る。ラテンアメリカ諸国は，他の多くの比較政治学研究と同様，選挙管理研究についても最も進んでいる。これら諸国のEMBは多くが独立モデルであり，1980年代の民主化以降，ほとんどの国で民主政治が持続している。選挙への信頼に関する研究も盛んである。しかし，選挙への信頼をもたらすはずの，選挙管理への信頼については研究されてこなかった。そこで，有権者および政治家を対象に，個人レベルと国家レベルでのマルチレベルの計量分析を行った結果，有権者が選挙管理に信頼を寄せるかどうかは，個人レベルでは居住地，イデオロギー，現職支持であること，国家レベルでは民主主義のあり方やEMBの特徴などが影響を与えていた。これに対し，政治家の場合，有権者とは異なり，個人レベルでは居住地やイデオロギーは効かず，国家レベルでもEMBの特徴は効いていなかった。複数政党代表の方が政治エリートの合意を調達しやすく選挙への信頼をもたらすという，通説的見解とは齟齬を来しかねない結果といえる。

第11章は，在外投票権という積極的投票権保障と選挙管理の関係を分析する。選挙管理のあり方として近年重要性が増しているものの1つに，在外投票がある。在外投票制度の有無，その形態には国家間で大きなバリエーションが存在する。そこで，在外投票制度を従属変数として分析した結果，EMB のあり方はほとんど説明力を有していなかった。独立モデルほど在外投票を認めるというような関係はないのである。他方，司法制度のあり方が重要な決定要因になっていることが明らかになった。新たな投票権の保障を行うには立法プロセスに関与する必要があるが，ほとんどの EMB はそのような権限を有していない。その点で，違憲判決などにより司法の方が影響を与えやすい。法の支配の徹底や司法積極主義の存在など，司法府のあり方が在外投票権のあり方，さらには選挙ガバナンスの重要な一部である，積極的投票権保障全般に影響を与えている可能性がある。

国際的論調への返答

本書は，日本ではもちろん，国際的にも全体像を見通すことが難しい，選挙ガバナンスの多様性を把握することを目的にしている。選挙ガバナンスを理解するためには，そのための法制度を理解することはもちろん必要であるが，制度がどのように運用されているのか，制度がいかなる効果をもたらしているのか，そもそもなぜそのような制度が形成されたのかを理解する必要がある。しかしこれらのことをすべての国で深く理解することはきわめて困難である。それゆえ，選挙ガバナンスに関する論点について，理解を進めやすい国と地域を選定して本書は編成されている。

この過程で本書は，EMB としての独立モデルの採用や，SVRs の推進といった国際的に展開されている規範的主張に対しても，一定の見解を示すことができたのではないかと考える。前者については，独立モデルの採用が選挙の正統性を確証する上で正解であるとはいえないということである。選挙の正統性を担保する方法は他にもあり，かつ，独立モデルの採用には専門性の低下などデメリットも伴う。選挙ガバナンスのどの要素を EMB に委ねるかも含めて検討する必要があるであろう。ただし，独立モデルの推奨の理論的根拠とされた，政治家と選挙ガバナンスの関係に一定の距離を与えることは重要であり，この点を考慮した上でさらなる研究がなされる必要がある。

SVRs の推進は望ましいのかもしれないが，それは選挙ガバナンスの形態に相当程度依存している。選挙管理を政府が行っているのか，司法が国内でどのような役割を果たしているかなどによって左右される。SVRs の推進は政治的争点ともなり，選挙管理それ自体を政治に巻き込んでしまう可能性もある。本書では十分に論じられなかったが，SVRs の内容自体も相互に矛盾する可能性がある。投票環境改善の一環として取り組まれている事前投票制度（日本では期日前投票制度など）は，選挙情報を有権者に十分与えないことを勧めているともいえるのである。

　選挙ガバナンスの研究は国際的にも始まったばかりである。本書が，今後の研究の進展の一助になれば幸いである。

参考文献

大西裕編（2013）『選挙管理の政治学——日本の選挙管理と「韓国モデル」の比較研究』有斐閣。

Mozaffar, Shaheen (2002) "The Comparative Study of Electoral Governance-Introduction," *International Political Science Review*, 23(1).

第2章　選挙管理と積極的投票権保障

大 西　　裕

1　選挙ガバナンスと政治体制

動揺する選挙ガバナンス

　近年，日本でも選挙管理，広く言えば選挙ガバナンスのあり方が問われ始めている。2013年の高松，2014年の仙台と，日本の選挙管理史上前代未聞の事件が国政選挙で発生した。いずれも，特定の候補者に投じられた票を隠蔽し，白票数を増やすという，典型的な選挙不正である。この2つの事件は特定の候補者の当選や落選を狙ったものではなく，開票所における選挙管理上の混乱を避けるという目的から生じた。しかし，行為そのものは民主化間もないか，あるいは非民主的な国家で見られると我々が考えていたものであり，選挙管理のあり方を問い直す声が上がった。

　これらは極端なケースであるが，日本もまた選挙管理上の問題を抱えていることを白日のもとにさらしたといえる。日本では選挙を管理執行する上で問題となるケースの数が，過去10年間で10倍に激増している。これらの中には，候補者の当落を左右するものもあり，裁判沙汰になるケースも多くなってきている。2011年の統一地方選挙において浦安市選挙管理委員会が，東日本大震災による準備不足を理由に千葉県議選を延期したのは，明らかに公職選挙法違反であり，その背景には実施困難と見た市長の影響力行使があったとされる。日本でも選挙管理は重要な課題となってきている。

　積極的投票権保障もまた日本で近年，制度と運用の両面でフォーカスが当てられてきている。制度に関して言えば，表2−1に見られるように，1997年の投票時間の延長を皮切りに，2016年の選挙権年齢の18歳への引き下げまで，近年急速に改革が進められてきている。運用に関しても，18歳への選挙権年齢引き下げを契機とした主権者教育の本格化など，大きな変化がみられる。

表 2-1　日本における積極的投票権保障の展開

1997年	投票時間の延長
2000年	在外投票制度導入
2002年	電子投票制度導入
2003年	郵送投票制度導入
2003年	期日前投票制度導入
2013年	インターネット選挙解禁
2016年	選挙権年齢の18歳引き下げ，共通投票所制度導入

注：筆者作成。

選挙管理と積極的投票権保障

　第1章でも述べたように，選挙ガバナンスは世界的な関心事である。日本の動向もまた，その流れの中に位置づけられる。そこで本章は，選挙ガバナンスのうち，選挙管理と積極的投票権保障が，世界的にはどのような状況にあるのかを，理論と実態の両面で把握することを目指す。はじめに，この2つは選挙ガバナンスの一部として統一的に捉える必要があることを示す。

　選挙管理と積極的投票権保障は，いずれも選挙に関することであるが，一般的には両者に直接関係があるとは考えられていない。選挙管理は主として行政上の問題であって，ミスをいかに防ぐかに関連している。他方，積極的投票権保障は誰を有権者にし，かつ実質的に投票可能な状態にしていくかであって，人権保障の側面が強い。それゆえ，両者の性質は異なると捉えるのはきわめて自然である。

　しかし，両者は比較政治学の文脈からいえば統一して把握すべきである。それは，いずれもが民主主義体制と強い関係があるからである。とはいえ，日本の文脈では，これらが政治体制，さらにいえば民主主義の危機と関係があるとはほとんど考えられていない。おそらくその背景には，2つの要因がある。1つは，選挙不正は民主主義のレベルが低い国に発生するという，学問的にも信じられがちな思い込みであり，もう1つは選挙ガバナンスを非常に狭く捉える，日本固有の思い込みである。

選挙不正と民主主義

　前者についてもう少し詳しく説明しよう。選挙管理上の問題は，技術的なミ

スを除けば，多くの場合開発途上国で発生している。この事実認識から我々は，選挙管理上の問題は，民主主義のレベルが低いから発生するのだと考えやすくなる。1970年代後半から始まり，20世紀の終わりまで続いた民主主義の「第3の波」以降，選挙は多くの国で当たり前に行われる政治的イベントになっている。古くから民主主義体制が続く先進国も，ここ20年間で民主化した国々も選挙は行っている。しかし，それは政治体制が本当に民主化したことを意味するものではない。途上国では，選挙をしながらも独裁的な政権が続く例が少なくない。近年こうした政治体制は，選挙権威主義（Schedler 2006），競争的権威主義（Levitsky, Way 2010），準権威主義（Ottaway 2003）などと呼ばれ，従来の民主主義体制，権威主義体制とは別個に議論がなされ始めている。以前は選挙を行うことこそが，非民主主義的な政治体制を民主化することに繋がるという議論（Lindberg 2005）が存在したが，その声は小さくなってきている。選挙不正が起こるのは，そうした実質的に非民主的な体制であるからだと考えられることが少なくない。そうであれば，日本における選挙管理上の問題が，体制問題とはならないと理解するのもそう不思議ではない。

確かに，途上国において見られる典型的な選挙不正は，先進国とは無縁と考えられがちである。こうした選挙不正には，次のようなものが挙げられる。すなわち，投票箱のすり替え，集計操作，選挙人リストの改変，票の買収，選挙人登録の妨害，候補者登録の妨害，選挙人脅迫，候補者脅迫，複数回投票，幽霊投票などである。しかし，理論的に考えれば，これら途上国で生じている選挙不正と程度の違いはあれ，原理的に類似の現象は先進国でも生じていると考えられる。

代議制民主主義と選挙

そのことを，そもそも選挙とは何であるかにさかのぼって考えてみよう。

私たちが住む現代社会において，民主主義とは代議制民主主義とほぼ同じである。古代ギリシャ時代のように，我々市民が民会のような場に参加して政治的意思決定を直接行うことはまずなく，ほとんどの場合，我々が選出した議員や首長を通じて意思決定する。直接民主主義であろうが，代議制民主主義であろうが，政治的意思決定は我々を構成員とする政治的共同体に関わるものであり，かつ構成員である我々を拘束する集合的決定である。選挙は，その際に

我々の代わりとなる政治家を選出する手続きである。代議制民主主義において我々の意思を代表するのは，本質的には議会であるので，その構成員である議員をここでいう政治家だとして，以下議論を進めていこう。

　代議制民主主義は，実質的には議員という少数者が統治行為を行う仕組みである。議員たちの行動が有権者の意思を本当に反映しているか，客観的に判断することはほとんど不可能であり，議員の見解が民意を反映しているというのは擬制に過ぎない。しかし，その擬制が議員による支配に正統性を与えている。擬制をもたらすものが選挙である。選挙は，本人代理人論的に言えば，本人たる有権者が代理人たる議員を選出する手続きである。本人の意思に反する行動を代理人がとれば，本人はその代理人を解任し，別の代理人に新たな委任を行う。ここで重要なのは，本人が選んでいるのは直接的には議員だが，本質的にはそうではなく，公約として代理人が主張する政策パッケージであるということである。有権者は議員に全権委任しているわけではなく，責任と自由意思を有する。本人たる有権者は議員に政策意思を委任し，代理人たる議員は有権者に対し議会での行為を説明する責任を負う。その確認の場が選挙であり，それゆえ，選挙が機能しないと正統性を失う。選挙によって，構成員の意思が適切に政策に反映されていると認識されているからこそ，代議制民主主義は機能するといえる。

　言い換えると，選挙を有効に機能させるためには，3つの条件を満たす必要がある（Birch 2011）。それは第1に，構成員が有権者となり，かつ構成員に十分な政策選択肢を提示できるという意味での包摂性と，第2に，投票が政策本位となり，家族や部族への縁故投票を意味するのではないという意味で，政策に直結する投票，第3に，投票価値が有権者間で平等であり，かつ失政により有権者の利益を損ねたなどの場合に投票の結果として下野させられるなど，政策結果の対応が投票によってもたらせうるという意味での，効果的な集計である。

　選挙ガバナンスとは，この3条件を満たすべく環境を整備し運営することである。3条件は，選挙ガバナンスの構成要素として次のように翻訳される。すなわち，第1に包摂性とは，選挙権付与，投票環境の整備，立候補権の保障を意味する。第2に政策直結投票とは，マスメディアや選挙資金の適正な運用による選挙関連情報へのアクセスの平等と，有権者の選好表明の自由を指す。第

3に効果的な集計とは，適正な集計作業，中立的な得票数の議席への変換，選挙という競争の場を歪めないという意味での公平性，誰からも妨害を受けないという意味での公開性と，人々が選挙は自由で公正だと認識することを保障する透明性のことである。

　3つの条件に，先に挙げた選挙不正が抵触することは明らかである。しかし，途上国で典型的に見られるとされる選挙不正のみがこれらの条件に抵触するのではない。選挙不正は非合法であるが，合法的であっても3条件に抵触するものは少なくない。たとえばどの先進国でも選挙に膨大な資金が注ぎ込まれているが，その結果として関連情報の政党間での平等は確保が難しく，現職候補者あるいは既成政党優位になっている可能性がある。後述するが，選挙ガバナンスのあり方を決定するのは議会の役割であり，彼らが合法か非合法かの線引きをすることに留意する必要がある。日本では戸別訪問は非合法であるがアメリカでは何ら問題はないのは，議会の判断の違いが現れたものといえる。このようなものに，選挙区を特定政党に有利なように編成するゲリマンダリングを挙げることができる。一票の較差は日本でも深刻な問題であろう。2000年に発生したアメリカ大統領選挙の際の，集票機械が古いなどが原因である選挙管理ミスは，効率的な集計を歪めたため大規模な事件に発展した。合法的とはいえ，その後生じている，共和党優位の州での選挙人登録の厳格化は包摂性を低下させる措置といえる。このように，民主主義を機能させなくする選挙ガバナンス上の問題は，先進国でも発生しているのである。それゆえ，民主主義の質と選挙ガバナンスの質は，とりあえず切り離して考える方が適当である。

選挙不正の原理

　しかし，先進国であれば，有権者も政党や議員も，民主主義を機能させなくするような動機は持ち得ないということが考え得るかもしれない。そこで次に，選挙がなぜ機能しなくなるのか，機能しないとどういう事態が発生しうるのかを考えてみよう。

　選挙は，有権者にとって政策選択の重要な機会であるが，議員にとっては職業選択の機会である。議員は当選して初めて議員としての政治活動が可能になる。それゆえ，議員は当選のために有権者に自身の政策や実績を訴えるだけでなく，あらゆる手段を講じて当選に繋がるための行動をとる。議員が他の職業

と異なるのは，自らの当選条件を操作することができるということである。議員は立法活動を行うが，その中には選挙政策も含まれる。具体的には，選挙区確定や，選挙運動のあり方，選挙管理委員会のあり方，有権者の範囲などを規定することができる。それゆえ，彼らが自らにとって有利になるよう当選条件を設定することは，成熟した民主主義国家においても十分に想定しうることである。選挙が機能するためには，競争者にとって平等な環境（level playing field）を整備する必要があるが，それは政治家自身によって歪められる可能性がある。この誘因は，とりわけ政府与党に強く働く。彼らは行政権も把握しているが，その中には選挙管理の一翼を担う警察やマスメディア規制機関も含む。国営放送がある場合はそれにも関与しうるし，中央銀行の独立性が弱ければ金融政策にも関与しうる。彼らは政権を維持するために，これら行政権および関連する機関に影響力を及ぼし，与党議員が当選するべく行動しうる。

　これらの行為が法に抵触せず選挙不正と該当しなくても，選挙に対する有権者の信頼は低下するであろう。つまり，選挙は政治家の政治家たる動機と活動そのものによって，機能を損ねる可能性があるのである。

　選挙が十分に機能しなくなった場合，民主主義にはどのような影響が及ぶのであろうか。次の4点が考えられる（Birch 2011；Norris 2014）。第1に，有権者の代表の客観的な質の低下である。議会の構成は，理想的には有権者の政策志向を縮約したものである。しかし選挙が機能しない場合，特定の政策志向が過大に代表される。たとえば，日本で一票の較差が是正されない場合，都市ではなく地方の利益が過大に代表された議会が成立し，有権者の正確な代表であるとは言いがたくなる。第2に，そのような議会に対して有権者は信頼を置けなくなる。過小に代表された人々にとって，議会は過大に代表された人々の支配の道具に過ぎないので，そこでの決定を受け入れる正統性が欠如している。それは，民主主義の質に対する主観的な認識の低下を意味する。そうであれば，第3に，少数派は，選挙以外の手段を通じて自身の利益を実現しようと図るであろう。デモやストなど，より直接的な方法が採用されるが，そのような方法ばかりで仮に利益が実現されると，代議制民主主義は危機に陥るし，実現されなければ少数派は政治的共同体への幻滅と離脱を考えるであろう。それは第4に，暴動などを通じた民主主義体制の否定に繋がる[2]。

　以上を例証するように，民主主義の質が選挙ガバナンスの質に影響したので

はなく，選挙ガバナンスの質が民主主義の質に影響したことは少なくない。LehoucqとMolinaは，コスタリカにおいて安定した民主主義が可能になったのは，選挙管理機関を行政府から切り離したからであるとする（Lehoucq, Molina 2002）。かつて選挙不正をめぐって内乱すら発生していた同国は，選挙管理機関を独立させる選挙法改正を行った1946年以降，民主主義体制が安定し，「中米のスイス」と称されるまでになった。Magaloni（2006）やEisenstadt（2004）は，長期にわたって1党独裁体制を続けてきた，メキシコの制度的革命党が下野して民主化できたのには，独立的で統一的な選挙管理機関の確立が要因であったとする。連邦選挙管理機関（IFE）が精力的に選挙違反を取り締まった結果，制度的革命党は選挙不正を行うことができなくなったのであった。逆に，政権ぐるみの大規模な選挙不正が，民主主義体制を崩壊させるという事例も報告されている。Simpser（2013）は，ロシアなどを念頭に，不正なく選挙を行っても勝利することほぼ確実な政府与党が，大規模な選挙操作を行うことが少なくないのは，それによって反対派に無力感を植え付け，デモすらも無意味だと思わせることを意図してであるという。

　まとめると，選挙ガバナンスの善し悪しは，民主主義の状態によって説明されるばかりとは言えない。逆に，選挙ガバナンスのあり方が，民主主義のあり方を規定するということがありうる。先進国は選挙ガバナンスの問題から逃れられているとは言えないし，その因果関係も正しくはない。選挙ガバナンスの良し悪しは，究極的には民主主義の結果だとは言えないのである。

選挙ガバナンスの構成要素

　次に，もう1つの思い込みについて検討しよう。すなわち，選挙ガバナンスを非常に狭く捉える，日本固有の思い込みに関してである。我々が選挙管理と言われれば直感的に想像するには，投票所と開票作業であろう。有権者が投票所まで足を運んで投票箱に一票を投じ，投票時間終了後，投票箱が開票所に集められて開票・集計し，選挙結果を決定するプロセスである。確かにこれらの作業は選挙管理の核心であるが，選挙管理全般からすれば一部にとどまるというべきである。

　ノリスによると，選挙サイクルは次の11のステップからなる（Norris 2014）。すなわち，選挙法，選挙手続き，選挙区確定，選挙人登録，政党および候補者

登録，メディア活動，選挙資金管理，投票，票の集計，結果公表，選挙管理機関である。選挙ガバナンスは，これらすべての過程に関わるとするのが，国際社会における標準的な理解である。我々がいう選挙管理とは選挙管理委員会が行っている業務であるが，その管轄範囲は日本のそれが標準だと見ることはできない。選挙管理機関の扱いうる範囲は選挙ガバナンス全体に及び，実際に扱う範囲は各国によって異なりうるので，選挙管理の定義を我々はより広く捉える必要がある。

　一般に，選挙管理機関（Electoral Management Bodies，以下EMB）の機能は，(1)選挙人資格認定に，(2)立候補受付，(3)投票行為指揮，(4)開票，(5)票の集計の，計5つの要素を本質的に持つ（http://aceproject.org/）。それゆえ，以上の5つの機能が選挙管理の核心であるということができる。ただし，これらだけでは，選挙は適切に機能しない。それゆえ，本質的な要素に加えて，先に挙げた選挙サイクルに関連した他の機能もEMBが担っていることが少なくない。選挙サイクルに合わせて選挙管理業務を整理すると，図2-1のようになる。選挙サイクルは，大きくは，選挙前の期間，選挙期間，選挙後の期間に分かれる。選挙前としては，選挙の企画，選挙スタッフの訓練，有権者教育，政党活動監視，選挙人登録などが主要な作業で，選挙期間中については上記の本質的要素に加えて選挙キャンペーンおよびマスメディアの監視があり，選挙後の期間には選挙管理の評価，選挙事犯調査，選挙争訟解決，選挙区画を含めた改革，選挙制度に対する助言などがある。

　一例を挙げると，韓国の選挙管理委員会は，本質的要素に加えて，選挙前の期間については，有権者教育としての啓発活動，政党と政治資金事務管理に加えて，選挙管理に関する規則制定権を持つほか，選挙区確定作業，政治関連法に対する法律の制定・改正意見を国会に提出する権限を持っている。後者は，限定的ではあるが立法への関与が認められていることを意味し，選挙制度改善のために活動することを肯定するものである。選挙期間中および選挙後については，選挙法違反行為の予防と監視・探索，選挙費用制限額決定と収入・支出調査を行っている。選挙法違反行為への対応は積極的で，監視・探索班を編制・運営するほか，有権者による選挙不正監視団を結成し，違反行為の発見に報奨金を与えたりする。違反行為を見つけた時には，中止・警告・是正命令を出せるほか，過怠料を賦課することもできる。その他広範囲な選挙犯罪調査権

<選挙期間前>

選挙企画…予算,選挙スケジュール,資源管理,選挙スタッフ確保,選挙関連備品等調達
訓練…手続きの整備,選挙事務のための訓練
情報提供…有権者教育,関係者への連絡,選挙監視人認定
登録…政党資金管理,政党登録,選挙人登録

<選挙期間>

候補者指名…候補者登録,行為規範
キャンペーン…メディアへのアクセス管理,キャンペーン調整,紛争解決
投票…投票用紙の印刷配布,投票,特別・例外投票
結果…開票,結果作成,不満の処理,公式結果発表

<選挙期間後>

点検…会計監査,評価
改革…調査,立法提案,選挙システム・選挙区画改訂,選挙管理機関改革
戦略…有権者登録更新,関係機関とのネットワーク強化,制度強化・専門能力開発

図2-1 選挙政策のサイクル
注:ACE Electoral Knowledge Network より筆者作成。

を持ち,検察に告発,捜査依頼を行いうる。選挙法,政党法,政治資金法などの政治関連法に対する有権解釈権も持っており,準司法領域にまで張り出している。

　韓国の選挙管理委員会の守備範囲は,日本と対照的である。EMBの業務を本質的要素に極力限定する日本を消極的選挙管理とすれば,韓国は積極的選挙管理といえるであろう。

　このように,選挙管理は日本で考えられるより範囲が広くても不思議ではない。選挙ガバナンスはEMBのみが担うものではなく,EMBが守備する範囲も国によって様々である。そう考えれば,選挙管理のあり方が民主主義そのものに大きな影響を与えるということが分かるであろう。

　まとめると,選挙ガバナンスと民主主義体制との関係は双方向的である。民主主義の質が選挙ガバナンスの善し悪しに影響を与えるが,逆も言え,選挙ガ

バランスのあり方が民主主義の質に影響を与え，場合によっては民主主義体制を崩壊させることもある。それは，選挙をどう管理するかを管理対象である政治家が操作可能であるからであり，その操作の範囲である選挙ガバナンスの内容は立法から司法にまで及ぶ広い領域だからである。

2 多様な選挙管理機関

選挙管理機関の独立性

前節で述べたように，選挙ガバナンスはEMBのみが担うものではない。しかし，EMBが中心的役割を担うということは，どこの国でも変わらない。他方，EMBのあり方は多様である。EMBがどのような形態であれば選挙は機能するのであろうか。日本ではEMBと言えば選挙管理委員会が想起される。選挙管理委員会は，都道府県および市区町村に設置される，首長部局から法的に独立した行政委員会であるが，行政実務との関係が薄い一般市民には，首長部局の一部と理解されていることであろう。日本では選挙管理業務には裁量がまったくなく，業務内容は自己抑制的で，きわめて事務的であると考えられているため，EMBの政治的重要性についてはあまり関心が払われてこなかったが，先述したように，選挙管理のあり方はその対象となる政治家の利害と直結するために，何らかの政治性を帯びざるを得ない。それゆえ，どのようなEMBが選挙を機能させうるのかは重要な問題である。

EMBのパフォーマンスを考える上で重要なのは，他の権力，とりわけ政府・与党からの独立性と専門性である。先述したように，選挙管理は，その対象となる政治家にとって死活的に重要であり，選挙結果を自分に有利なようにしたいというインセンティブを持つ。とりわけ，政権与党にそのインセンティブが働く。しかしそれは選挙管理の基本的な前提を損ね，民主主義を機能不全に陥れる。それゆえ，EMBは執政府，立法府から，あるいは諸政党から独立した存在である方が望ましい。他方で，選挙管理は優れて行政的側面を持つ。選挙人登録から開票・集計に至るまでの具体的な作業には，大量の人的資源の動員が欠かせないうえ，ある程度の熟練も必要となる。他の行政機関同様，専門性も必要である。ただし，他の政策領域と異なり，選挙はいつもあるものではなく，何年かおきに行われ，選挙のない時にはEMBに配した人材や財源は

空費されることになり得る。

これらのうち，国際的に重視されてきたのは独立性である。途上国の民主化を支援してきた IFES, IDEA, ACE などの国際的 NGO や，UNDP, OSCE などの国際機関は世界各国における EMB の独立性を高めるべく様々な支援を行ってきている。

選挙管理機関の 3 類型

もう少し説明しよう。ロペス－ピントール（Lopez-Pintor 2000）や ACE (http://aceproject.org/) によって，世界各国の EMB を 3 種類に分類することが定着している。それはすなわち，独立モデル，混合モデル，政府モデルである。3 類型の分類基準は次の通りである。第 1 に，この類型化では，EMB を政策・監視部門と実施部門に大別する。つまり，選挙政策の立案，紛争等に対する判断など意思決定に関する部分と，投票所管理など具体的な選挙管理政策の実施に関する部分に分ける。日本で言えば，政策・監視部門が選挙管理委員会で，実施部門が選挙管理委員会事務局である。その上で，それぞれが政府からどの程度独立的に制度設計されているかを検討する。独立モデルは，両部門が制度的に独立し，政府から自律的な EMB によって選挙が組織・管理されるものである。政府モデルは，独立モデルとは逆に双方が執政府の指揮下に属し，内務省などの政府組織や地方政府が選挙を管理する。最後に，混合モデルは，政策・監視部門は政府から独立した組織が，実施部門は政府の一部局と地方政府が担当するものである。日本はこれに該当する[3]。

これら 3 類型のうち，独立性の観点から最も望ましいのは独立モデルで，以下順に混合モデル，政府モデルとなる。なお，政府からの独立性が高い方が選挙の質や民主性への信頼が高まるという報告は，比較政治学の研究においても少なからず存在する（Pastor 1999b；Hartlyn et al. 2008；Kervel 2009）[4]。それらを踏まえれば，ACE などが独立モデルを推奨するのを理解することができる。

選挙管理機関の変容

では実際に，世界各国にどのような選挙管理がなされているのであろうか。表 2-2 はそれをロペス－ピントールが地域別に示したものである。彼が対象にした 148 カ国中，政府モデルが 20％，混合モデルが 27％，独立モデルが 53

表 2-2 地域別，類型別 EMB の分類

制度類型	地域別						計(％)	類型別事例数
	北米・西欧(％)	中南米(％)	アジア太平洋(％)	中東マグレブ(％)	中東欧(％)	サハラ以南(％)		
政府	43	12	30	45	−	8	20	29
混合	43	18	7	33	33	39	27	40
独立	14	70	63	22	67	53	53	79
計	100	100	100	100	100	100	100	−
地域別事例数	21	34	30	9	18	36	148	148

出典：Lopez-Pintor 2000：25．

％である。独立モデルは，中南米，アジア太平洋，中東欧，アフリカなどに多いことからも分かるように，発展途上国によく見られる。他方，先進国が集中する北米・西欧地域では，政府モデルと混合モデルに分かれている。これは，直感的には，独立型が望ましいという理論的含意と合致しない。もしそうであれば，一般に安定した民主主義国が多い北米・西欧にこそ独立型が多く，そうでない地域では政府型が多いはずだからである。

ただし，ロペス－ピントールによる調査から約 20 年間で，EMB の形は大きく変化している。2016 年に全世界 212 カ国（選挙を実施しない国と地域を除く）を対象に行った ACE の調査によると（http://aceproject.org/epic-en），政府モデル 21.2％，混合モデル 10.8％，独立モデル 67.9％となっており，独立モデルが急速に数を増やし，混合モデルが半減してしまっている。ACE の調査はロペス－ピントールのそれよりも広範囲であるが，そのことによる影響とはいえない。表 2-3 はその変化を見たものである。かつての混合モデルのうち半数以上は独立モデルに変化しており，政府モデルも 4 割近くが独立モデルへと変わっている。他方，独立モデルは 93％が独立モデルのままである。つまり，政府モデルと混合モデルの国は，急速に独立モデルへと EMB の形態を変化させている。

民主主義との関係はどうであろうか。表 2-4 は，選挙管理モデルと民主主義の程度とをクロスさせたものである。民主主義の程度は，フリーダムハウスの 2016 年の総合指数によって 4 分類した。それぞれ，高い民主主義（90 以上），民主主義（70 以上 89 以下），部分的民主主義（69 以下 40 以上），非民主主義（40

表2-3　EMBの変化

選挙管理モデル（ロペス-ピントール調査 2000）			選挙管理モデル（ACE調査, 2016年）			合計
			政府	独立	混合	
	ロペス-ピントールがカウントできなかった国	度　数	23	39	6	68
		%	33.80	57.40	8.80	100.00
	政府	度　数	14	11	4	29
		%	48.30	37.90	13.80	100.00
	独立	度　数	1	71	4	76
		%	1.30	93.40	5.30	100.00
	混合	度　数	7	23	9	39
		%	17.90	59.00	23.10	100.00
	合　計	度　数	45	144	23	212
		%	21.20	67.90	10.80	100.00

注：筆者作成。

表2-4　民主主義の程度と選挙管理モデル

		選挙管理モデル			合　計
		政府	独立	混合	
非民主主義（＜40）	度　数	11	39	1	51
	%	21.60	76.50	2.00	100.00
部分的民主主義（＜70）	度　数	3	46	4	53
	%	5.70	86.80	7.50	100.00
民主主義（＜90）	度　数	4	30	6	40
	%	10.00	75.00	15.00	100.00
高い民主主義（＞＝90）	度　数	17	18	9	44
	%	38.60	40.90	20.50	100.00
合　計	度　数	35	133	20	188
	%	18.60	70.70	10.60	100.00

注：筆者作成。

未満）である。これより，政府モデルは最上位と最下位で比較的多く，混合モデルは上位ほど多いのに対し，独立モデルはどのような民主主義状態でも多いが，最上位では比較的少なく，40％にとどまる。これらより言えることは，安定した民主主義国ほど独立モデルを選択していないということである。この観察は，独立モデルである方が，選挙を機能させるという国際的な志向を裏付けるものとはなってはいない。なお，煩雑なので表は省略するが，EMBのモデルの変化と民主主義のレベルを見ると，モデルの変化は民主主義のレベルが低いほど多い。つまり，全体として独立モデルへの変化が大きなトレンドであるが，それは国際的な支援機関・組織が独立モデルを推奨しているからであるというべきで，独立モデルが選挙を機能させているからだとは，このデータからは言えないということになる。

選挙管理委員会のメンバー

　EMBが行政府から独立しているかどうかは，ここまで検討してきたACE等の3分類では判断するのが難しいという考え方もある。政策・監視部門がどのようなメンバーで構成されているかによって，独立性の是非は変わってくるからである。パストール（Pastor 1999a）は，次のような4類型を考えるべきであるとする。すなわち，一般政府官僚が選挙を主管する政府内アプローチ，特別に選出された判事が選挙行政を担当する司法的アプローチ，党代表たちが選挙機構を造成する複数政党的アプローチ，政党が合意を通じて独立性を保証すると考えられる専門家を任命する専門家アプローチである。

　これらのアプローチは，それぞれに選挙結果の公正性を保障するための強みを持っている。政府内アプローチは専門性の点で優れており，正確性を期すことができる。このアプローチは政府内部の専門知を活かす。EMBが実務において必要とする知識や技術は通常の行政機関と同じではないが，その応用によりまかなうことが，他のアプローチよりも可能になる。司法的アプローチは，選挙結果に対し一般市民の支持を調達しやすい。司法官は法律に基づいて正確な判断を下せるうえ，多くの場合司法官は任期を保障されているので，政治的介入が難しい。類似のことは専門家アプローチにも該当する。複数政党的アプローチは政治エリート間での支持を調達しやすい。

　この観点からすれば，選挙管理の世界はどのように見えるのであろうか。

表2-5 民主主義の程度と政策・監視部門

		政党代表	司法官
非民主主義 （＜40）	度　数	28	6
	％	54.90	11.80
部分的民主主義 （＜70）	度　数	36	14
	％	69.20	26.90
民主主義 （＜90）	度　数	22	11
	％	56.40	27.50
高い民主主義 （＞＝90）	度　数	16	6
	％	36.40	13.60
合　計	度　数	102	37
	％	54.80	19.80

注：筆者作成。

ACEのデータには，選挙管理委員会の構成員選出手順が掲載されており，多くの国で誰が選出するのかが分かるようになっている。これを分析したところ，分析可能な209カ国・地域のうち，政府が選挙を管理し選挙管理委員会が存在しない国（いわゆる政府モデル）が21.5％，政府代表が14.4％，司法代表が3.3％，政党代表が14.4％であった。残りは選出のされ方は混合されている。順に，政府代表と政党代表からなるのが27.8％，司法・政府・政党が7.7％，司法と政府が4.3％，司法と政党が3.3％，その他が3.8％である。複数のアプローチの共存は，選挙結果を単独の要素では保障できないと考える国が，かなりいることを示している。選挙管理技術については政府に蓄積があるということ，エリート間の合意をもたらすためには複数政党の同意が重要であること，一般市民の選挙結果への信頼を得るにはある程度の中立性と法的習熟が期待できる司法官の参加が有効であることから，こうした共存はむしろ理解が容易である。

　独立性を考える上で重要な司法代表と政党代表は，民主主義のレベルでいうとどのあたりに多いのであろうか。表2-5は，司法代表，政党代表それぞれが選挙管理委員会内にいる割合を，民主主義のレベルごとに示したものである。いずれも，「民主主義」と「部分的民主主義」で多いことが分かる。つまり，司法的アプローチや複数政党的アプローチは，民主主義体制がかつて不安定であったか，現在でも安定しているとはいいにくい国において多いパターンであ

るということができるであろう。

 このことは，ACE 等の 3 類型に関する議論と合わせて考えれば，現時点での選挙管理の多様性については，次のことを意味すると推測される。民主主義体制への移行を比較的最近経験したような，公正な選挙を行った経験が少ない国では，政府与党が選挙介入を行うとの危惧が存在したため，そういう懸念を払拭するための独立性の高い EMB が必要であった。それは，EMB を行政から切り離し独立モデルにすることであり，政策・監視部門に司法官や政党代表者を加えることでもあった。他方，そうした懸念が少ない，選挙経験の豊富な国では執行機関としての専門性の高さを重視し，政府モデルや混合モデルを採用しており，政策・監視部門が政府から独立している場合でも，そこに司法官や政党代表者をあえて入れる必要がそれほど多くなかった。なお，非民主主義的な国では，政府介入が可能なように政府モデルがとられることが多く，かつ政治の不安定さを反映して，頻繁に選挙管理のあり方が変化している。ただし，国際 NGO と国際機関による独立モデルの推奨を受けて，選挙管理上問題のない民主主義国でも，問題のある非民主主義国でも，独立モデルへの転換が急増しているのである。

3 積極的投票権保障

積極的投票権保障の論点

 本節では，もう 1 つの焦点である，積極的投票権保障について検討する。本章冒頭に述べたように，積極的投票権保障は近年重要な争点になっている (Hanmer 2009；Alvarez Hall, Hyde eds. 2008)。一般的に，積極的投票権保障は，政治的共同体のできるだけ多くの構成員に，可能な限り同一の条件下で，可能な限り投票の機会を保障することを意味する。これらの 3 要素は，言い換えれば有権者の資格要件緩和と，選挙情報へのアクセス保障，投票環境の改善である。積極的投票権保障は，制限選挙制から普通選挙制へと展開してきた選挙制度改革の大きなトレンドに沿うものであり，代議制民主主義の正統性を高めるといえる。しかし，先行研究は，積極的投票権保障の結果として生じる「新たな有権者」が政治的対立の構図を変化させうるため，それ自体が政治的争点となるとしてきた[5] (Ahmed 2013)。一般的に，投票権付与要件の緩和や投票環境

の改善によって恩恵を受けるのは社会的少数者である。アメリカの例で言えば，黒人やヒスパニックなどの人種的マイノリティや貧困層などである。それゆえ，彼らの投票権を保障していけば進歩派への投票が増え，政治的影響力が強化されるが，それは保守派にとって望ましくない。アメリカではそれゆえ，誰に選挙権を付与するかが政治的争点となっている。それ以外の国でも同様のことが存在する。Schaffer（2008）によれば，フィリピンでは在外投票が認められたが，投票手続きを複雑化されるなどして実質的に投票を困難にしている。大量の在外国民が存在するこの国では，彼らの投票が容易になると，それが選挙結果を左右しかねなくなる。それは，フィリピン国内で政治活動を行う政治家によって関与困難な票が増えることを意味し，自身の当落の予測可能性を低下させる。

　本章も，積極的投票権保障が，政治家に利害と深く絡むがゆえに政治的争点となるとの指摘には同意する。しかし，先行研究には依然，大きく2つの問題が存在する。1つは，先行研究のほとんどが少数の事例研究であり，対象となる国の事情に大きく拘束され，知見の一般化には限界があるということである。もう1つは，ほとんどの先行研究は在外投票や電子投票などの一部を分析するにとどまり，様々な構成要素からなる積極的投票権保障を，全体として把握できていないことである。ただし，これらの問題の解決はきわめて難しい。というのも，第1に，積極的投票権保障として何を含むべきかについて国際的な合意がなく，何を含むべきか自体が政治性を帯びるからである。たとえば，囚人に対する選挙権付与は積極的投票権保障としてよいのかなどである。第2に，積極的投票権保障に関して，体系的に収集された国際的なデータセットが存在していない。データは，法制度的な点のみならず，運用についても反映されている必要がある。先ほど挙げたフィリピンの事例は，在外投票が可能であっても投票権行使が困難な例である。日本では法制度的には電子投票が可能であるが，それを行う自治体は現在皆無に近い。

　これらの困難の克服は，国際的で各国の協力を得た調査によって可能となり，現時点ではただちには困難であるが，本章では可能な限り広範囲かつ網羅的なデータセットを利用して，積極的投票権保障に関する全体的な把握を行ってみる。主として活用するのは，Massicotte等（2004）のデータセットである。彼らの研究は，民主主義国家における選挙法のバリエーションに関するものであ

る。彼らの研究関心は，主として英連邦と古くからの先進国のカテゴリーに入るグループと，それ以外の国々では選挙法に違いがあるかで，この点を，選挙権，被選挙権，選挙人登録，選挙管理，投票手続き，開票・集計・不服審査に分けて論じており，それ自体は大変な労作である。ただし，彼らの研究には3点で改善の必要がある。第1に，データを収集した対象国が61カ国で，民主主義国家を網羅しているわけではない。第2に，収集されたデータの膨大さにもかかわらず，分析視角が限定的である。とりわけ，今日的論点である投票環境の改善に考慮がなされていない。第3に，選挙過程のフェーズごとの繋がりが考慮されていない。たとえば，選挙権と投票手続きには何らかの関係が考えられるが，2つのフェーズ間の関連には関心がない。

　以上の点は，しかし先駆的研究としてやむを得ない点である。選挙過程に関する各フェーズの制度はきわめて多岐にわたっており，それらを全ての民主主義国で収集し，一定の基準で整理すること自体が大変な難事業である。選挙ガバナンスに関する制度は国家間でのバリエーションの幅が広く，構成要素への分解作業を統一の基準で行うには無理が伴わないわけではない。彼らの研究にはこの点で問題がないとは言えないが，本章では彼らの提示したデータを主として使いつつ作業を進めることにする。

変化の少ない制度

　次に積極的投票権保障の全体的な動向について大まかな把握をする。我々は，Massicotte等のデータがやや古いため，2013年に選挙を実施している全世界212カ国の選挙法データを，インターネット上で収集可能な範囲で作成した。そのデータと照合したところ，積極的投票権保障の大半はここ十数年間で大きく変化していないことを発見した。チェックしたのは，在外投票権，囚人投票権，有権者登録の国家主導性，強制的有権者登録制度，有権者登録調査制度，有権者登録への政党参加，投票日（平日か休日か），被用者への投票保障義務，投票日におけるIDの必要性，電子投票，政党シンボルの使用，候補者写真，郵送投票，事前投票，代理投票，移動投票所の16項目である。このうち，対象国中10％以上の国が制度を変化させたのは，在外投票権，電子投票，郵送投票，事前投票のみであり，これらも10％台にとどまる。なお，対象国における選挙管理機関のモデルの変化は，ロペス-ピントールのデータとACEの

表 2-6 積極的投票権保障導入国 (%)

在外投票権	76.09
囚人投票権	26.92
有権者登録の国家主導性	60.87
ID 不要性	23.08
投票日休日	25.53
被用者投票保障	53.85
電子投票	14.89
政党シンボル	72.73
候補者写真	20.00
郵送投票	36.73
事前投票	31.11
代理投票	16.67
移動投票所	30.43

注:筆者作成。

データを照合したところ27%であるので,積極的投票権保障は,比較すると変化の度合いが少ないといえるであろう。

ただし,これは,20世紀末時点では多くの民主主義国が積極的投票権保障を終えていたからという懸念が残る。そこで,1999年時点での導入状況を見てみると表 2-6 の通りであった。積極的投票権保障の導入程度は,項目によって大きな開きがある。在外投票権や政党シンボルの活用,国家主導型有権者登録は多くの国で導入されているが,電子投票,代理投票はほとんどの国がそうではない。候補者写真,ID不要性,囚人投票権,平日投票も導入は進んでいない。他の項目は導入度合いが各国で分かれている。つまり,民主主義国だからといって積極的投票権保障全般に分かって積極的ということではなく,対応は国家間でばらつきがあるということが言える。

そこで,これらの項目のうち,導入数が少ない電子投票と代理投票を除いて予備的に因子分析を行ったところ,KMO値があまり高くないので十分に意味のあるとは言えないが,3つの因子を抽出することができた。それが表 2-7 である。第 1 因子は,在外投票権,郵送投票,移動投票所について負に強く出ていて,ID必要性について正に強く出ているので,本人確認の有無に関する軸と考えられる。第 2 因子は,投票日を平日にすることと,被用者投票保障,事前投票に正に強く出ているので,労働者に対する投票権保障に関する軸と考えられる。第 3 因子については解釈が難しい。総じて,抽出された因子は保守-進歩に関するものであるということができるであろう。

4　両者の関係

選挙ガバナンスのコストを保障

EMB の性格と,積極的投票権保障はどのように関係しているのであろうか。

第2章　選挙管理と積極的投票権保障

表2-7　積極的投票権保障に関する因子分析

	1	2	3
在外投票権	0.667	0.269	0.06
囚人選挙権	0.032	−0.138	−0.757
有権者国家登録	0.082	−0.044	0.717
ID必要性	0.804	−0.163	0.024
投票日休日	0.002	0.723	0.044
被用者投票保障	0.172	0.584	−0.551
郵送投票	−0.835	0.082	0.004
事前投票	−0.134	0.774	0.085
移動投票所	−0.55	0.097	0.432

因子抽出法：主成分分析
回転法：Kaiserの正規化を伴うバリマックス法

　前節での検討では，積極的投票権保障の種類や程度には，民主主義国家の中でも違いがあり，保守的か進歩的かがその決定要因である可能性を示唆した。この点をもう少し検討する。積極的投票権保障が制度的になされることは，国民の基本的権利である参政権行使を容易にするので，人権尊重の観点から望ましいが，その分行政的コストは高まる。たとえば，在外投票や郵送投票は，EMBが直接管理できない場所で有権者が投票するので，本人確認のためのコスト負担がそれだけ多くなる。移動投票所や事前投票についても同様の問題が発生するので，二重投票防止のための措置を別途講じねばならない。他方で，EMBは選挙管理上のミスが発生するとその責任を問われる。EMBにとって，積極的投票権保障はあまり好ましい制度とはいえないであろう。

　ただし，EMBが独立的である場合，政策・監視部門の構成次第ではこれらを好むことがあり得る。独立モデルや混合モデルのように独立的で，実施部門と切り離されている場合，選挙管理上のミスの責任は主として実施部門に帰することもできる。そうであれば，政策・実施部門は行政コストを考慮の外に置いて投票権保障のあり方を議論できる。政策・監視部門に政党代表が入っている場合，その政党の性格によっては有権者層の拡大が望ましいと考え，投票権保障に積極的であり得る。あるいは，司法官が入っている場合，人権保障の観点から積極的であり得る。

　しかし，EMBは積極的投票権保障のための制度改革に直接的に影響を与え

ることはできない。こうした制度改革は選挙法改正を必要とするため，議会が決定する。EMB が立法に関与することはできないか，限定的であるため，こうした改革に対する発言権を基本的には有さないからである。もちろん法制度上立法権への関与が認められている場合は別である。韓国のように包括的な立法勧告権が認められている場合は関与しうる。ただしこのような場合であっても，韓国のような例は例外的であり，立法への関与はオーストラリアにおける選挙区画確定など限定的である。

コストを嫌がる政府モデル

　以上の考察より，EMB の形態と積極的投票権保障の間には直接的には因果関係を設定するのは難しい。ただし，政府モデルについては考え得る。政府モデルは，政府が直接選挙管理を行うので，選挙管理コストに対する認識を政策運営に反映させることができる。選挙管理ミスが発生した場合に直接に責任を問われるのは政府なので，その負担を大きいと考えれば，選挙管理のためのコストが高まるような制度については否定的になりうるだろう。もっとも，政府を構成する与党内に，選挙権の拡大を志向する政党が入っている場合はそうでないと考えられる。

　そこで，主として政府モデルに着目してデータを見てみよう。表2-8は，前節で抽出された因子が，選挙管理モデルとどのように関わっているのかを，因子得点の平均比較で検討したものである。一見して分かるように，どの因子に関しても，平均値に統計上有意な差はない。これは，先に挙げた，与党構成をはじめとする他の影響を与えうる変数が統制されていないことに加えて，そもそも有意な差が認められ得るほどの国家数が用意できていないことによるであろう。ただし，傾向としては，先ほど述べた説明に近い観測を読み取ることができる。本人確認の有無に関する第1因子については，政府モデルの平均値は負であるので，政府モデルの国では本人確認を重視し，それにコストがかかる制度は回避する傾向がある。第2因子についても平均値は負で，政府モデルは労働者への配慮を重視しない傾向があることが分かる。ただしこれらの観察は初歩的でかつ探索的な域を出るものではない。より整備された国際データでの分析が必要である。

表2-8 因子得点のモデル別平均値

		第1因子	第2因子	第3因子
政府 モデル	平均値	−0.28607	−0.26371	−0.04769
	度数	8	8	8
	標準偏差	0.93783	0.942739	1.045965
独立 モデル	平均値	0.129808	0.020215	−0.06203
	度数	22	22	22
	標準偏差	0.997028	0.925582	0.977958
混合 モデル	平均値	−0.03781	0.110999	0.116406
	度数	15	15	15
	標準偏差	1.066406	1.166123	1.067412

5　発見と含意

　選挙ガバナンスに関する近年の重要な争点である選挙管理と積極的投票権保障は，それぞれ別の議論であると考えられがちである。しかし，いずれも選挙を機能させ，代議制民主主義に正統性を持たせるための鍵となる要素であり，両者は理論的に密接に関係している。ただしこの2つの様態は，きわめて多様である。選挙管理に関して言えば，EMBを政府から切り離して選挙管理を行う独立モデルが，政府からの選挙干渉を防ぎ選挙の正統性を高める上で正攻法だとする国際的な思潮があり，実際世界各国の選挙管理機関は独立モデルに収斂する傾向がある。しかし，現存する民主主義体制を見る限り，その思潮を正当化する根拠は乏しい。政府が選挙に介入しないことは重要であるが，それと同様に，選挙管理に関する専門性も重要である。言い換えれば，選挙管理業務を執行する能力も選挙の正統性を担保する上で必要なので，これに関する経験知を有する政府の関与も必要ということであろう。他方，積極的投票権保障の導入状況は，国際的に比較可能なデータがないので正確なことは言えないが，多様であり，しかも国際的に議論が盛んになっている割には変化に乏しい。

　代議制民主主義に正統性を与えるために選挙を機能させようと思えば，疑念の生じない形で選挙が管理され，包括性，政策直結型投票，効果的な集計がなされるうえで必要な，投票権の実質的保障がなされる必要がある。しかし，こ

れまで見てきた本章の発見は，世界の選挙ガバナンスの動向が必ずしもそれに合致するものではないことを示している。独立モデルへの収斂は本当に適切な選挙管理を可能にするのか，なぜ積極的投票権保障は思ったほど進展しないのだろうか。今後さらに事例分析と国際的なデータの整備が必要となる領域である。

注
(1) 日本での研究については，日本比較政治学会（2012；2014）など参照。
(2) なお，Birch（2011）はこの他に，官職売買など支持者への利益供与による腐敗の発生と，選挙期間中のバラマキや支持者への利益誘導など国家資源の濫用による経済的損失の発生を挙げている。
(3) なお，ロペス-ピントールは，機能の組織的分離を念頭に，3類型をさらに5類型に分類している。それによると，政府モデルは政府モデルと，地方分権モデルに分けられる。それから，独立モデルのうち，政策・監督部門と実施部門およびそれらの内部が機能別に完全に別の組織に担われるモデルを分けうるとする（Lopez-Pintor 2000：27-30）。
(4) ただし，選挙管理機関の独立性と選挙パフォーマンスの関係を認めない研究も少なくない。Birch, 2008；Rosas, 2010 など。詳しくは曽我（2013）参照。
(5) アメリカにおける Voter Fraud に関する論争がそれにあたる。Fund（2004），Charnin（2010），Minnite（2010），Scher（2011）参照。誰に選挙権を付与するのが適切なのかについては，より規範的な議論も展開されてきている。Bechman（2009），Lopez-Guerra（2014）参照。
(6) Massicotte 等のデータは，1996-7 年にフリーダムハウスで民主的権利と市民の自由がいずれも1ないし2（7点尺度の評価で数字が少ないほど民主的）であった国のうち，データが活用可能な63カ国を対象としたものである。したがって現在の民主主義国とは一致しないことに留意されたい。

参考文献
曽我謙悟（2013）「選挙ガバナンスに関する研究の動向と展望」大西裕編『選挙管理の政治学――日本の選挙管理と「韓国モデル」の比較研究』有斐閣。
日本比較政治学会編（2012）『現代民主主義の再検討』ミネルヴァ書房。
日本比較政治学会編（2014）『体制転換／非転換の比較政治』ミネルヴァ書房。
Ahmed, Amel (2013) *Democracy and the Politics of Electoral System Choice : Engineering Electoral Dominance*, Cambridge University Press.

Alvarez, R. Michael, Thad E. Hall, Susan D. Hyde eds. (2008) *Election Fraud : Detecting and Deterring Electoral Manipulation*, Brookings Institution Press.

Beckman, Ludvig (2009) *The Frontiers of Democracy : The Right to Vote and its Limits*, Palgrave Macmillan.

Birch, Sarah (2008) "Electoral Institutions and Popular Confidence in Electoral Processes : A Cross-National Analysis," *Electoral Studies*, 27.

Birch, Sarah (2011) *Electoral Malpractice*, Oxford University Press.

Charnin, Richard (2010) *Proving Election Fvand : Phantom Voters, Uncounted Votes, and the National Exit Poll*, Anthorhouse.

Eisenstadt, Toda A. (2004) *Counting Democracy in Mexico-Party Strategies and Electoral Institutions*, Cambridge University Press.

Fund, John (2004), *Stealing Elections : How Voter Fraud Threatens our Democracy*, Encounter Books.

Hanmer Michael J. (2009) *Discount Voting : Voter Registration Reforms and Their Effects*, Cambridge University Press.

Hartlyn, Jonathan, Jennifer McCoy, and Thomas M. Mustillo (2008) 'Electoral Governance Matters : Explaining the Quality of Elections in Contemporary Latin America,' *Comparative Political Studies*, 41.

Kerevel, Yann (2009) *Election Management Bodies and Public Confidence in Elections : Lessons from Latin America*, Washington, DC : IFES (downloadable at http://www.ifes.org/research.html).

Lehoucq, Fabrice E. and Ivan Molina (2002) *Stuffing the Ballot Box- Fraud*, Electoral Reform, and Democratization in Costa Rica-, Cambridge University Press.

Levitsky, Steven, Lucan A. Way (2010) *Competitive Authoritarianism : Hybrid Regimes After the Cold War*, Cambridge University Press.

Lindberg, Staffan (2005) "Consequences of Electoral Systems in Africa : A Preliminary Inquiry," *Electoral Studies* 24.

Lopez-Guerra, Claudio (2014) *Democracy and Disenfranchisement : The Morality of Electoral Exclusions*, Oxford University Press.

Lopez-Pintor, Rafael (2000) *Electoral Management Bodies as Institutions of Governance*, UNDP.

Magaloni, Beatriz (2006) *Voting for Autocracy-Hegemonic Party Survival and Its Demise in Mexico*, Cambridge University Press.

Massicotte, Louis, Andre Blais, Antonie Yoshinaka (2004) *Establishing the Rules of the Game-Election Laws in Democracies-*, University of Toronto Press.

Minnite, Lorraine C. (2010), *The Myth of Voter Fraud*, Cornell University Press.
Norris, Pippa (2014) *Why Electoral Integrity Matters*, Cambridge University Press.
Ottaway, Marina (2003) *Democracy Challenged : The Rise of Semi-Authoritarianism*, Carnegie Endowment for International Peace.
Pastor, Robert A. (1999a) "A Brief History of Electoral Commissions," in Andreas Schedler, Larry Diamond, Marc F. Plattner eds., *The Self-Restraining State-Power and Accountability in New Democracies*, Lynne Rienner Publishers, Inc.
Pastor, Robert A (1999b) "The Role of Electoral Administration in Democratic Transitions : Implications for Policy and Research," *Democratization*, 6(4).
Rosas, Guillermo (2010) "Trust in Elections and the Institutional Design of Electoral Authorities : Evidence from Latin America," *Electoral Studies*, 29.
Schaffer, Frederic Charles (2008) *The Hidden Costs of Clean Election Reform*, Cornell University Press.
Schedler, Andreas ed. (2006) *Electoral Authoritarianism : The Dynamics of Unfree Competition*, Rienner.
Scher, Richard K. (2011), *The Politics of Disenfranchisement : Why is it so hard to Vote in America?*, M. E. Sharp.
Simpser, Alberto (2013) *Why Governments and Parties Manipulate Elections : Theory, Practice, and Implications*, Cambridge University Press.

第Ⅱ部

選挙ガバナンスの形成・展開

第3章　東南アジア諸国の選挙管理
―― 民主化後のフィリピン，タイ，インドネシア ――

川　中　　　豪

　民主化後の政治的安定にとって選挙に対する信頼性は重要な意味を持つ。選挙管理システムはその要となるが，必ずしもすべての新興民主主義が選挙への信頼を保障するシステムを構築できているわけではない。東南アジアの新興民主主義，すなわち，フィリピン，タイ，インドネシアにおいても事情は様々であり，いずれの国も憲法上独立した選挙管理委員会を設置しているものの，中立性という点でそれぞれの選挙管理委員会は異なる特徴を持つ。こうした多様性は権力の集中度合いの相違によって生み出されていると考えることができる。

1　公正な選挙運営を実現するには

　民主化後の公正な選挙運営は，民主主義の定着を進める上で重要な問題である。政治的な競争が公正に行われていなければ，公正な競争を前提とした政治制度から離脱しようとする動きが起こり，民主主義体制が不安定化するからである。公正な選挙運営を実現する要は，選挙管理システムの中立性と選挙運営能力である[1]。しかしながら，現実には民主化したばかりの国々において必ずしもこの2つが確保されているわけではない。特に中立性に関しては，形式的に，憲法によって独立性が保障された組織として選挙管理委員会が設置される場合が多いものの，実際にそれが党派的な行動から自由であるかどうかは国によって異なる。民主化したばかりの国々において選挙管理システムの中立性に問題が発生するのはなぜであろうか。本章は東南アジアの事例を通じてその原因を探り，より一般的な理論の形成に貢献することを目的とする。

　選挙管理システムの特徴は，理論的には，政治的競争をめぐる政治勢力相互の戦略的な行動の帰結によって決められると考えられる。とりわけ，選挙に勝利して政権を掌握した場合に手に入れることのできる権力の大きさと，選挙不

正による政権掌握に対する反対勢力からの抵抗の程度が戦略的行動をめぐる利得構造を決定するとみられている（Przeworski 1991；Magaloni 2010）。政権が行使できる権力が大きければ大きいほど，様々なコストがあることを承知で，選挙不正を行ってでも権力を獲得しようとするインセンティブが用意され，少なくとも権力者の側は中立的な選挙管理委員会を形成しようという意欲を持ちにくくなる。しかしながら，選挙不正に対して信頼に足る脅威，すなわち，選挙に敗れた側から強固な抵抗を受ける見込みがある場合，それに対処するコストが高まるため，選挙不正を行うインセンティブは低くなると見込まれる。在野の政治勢力からの抵抗の強さは，そうした勢力が持つ資源（資金や支持者の規模）とともに，在野の政治勢力がその中での調整問題を解決し，一致団結して抵抗できるかによって決定されると考えられる。

　本章で取り上げる東南アジアの新興民主主義3カ国，すなわち，フィリピン，タイ，インドネシアの事例が示すのは，権力の大きさが選挙管理システムの性格に与える影響の重要さである。政権を掌握することによる権力の大きさ，権力の集中度合いが大きければ大きいほど，選挙の公正さが低下する見込みが高くなる。それは選挙の公正さを確保すべき選挙管理システムが中立性を低下させる作為・不作為の行動を取ることによって引き起こされる。1997年憲法によって多数決型の政治制度を採用したタイで中立性が最も低くなり，合意型の政治制度を採用しているインドネシアにおいては，中立性が確保されていることが，こうした説明を支持している。一方，対抗勢力の抵抗の強さの影響は，質的にその蓋然性が高いと見込まれるが，十分に確認することが難しい。

　以下では，まず，選挙管理システムの特徴を決定する原因に関わる理論を整理する。その上で，フィリピン，タイ，インドネシアの事例を取り上げ，こうした国々で選挙管理システムの形成されてきた経緯と特徴を示し，理論との整合性について検証したい。

2　選挙管理システムを規定する要因

政治勢力間の相互的戦略行動

　選挙管理システムのタイプを分類する基準としては，憲法上の独立機関として選挙管理委員会が設置されているか否かという外形的な独立性が最も分かり

やすい（大西 2013）。ただし，外形的な独立性は実質的な独立性と必ずしも一致するわけではない。特に選挙の公平性・公正性の確保を考えた場合，政治勢力，特に権力を握った勢力の影響から自由で中立な立場を持てるかという実質的な独立性が重要となる[3]。

　選挙管理システムが，実質的な独立性，中立性という点でどのようなタイプとなっているかに関する説明には，大きく分けて2つが想定される。1つは歴史的な経路である。選挙管理システムは，民主化以前の選挙管理システムの形態に依存しながら，導入期が重要な転換点となり，そこで決定された公式・非公式の制度的枠組みがその後の選挙管理システムの特徴を決定していくという考え方である。もう1つは，選挙管理システムのあり方自体が政治勢力間で展開される相互の戦略的行動の帰結として決定されるとする説明である。ただし，双方は完全に相反する説明の仕方ではない。歴史的な経路を重視するにしても，政治勢力の利得の計算と戦略的相互関係が制度の転換に決定的な意味を持っているし，また，政治勢力相互の戦略的行動を中心とすえるにしても，それが歴史的な文脈によって生み出された利得構造のなかで行われていると考えるのが自然だからである。本章は，経路依存性，歴史的な文脈などに配慮しながら，政治勢力間の相互的戦略行動の帰結として，選挙管理システムが形成されるとの立場を採る（川中・浅羽 2013；曽我 2013）。

　政治勢力間の相互的戦略行動の帰結として，選挙管理システムが形成される，というのは，自らが選挙に勝つのに最も適した選挙管理システムを採用するのが諸政治勢力にとって最も好ましい選択であるという選好を議論の出発点として考えることである。

権力の大きさと抵抗の強さ

　選挙管理システムが作り上げられるにあたって，その実質的な内容の決定には権力を握った政治勢力が関与できるため，これを権力者による制度選択の問題として考えることもできる。民主化の過程では，民主主義の制度設計に関わる権力者ということになる。また，制度設計がなされた後，実質的に選挙管理システムの性質を変更することも可能であるため，その場合は，民主主義体制に転換してから権力を掌握した政治勢力が決定することになる。権力者にとっては選挙を操作して有利に運ぶことに利益があるので，そのままであれば選挙

管理システムへの介入が可能なシステムを好むということになる。しかし，あからさまな選挙介入は国民の反発を生み，対抗勢力からの大きな抵抗を生むことにも繋がる。そこで，抵抗を受けることによって生じるコストが権力を維持することで得られる利益を超えた場合には，中立的で能力の高い選挙管理システムを確立して，公平公正な選挙を実現しようとするインセンティブが権力者の側に生まれる。これは選挙の公正性を保障する制度を事前に設定することで，権力者の公正な選挙に対するコミットメントを信頼に足るものにして，権力者にとって大きなコストを引き起こす抵抗を抑えようとしているという考え方である（Magaloni 2010）。権力者が公平公正な選挙で勝つ見込みが高ければ高いほど，そうした選挙管理システムを生み出すインセンティブは強まる。逆に，選挙介入によって対抗勢力による大きな抵抗が予見されるとしても，権力を維持することによって得られる利得がかなり高い場合には，中立的な選挙管理システムを確立するインセンティブは低く抑えられる。選挙不正そのものが民主主義のレベルを測る指標の1つとなりうるために，こうした議論は，選挙不正が広く見られる競争的権威主義を対象として展開されているが，本章の対象とする東南アジア3カ国のように，ポリティのスコアがかなり高い国であっても，選挙管理システムの中立性に問題が見られる事例についてそれを援用することは可能と思われる。

　整理すると，選挙管理システムの特徴を決定する要因として(1)政権を掌握することによって行使できる権力の大きさ，(2)対抗勢力の選挙不正に対する抵抗行動の強さ（の見込み）を考えることができる。前者の政権掌握がもたらす権力の大きさの民主主義の安定に対する影響はPrzeworski（1991）が提起した議論である。権力の大きさを測るのはなかなか困難であるが，たとえば，重要な指標として，拒否権プレーヤーの数を考えることができよう（Tsebelis 2002）。拒否権プレーヤーの数が多ければ多いほど，1人当たりの権力の大きさは小さくなる。こうした拒否権プレーヤーの数を左右するのが執政立法関係や政党システムまでも含めた政治制度である。一方，後者の対抗勢力の抵抗の見込みを決定するのは2つの要素である。1つはどれほどの政治資源を対抗勢力が有しているかである。それは資金力であり，また，動員できる支持者の数である。また，もう1つには，抵抗勢力が分裂せず，協力して行動する必要があることから，抵抗勢力内で発生する調整問題の解決も重要と考えられる（Weingast

1997)。対抗勢力が充分な強さを有しているかどうかは，社会の亀裂の仕方と，その亀裂が政治的な集団の形成に密接に関わっているか否かにかかっている。

3 東南アジア3カ国の位置づけ

中立性の程度

　東南アジア諸国11カ国のなかで国政レベルの選挙が行われていないのはブルネイだけであり，選挙管理は東南アジアのいずれの国においても存在する。そのなかでも，比較的自由な選挙が実施されているのがフィリピン，タイ，インドネシアである。いずれも1980年代から1990年代にかけて民主化した新興民主主義国である。フィリピンは1986年，インドネシアは1998年に権威主義政権が崩壊し，民主主義体制が成立した。タイは歴史的に民政とクーデタが繰り返されているが，1997年に制定された憲法が，その後，クーデタを経験して2回ほど改正されながら，民主主義体制を支えてきた。しかしながら，2014年のクーデタ以降，軍政に戻っている。

　この3つの国はいずれも憲法上独立した選挙管理委員会を有している。ただし，その特徴には差異が見られる。中立性という基準で比較してみると，フィリピンの選挙管理委員会（Comelec）はこの点に関して繰り返し問題を引き起こしており，その改善のために選挙監視における民間組織への依存が大きい。タイの選挙管理委員会（ECT）は強力な取締り権限を持ち，選挙不正を根拠に候補者の資格停止，選挙無効の決定を行うことができるが，顕著な党派的行動を取ってきた。インドネシアの選挙管理委員会（KPU）は，選挙運営の能力に問題を抱えつつも，比較的高い中立性を確立するのに成功している。

　いくつかの指標を用いて，フィリピン，タイ，インドネシアの選挙管理システムの特徴を示すと，以下のようになる。まず，フリーダムハウスの選挙プロセス・スコアの時系列的な変化を見ると，表3-1のようになる。

　選挙プロセスのスコアは以下のように定義される。

1．執政長官あるは他の国政を担う政府の長は自由で公正な選挙で選ばれているか。
2．国会議員は自由で公正な選挙で選ばれているか。

表3-1　アジア諸国のPolity IVスコアとフリーダムハウスの評価

	Polity IV (2013)[1]	Freedom in the World (2014)[2]		
		自由度[3]	選挙民主主義[4]	選挙プロセス[5]
日　　本	10	自由	○	12
中　　国	-7	自由でない	---	0
韓　　国	8	自由	○	11
台　　湾	10	自由	○	11
モンゴル	10	自由	○	11
フィリピン	8	部分的自由	○	9
インドネシア	8	部分的自由	○	11
タ　　イ	7	部分的自由	○	8
マレーシア	6	部分的自由	---	6
シンガポール	-2	部分的自由	---	4
カンボジア	2	自由でない	---	3
ラオス	-7	自由でない	---	0
ヴェトナム	-7	自由でない	---	0
ミャンマー	-3	自由でない	---	3
インド	9	自由	○	11
バングラデシュ	4	部分的自由	○	9
パキスタン	7	部分的自由	---	7
スリランカ	4	部分的自由	---	6
ネパール	6	部分的自由	---	8

注：[1] 最も独裁的な政治体制が-10，最も民主的な政治体制が10。
　　[2] 2013年時点の評価。
　　[3] 政治的権利と市民的自由を指標として，各国を「自由」「部分的自由」「自由でない」の3段階に分類。
　　[4] 「選挙民主主義」に分類されるのは，政治的権利全体および政治的権利に含まれる選挙プロセス・スコアが一定以上のもの。
　　[5] 国政レベルの選挙が自由で公正に行われているか否か，選挙法制度が公平であるか否かを0から12のスコアで示したもの。12が最も公正と評価される値。
出所：筆者作成。方法論の詳細については，Polity IV http://www.systemicpeace.org/polity/polity4.htm，およびフリーダムハウス http://www.freedomhouse.org/ を参照。

3．選挙法や選挙の枠組みは公正か。

　第3の基準は選挙管理システムを含むものの，選挙プロセス指標自体は選挙管理システムの中立性や能力そのものに対して評価したものではない。しかしながら，選挙の公正さは選挙管理システムの中立性や能力が直接的に引き起こすものであり，選挙管理システムの性格を反映させた代理変数として考えることは十分可能であろう。

第3章　東南アジア諸国の選挙管理

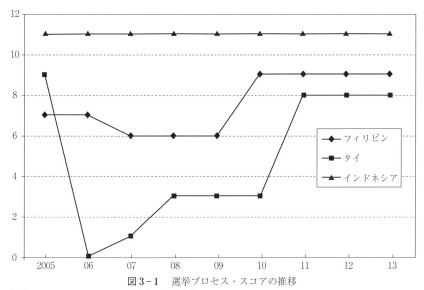

図3-1　選挙プロセス・スコアの推移
出所：Freedomhouse のデータを基に筆者作成。

表3-2　選挙管理委員会に対する評価

	選挙管理組織の中立性 （Impartial）*	選挙当日の選挙管理委員会の 運営への異議（R224R）**
フィリピン	3	0.67
タ　イ	n. a.	1.00
インドネシア	3.42	0.4
全体平均	3.25 (N=76, Polity2＞－6)	0.39 (N=101, Polity2＞－6)

* Norris, Martinez i Coma, and Frank (2014). コード：Strongly Disagree,
    1；Disagree, 2；Neither agree nor disagree, 3；Agree, 4；Strongly Agree,
    5.
**Kelley (2011). ここでは，複数の国際監視団体による評価の平均を計算。
    コード：Good-no problems, 0；Low-minor problems only, 1；Moder-
    ate-moderate problems, 2；High-major problems 3.
出所：筆者作成。

　この選挙プロセス・スコアを見ると，データの入手可能な2005年から一貫してインドネシアの選挙プロセスの公正性が高い（図3-1）。続いて，フィリピン，タイとなっている。タイは2006年に大きくそのスコアを落としたが，これは軍事クーデタによって政権交代が発生したためである。その後，選挙が

実施されるに従って公正性を高めているが，それでも相対的に低い。

フリーダムハウスとは別に，直接的に選挙管理委員会の評価を試みたものとして，Norris, Martinez i Coma, and Frank (2014) と Kelley (2011) の 2 つのデータセットがある。選挙管理委員会に対する評価も，選挙プロセス・スコアと同様に，インドネシアが相対的に良く，続いてフィリピン，最後にタイとなっている（表 3 - 2）。

権力分立と野党分裂の程度

この 3 カ国の選挙管理システムの特徴を選挙プロセス・スコアを取って示し，権力の大きさの代理変数と考えられる権力分立の程度（Checks and Balances）と野党分裂指標のそれぞれ(8)（Keefer 2012）とあわせた散布図として示したのが，図 3 - 2 と図 3 - 3 である。

理論から予測される傾向は，権力分立の程度が高くなればなるほど，選挙プロセス・スコアが高くなるものであるが，全体としては，おおむねそうした傾向が確認される。特に東南アジアの 3 カ国に注目すると，フィリピン，インドネシアとも権力分立の程度は中位であるが，インドネシアは選挙プロセス・スコアが相対的に高く，フィリピンは低い。一方，タイは他の 2 カ国よりも権力分立の程度が若干低めで，選挙プロセス・スコアが低い。3 カ国の位置は，理論の予測にぴったりと合致するわけではないが，傾向としては，予測に反する位置づけになってはいない。

一方，野党分裂指標を見ると，全体としては理論の予測に合致した傾向が見られない。予測では野党の分裂の度合いが高ければ高いほど選挙プロセス・スコアが低くなるはずであるが，その傾向は認められない(9)。また，東南アジアの 3 カ国の位置関係は予測とは逆の位置関係になっている。野党の分裂度の一番高いインドネシアが最も高い選挙プロセススコアを示しているのに対して，分裂度合いの低いタイが最も低い選挙プロセス・スコアを示している。3 つの事例は，その意味で，野党の抵抗に関する仮説を支持する事例の選択とはなっていない。

もちろん野党分裂指標が対抗勢力の調整問題の深刻さをそのまま表しているわけではないことには留意するべきである。後述のように，インドネシアでは比例代表制を採用していることもあって，政党が比較的多党化しているが

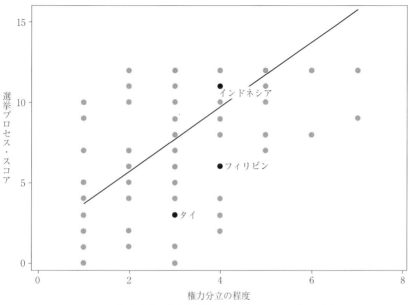

図3-2 権力分立の程度と選挙プロセス・スコア（2009年）

N=174, r=0.52
出所：筆者作成。

（2009年で議席ベースの有効政党数が6.2），世俗政党とイスラーム政党という社会の亀裂にそった政党システムが強固に存在し，3カ国なかでは最も政党システムの制度化が進んでいる（Ufen 2008）。そのため政党自体の凝集性は強い。複数の在野政党の連合が成立すれば，その規律の強さから，抵抗運動を組織することは可能と思われる。一方，タイは，小選挙区制の採用と首相の権限強化のなかで政党数の減少が進んでいるため（1975年から1996年平均で議会ベースの有効政党数が7.7だったものが，2007年では2.8），政党の分裂度合いは減少しているが，政党の凝集性は低く，政党は異なる派閥の連合体としての性格が強いと考えられている（Chambers 2005；Ockey 2003, 2005）。その意味で，政党ベースで考えた場合，タクシン系であっても，反タクシン系であっても，必ずしも結束力が強いわけではない。その場合，深刻な調整問題見込まれる。フィリピンの政党も凝集性が低く，政治家の党籍変更，政党分裂，合従連衡が頻発しており，野党の調整問題はかなり深刻となっている。

とはいえ，インドネシアで野党の分裂度合いが高いことは，それでも，野党

第Ⅱ部　選挙ガバナンスの形成・展開

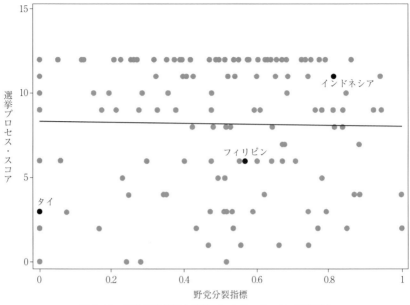

図3-3　野党分裂指標と選挙プロセス・スコア（2009年）
N=153, r=－0.02
出所：筆者作成。

同士の調整コストを高めている。一方，タイでは，タクシン政権の成立以降，タクシンを支持する農村の相対的に低い所得の階層とタクシン排除を試みるバンコクの都市中間層との対決が先鋭化した。街頭行動が頻発するところからも，タクシン系，反タクシン系いずれにしても，権力から排除された場合には力による強い抵抗を示している。インドネシアでは，対抗勢力の抵抗が低いと見込まれても公正な選挙があり，タイでは，対抗勢力の強い抵抗があるにもかかわらず公正な選挙になっていないということで，いずれも対抗勢力の抵抗の強弱そのものの影響は小さいことを示している。

　以上のように，東南アジア3カ国では，選挙の公正性，それを支える選挙管理システムの中立性の高さは，インドネシア，フィリピン，タイの順となっている。こうした3カ国の特徴を生み出すものとして，権力の大きさとの関係は，理論的な予測と近い関係にあることが言える。一方，野党勢力からの対抗という点からは，野党分裂指標から見る限り，理論的な予測とは合致する関係にはなっていない。

定量的な指標ですくい取れない東南アジア3カ国それぞれに関する事情に注目すると，選挙管理システムが政治勢力間で展開される相互的な戦略行動の帰結として決定されると考える本章の理論，特に権力の大きさ，集中度合いを重要な変数とする理解にかなりの程度合致していることが分かる[11]。詳細な記述は次節以降で示すとして，それぞれの国の特徴を整理すると以下のようになるだろう。

3カ国の特徴

フィリピンでは，執政の長である大統領の権力は，規制権限，予算執行の裁量などにおいてはかなり大きく，レントを生み出す力は大きいと言える[12]。さらに，地方政治家たちが下院議会，あるいは州知事，市長・町長として掌握する権力がそれぞれのレベルで大きい。一方で，政党システムは制度化されているとは言い難く，選挙不正に対して一致団結して抵抗する対抗勢力が組まれにくい。大統領や上院議員といった全国区で選ばれる政治家たちと，小選挙区で選ばれる下院議員や地方首長たちの関係は，選挙ごとのアドホックな繋がりしかなく，選挙が終わると党籍変更によって政権政党に鞍替えする地方政治家たちが大量に発生する。個々の政治家のレベルで見ると，大統領選挙の不正への抵抗は，少なくとも政党に基盤を置く形では生まれにくい。1986年のマルコス政権崩壊，2001年のエストラーダ政権崩壊のときのように，特にマニラ首都圏での政権に対抗する抗議行動には大きなものとなる例が見られるが，これらは選挙不正そのものより，政権運営の失敗から経済的な危機を生み出すことがそうした行動の原因となっている。ただし，それでも，マニラ首都圏の中間層が潜在的に街頭デモを行う脅威は存在しており，理論から導きだされる仮説の2つ目は，フィリピンにおいてきれいに支持されるとは言い難い。一方，下院選挙や地方選挙では，地域的な限定性もあるため選挙に負けた側による抵抗が強力なこともあるが，下院議員や州知事，市長といった公的立場が経済利権の独占を生み出し，そこから派生する利得はかなり高いため，権力者側に不正を行うインセンティブは強い。こうしたなか，フィリピンの選挙管理委員会は，政治家による介入を受けやすい性質を持っている。

タイの選挙管理システムの性質も，権力の集中度合いによって形作られている部分が顕著である。1997年憲法以降，議院内閣制でかつ小選挙区制を採っ

表3-3 フィリピン,タイ,インドネシアの政府の形態と選挙制度(2011年現在)

	政府の形態	選挙制度
フィリピン	大統領制 二院制	大統領直接選挙(相対多数制),任期6年,再選禁止。正副大統領は別々に選出。 上院は全国選挙区・連記制,任期6年連続3選禁止。定数24で半数ごとの改選。 下院は小選挙区選出(定数230)と比例代表制(1政党最大3議席まで,定数は全体の20%)の並立制で,任期3年連続4選禁止。
タ イ	議院内閣制 二院制	下院は小選挙制・比例代表制並立(比例代表は拘束名簿制,定数は小選挙制が定数375,比例代表制が定数125)。任期は4年。上院は,任命制と小選挙区制(任命は憲法に規定された選抜委員会によって行われ,定数74,小選挙区制は定数75で県ごとに1人ずつ選出)。任期4年。首相の任期制限(1期4年,2期まで)。
インドネシア	大統領制 二院制	大統領直接選挙(全国の州の半分以上で20%以上の得票をいずれの候補も獲得できない場合は,上位2候補者による決選投票)。任期5年3選禁止。正副大統領ペアでの選挙。大統領候補は得票率20%以上もしくは議席25%以上を獲得した政党もしくは政党連合の公認が必要。 国民議会(DPR)と地方代表議会(DPD)によって立法府である国民協議会(MPR)が構成される。国民議会は比例代表制,任期5年(定数560,地方選挙区ごとの非拘束名簿制)。議席獲得最低得票率(2.5%)が要件としてある。地方代表議会は各州から4人ずつ単記非移譲式投票制で選出,任期5年(定数132)。

出所:Hartmann, Hassall, and Santos (2001); Rüland (2001); Nelson (2001); Rieger (2001); Tan (2001); Hicken and Kasuya (2003));IFES Election Guide (http://www.electionguide.org/),『アジア動向年報』各年版をもとに筆者作成。

たことで多数決型の政治制度の特徴が強くなり,権力の集中が進んだ(Hicken 2009)。その権力を握る執政府の長である首相の立場も,閣僚の議員資格喪失規定,選挙前の党籍変更禁止などよって強化された。こうした制度的枠組みが権力をめぐる競争を激化させた。選挙管理委員会は独立した機関として設置されたが,比較的強い権限が与えられことで,それ自身が権力をめぐる競争に組み込まれ,特定の勢力に加担するような党派性を持つようになったと考えられる。一方,在野勢力の抵抗という点では,政党システムの制度化はそれほど進んでいるとは言えないものの,街頭行動による政権交代を要求する運動はかなり強く出現しており,抵抗運動は強い。その意味では,タイでは本章の理論の第2仮説とは逆の現象が発生している。ただし,対抗勢力の抵抗の対象は選挙

表3-4　フィリピン，タイ，インドネシアの選挙管理システム（2011年現在）

項　目	フィリピン	タイ	インドネシア
選挙管理委員会の管轄	国レベル，州レベル，地方レベル	国レベル，地方レベル	国レベル，州レベル，地方レベル
選挙管理委員会の予算決定者	議会	選挙委員会が予算案を作成し議会が決定	政府：財務省
選挙管理委員会の支出統制	選挙管理委員会は財政自治を有す	会計検査院および議会によるチェック	
選挙管理委員会委員の任期	7年	7年	5年
選挙管理委員会のタイプ	独立	独立	独立
選挙管理委員会の委員数	7名	5名	7名
選挙管理委員会委員の資格	専門性：半数以上は法曹資格	専門性：軍人，官僚，検察官，判事など，現在は判事が多数	政治的中立性（政党所属は許されず）
委員の任命方式	大統領の任命，議会の同意。	各裁判所の長，下院代表，下院野党代表などによって構成される選考委員会と最高裁の推薦に基づき上院が任命。	大統領によって任命された選考委員会の作成するリストの中から議会が選出。

出所：http://aceproject.org/　その他をもとに筆者作成。

不正自体ではなく，選挙管理委員会の中立性を求めることに焦点があるわけでもない。権力の奪取そのものが直接的な目標となっている。この点はフィリピンと類似している。

　インドネシアでは，権力分立の程度で見るとフィリピンと同等であるが，大統領自体が有する権限，特に立法的な権限は相対的に弱く，権力の大きさはどちらかと言えば低いと考えられる（粕谷 2010；川村 2010）。また，政党システムは多党制であるが，社会の亀裂の上に政党が成立しているため比較的凝集性が高い。政権もそうした凝集性の高い政党による連合を基盤としており，その意味で，権力が分散している。この権力の分散によって，中立的な選挙管理システムを作るインセンティブが他の2カ国に比べて強くなっていると考えることができる。ただし，同時に，野党の分裂度合いも大きく，調整問題を解決するためのコストは必ずしも低くはない。野党の抵抗の強さから中立的な選挙管

理システムが形成されるという説明は、フィリピン、タイとは逆の意味で、インドネシアでも明確には支持されない。

東南アジア3カ国の政治制度と選挙管理システムについて整理したのが、表3-3、3-4である。

以下、それぞれの国の選挙管理システムの特徴とその形成の経緯を記述する。

4　フィリピン——権威主義体制期から継続する低い信頼性

利得の構造

フィリピンでは、選挙において政党の役割は小さく、候補者個人の競争という意味合いが強い。憲法によって再選が禁止されている大統領にとっては、自分自身の選挙を公正に行う、あるいは操作する、というインセンティブは無く[13]、中間選挙、特に上院議員選挙が介入のインセンティブとなるのみである。それゆえ、大統領にとっては選挙管理委員会の状況を変更するインセンティブはあまり生まれない。マルコス権威主義体制期に選挙が政権の正統性確保のために実施され、そのなかで選挙管理委員会への政治的介入が続けられたが、民主化直後に改善の試みがあったものの、以後、現状変更のインセンティブが生まれないままそうした選挙管理委員会の特徴が結果的に継続することになったのである[14]。

こうした国政での事情に加えて、地方においては、植民地支配期の地方有力者の取り込みを起源として、特に地方首長選挙や下院議員選挙などの地方レベルの政治競争が地方有力者の権益をめぐる競争としての性格が強いことが大きな意味を持つ。有力な政治家が特定の地域において多くの権益を独占する構造となっているため（McCoy 1993；Sidel 1999）、地方政治において権力が生み出す利得が大きく、選挙不正を行うインセンティブが強く存在している。

一方、野党勢力による抵抗の強さを見ると、選挙不正に対して一致して抵抗する勢力が少なくとも国政レベルで出現するのは難しい。それは大統領選挙、上院選挙といった全国区の政治的競争が、基本的に政党間の競争ではなく、政治家個人間の競争となっているからである。大統領選挙が終われば、負けた大統領候補の政党に所属していた政治家たちはこぞって大統領の政党に鞍替えしたり、大統領の政党と協力関係に入ったりする[15]。野党に所属する政治家にとっ

ては，その方が自政党の大統領候補の負けに関して抗議するよりコストは低い。とはいえ，政権に対する抗議運動が街頭デモという形を取らないわけではない。1986年のマルコス政権崩壊を引き起こしたマニラ首都圏での街頭デモは，権威主義体制下での民主化運動という形態ではあったが，かなり強い行動であったし，民主主義体制になってからも2001年にはエストラーダ政権を崩壊させる街頭デモがあった。政権のスキャンダルと経済危機が直接の原因であったため選挙不正をめぐる選挙管理システムの問題の文脈での脅威とはいえないものの，国政レベルの選挙不正が明確に存在したとすれば同様の脅威が生まれる可能性は潜在的には高い。ただし，国政レベルの選挙で全国の票を集約した上での選挙結果が左右されるような不正については，これを明確に示唆する情報が公に共有されるのはかなり困難である。そのため，選挙不正をめぐる抗議行動が政権を交代させるまでになるのは難しい。[16]

地方選挙での不正については，国政とは違って負けた政治家たちからかなり執拗な抵抗が示される場合が多い。限定された地域では抵抗運動の調整コストが相対的に低く，また，権力の生み出す利得も大きいためである。しかしながら，まさに地方では政治権力を握ることによって得られる利得が高いことが，抵抗に対抗するコストを考えても，手段を問わず権力を獲得するインセンティブが強くする。国政レベルの選挙ではほとんど無い暴力的な行為が地方政治で繰り返されるのも，地方首長，下院議員の権力の大きさが影響している。

選挙管理システムの形成

こうした利得構造のなかで，フィリピンの選挙管理システムは以下のような変遷を辿ってきた。

フィリピンの選挙管理システムの起源はアメリカ統治期に実施された地方選挙（1900年），フィリピン議会選挙（1907年）の時点にさかのぼる。当初は内務省の管轄であったが，1935年憲法によって自治権を獲得してからは選挙管理委員会が設置され，その後，1946年の独立を経て，選挙管理委員会の組織は整えられ，権限，機能は強化されていった。1972年にマルコスによる権威主義体制が開始されたが，翌年1973年に制定された憲法では，その組織は拡大され，選挙を実施するという選挙運営の権限のみでなく，選挙法違反に関する準司法的機能も果たすように改変された。しかし，権威主義体制期における選

挙管理委員会の強化は，政権に有利な選挙を実施するためという性格を持ったものであった。権威主義体制期には，国政選挙として議会選挙を2回（1978年，1984年），大統領選挙を2回（1981年，1986年）実施したが，いずれも政権の勝利に終わっている。しかし，これらの選挙において，選挙管理委員会の作為，不作為による選挙不正（有権者名簿改竄，集計の操作，政権側の買収・暴力行為の容認）が行われたと見られている。このうち選挙管理委員会の中立性が最も問題とされたのは，1986年の大統領選挙である。現職のマルコスの政治生命延命に対抗して，暗殺されたベニグノ・アキノJr.上院議員の妻コラソン・アキノが大統領選に出馬した選挙である。このとき，選挙管理委員会の集計担当者たちが不正に加担したくないと集計作業を放棄するという事件があった（Wurfel 1988：300）。マルコスの当選が最終的に当時の国民議会で認定されたものの，直後に軍の反乱と大衆行動が発生し，権威主義体制が崩壊することになった。

　マルコス政権下に進められた選挙管理委員会への政府あるいは有力政治家の介入は，民主化後の選挙管理委員会にも継承されていった。Calimbahin (2009) は，フィリピンの選挙管理委員会において3つの重大な問題があると整理している。1つは政治経済エリートと選挙管理委員会のメンバー・職員がパトロン・クライアント関係にあって，こうしたエリートが選挙に介入することを許容していること。もう1つは選挙管理委員会内にも，職員たちのパトロン・クライアント関係があり，私的利益拡大を指向していること。そして最後に選挙管理委員会自体の非効率性と能力の低さである。いずれも，民主化以前に選挙管理委員会のなかで形成されてきた特徴と考えられる。

　選挙管理委員会への政治家の介入の度合いは，選挙管理委員会の汚職の度合いと捉えなおすことができる。フィリピンの世論調査機関ソーシャル・ウェザー・ステーションズの調査によると，汚職撲滅に対する真剣さの評価において，フィリピンの選挙管理委員会は，真剣であるという評価（sincere）と真剣ではないという評価（not sincere）の差が，2006年時点では－59ポイントとなっておりきわめて印象の悪い組織であった。その後，改善傾向が見られるが2009年時点でも依然として－8ポイントの差があり，汚職撲滅の取り組みが不十分であるとの認識が示されている。

市民団体の監視

　民主化に際して，公正な選挙の実施は他の民主主義国と同様にフィリピンにとっても重要な課題であった。そのために選挙管理委員会の改革も期待された。しかしながら，公正な選挙を実現するための改革の流れは，選挙管理委員会の改革よりも，権威主義体制期以前から活動し始め，権威主義体制において選挙監視の実績を積み，1986年の選挙，そして民主化においても公正な選挙実現に貢献したと認められた市民団体による監視を公式な制度として選挙管理システムのなかに組み込むことであった。

　市民団体の公正な選挙実現のための関与は，実は，独立後の民主主義体制期に起源を持つ。暴力と買収による選挙不正は，この時期から顕著に存在していたため，選挙管理委員会を助け選挙不正を正す試みとして，「自由選挙のための国民運動」（National Movement for Free Elections, NAMFREL）が1951年に設立されている。公正な選挙の推進を目的としてはいたが，その実は，アメリカの支援を受け，1953年選挙においてラモン・マグサイサイの大統領当選がその役割であった（Wurfel 1988：104-105）。いったん活動が停止されたものの，その後，マルコス権威主義体制のもとで，再びNAMFRELは活発な活動を見せるようになった。1984年の国民議会（Batasan Pambansa）選挙ではカトリック教会の支援を受けて，マルコス政権の支配下にあった選挙管理委員会とは別に投票所ごとの公式集計票をもとに票集計を行ったのが公式の選挙プロセスへの市民団体の参加の始まりとなった。選挙管理の公平さをアピールし，政権の正統性を内外にアピールしようとしたマルコス大統領は，その後，1985年選挙法において法的に市民団体の選挙監視を認め，1986年のマルコス大統領とコラソン・アキノ氏との選挙でNAMFRELの集計がマルコス優位とする選挙管理委員会の集計に疑念を投げかける根拠となり，ひいては，その後に進められた民主化において，アキノ氏の大統領就任に正統性を与えることになった。1991年同時選挙法の改正（1995年）では，投票所で作成される公式集計票7部のうち1部を選挙管理委員会が認証した市民団体に与えることが規定されている。

　市民団体への依存度が高まりつつも，選挙管理委員会自体の中立性と能力の向上に向けた試みが無かったわけではない。その動きが最も顕著だったのは民主化直後のアキノ政権期だった。選挙管理委員会の委員長にヒラリオ・ダビデ

(裁判官)，ハイディー・ヨラク（フィリピン大学法学部教員），クリスチャン・モンソド（弁護士，NAMFREL事務局長）といったフィリピン国内では高潔さで知られる法律家たちが任命され，組織改革に乗り出した。しかしながら，ダビデ，ヨラクは他の政府機関の長への任命，モンソドはダビデ，ヨラクの残した任期（4年）のみの就任であったため，中長期的な改革を行う時間がなかった（Calimbahin 2009）。

選挙不正の蔓延

モンソドが退任した直後に実施された1995年以降の選挙では買収，脅迫による選挙不正とともに，選挙管理委員会の職員の関与が疑われる集計操作（Dagdag Bawas）が持ちあがるようになった。また，その後，選挙管理委員会委員に大統領と近いメンバーが任命されるようになる。フィリピンの選挙管理委員会は委員長含む7人よって構成され，7年の任期1回のみの就任となる。法曹資格の保持，10年以上の実務経験が要件とされてり，また，上下両院の議員によって構成される任命委員会（25名）の同意が必要だが，すべて大統領の任命によって決定される。そのため，大統領の意向にそった人選が行われるのが通例となっている。エストラーダ大統領によるルツビミンダ・タンカンコ委員長（フィリピン大学教授でエストラーダ支持派）任命，アロヨ大統領によるベンハミン・アバロス委員長（地方政治家），ビルヒリオ・ガルチリャーノ委員（元選挙管理委員会職員）の任命などは，明らかに政権の介入を可能にする党派性の高い任命と見られている。2004年大統領選挙時に，グロリア・マカパガル・アロヨ大統領が，選挙管理委員会委員の1人，ガルチリヤーノ委員に直接電話をかけて集計作業に介入しようとする会話が，2005年にメディアに流れ，大きなスキャンダルとなった。さらに，アロヨ大統領は，その後，2007年の中間選挙でミンダナオにおいて自陣営の上院議員候補者の当選のために州知事，州選挙監督者（選挙管理委員会職員）に票の集計操作を依頼したとして，2011年にはアロヨ自身が逮捕されるに至っている。

選挙管理委員会自体の改革はこのように遅々として進まなかったが，集計時の操作を防ぐ手段として，2010年の選挙から機械による自動集計方式が採用された。買収，脅迫による投票の強要や阻止は依然として残っているものの，自動集計による不正防止の効果は一定程度見込まれる。ソーシャル・ウェザ

ー・ステーションズの世論調査でも，2004年選挙への満足度が53％（不満足が35％），2007年選挙への満足度が51％（不満足は31％）だったのに対して，2010年選挙に関しては75％の満足度（不満足が15％）が示され，改善傾向が見られる(23)。

5　タイ——強力な権限と党派性

民主化と政治制度改革

　タイは，フィリピンやインドネシアと異なり，民主主義体制や権威主義体制が長期にわたって継続した経験を持たない。1932年の立憲革命によって絶対王制から議会を有する立憲王制に転換した後1997年憲法が制定されるまで憲法は実に15回制定された。この間，合計19回の議会選挙（下院のみの選挙）が行われたが（Kokpol 2002），クーデタと民政が交互に繰り返された。憲法が頻繁に書き換えられる不安定な政治体制が続いてきたのである。この時期に実施された選挙の方式は，1948年の下院選挙以降，1選挙区複数の定数で，1人あたり定数分投票のできる連記制を採っていた。そして，選挙管理は内務省が直接管轄していた。

　1991年のクーデタを主導したスチンダ陸軍司令官の首相就任に対し，都市中間層を中心とした広範な抗議運動が起こり，軍との衝突で死傷者が出た暗黒の五月事件（1992年）をきっかけとして，スチンダは退陣して民主化が進んだ。このときの民主化の流れは新しい憲法制定に繋がり，通貨危機を経て，1997年に憲法が制定されることになった。この1997年憲法体制は，一方で，権限の大きい独立した選挙管理委員会を生み出したが，政治制度全体としては「勝者総取り」となる多数決型を導入し，権力の集中を図り，政権を掌握することによって行使できる権力を増大させた。多数決型の政治制度は政治勢力の二極化を促進する効果ももった。権力の集中，政権の権力の増大，政治勢力の二極化が，選挙管理委員会の権限の大きさと相まって，選挙管理委員会の党派性を強めることになっていた。民主化後の選挙管理委員会をめぐる具体的な経緯は以下のようにまとめることができる。

選挙管理委員会の設置

 1997年憲法は,首相の立場を強化するとともに,下院において小選挙区制を導入し,それまでの合意型の政治制度を多数決型に大きく変更する改革を行った。首相の立場の強化には2つの制度変更が重要と指摘される。1つは閣僚に任命された議員は議員資格を失うという点。これによって,閣僚にとっては,戻るべき公的ポストを失うことで首相に反旗を翻すリスクが大きくなった。もう1つは,議会への立候補資格として,選挙前90日以前から政党に所属することが必要となった点。議会解散がされた場合選挙は60日以内に実施されなければならず,解散後に党籍変更はできない。首相は与党内の派閥に離脱の動きがあれば解散をすることで立候補資格を奪うことができるため,これを切り札として,党内の統制を行うことができる(Hicken 2009:132)。

 このときの政治制度改革と平行して,選挙管理も内務省から切り離し,政府から独立した選挙管理委員会が設置されることになった。当時,内務省が選挙を管轄することは政府の選挙へ影響力行使という問題をはらんでおり,そうした影響力を排除することが選挙管理委員会設置の理由であった。

 新しく設置された選挙管理委員会は,内務省がそれまで有していた選挙管理に関する権限よりも強い権限を持つようになった。それまでは,選挙法違反者に対しての訴追は通常の裁判所で手続きされることになっていたが,訴訟手続きは長期にわたり,また証拠不十分で公判が維持できないケースが多かった。タイにおいて選挙法違反として想定されるのはもっぱら買収行為である(Klein 1998)。1997年憲法では,選挙管理委員会が選挙違反について調査することが可能となり,さらに選挙管理委員会自体が選挙法違反を認定した場合,候補者,政党の資格を剥奪,さらには当該選挙区の選挙無効を決定することができるようになったのである。2000年に制定された選挙法では選挙法違反の疑いがあるというだけで,選挙管理委員会が当該選挙区の再選挙を命じることができ(イエローカード),さらに選挙法違反が明確に認定された候補者には再選挙およびその後1年間,立候補資格剥奪の処分を課すこともできるようになった(レッドカード)。2000年の上院議員選挙(このときは単記非移譲式投票)では,レッドカードの発行は一枚であったが,2001年の下院選挙では,62の選挙区で再選挙を命じ,その再選挙においては52人の候補者にレッドカードが発行された(Kokpol 2002)。このように選挙管理委員会は,選挙結果を大きく左右す

る権限を有することになった。[27]

権力の集中

　一方，1997年憲法が導入した多数決型の政治制度は，それまでのタイ政治が中選挙区・連記制の弊害を念頭においたものであった。それまでの選挙制度では，政党の拘束力が弱く，政党が地方の有力者を中心とした派閥に依存したものとなり，また，国政レベルでも連立政権が繰り返され，首相のリーダーシップを弱いものとした。導入された多数決型の政治制度は，制度設計の目的どおり，タクシンという強いリーダーを登場させた。2001年に実施された下院選挙においてタイラックタイ党が単独過半数に迫る大勝をし，少数政党を取り込む形で政権を取った。さらに2005年の下院選挙では，議席総数の約4分の3を獲得し，圧倒的な政治的影響力を確保するに至った。タクシンの圧倒的な選挙での強さは，しかしながら，その基盤である農村住民と，タクシンの汚職スキャンダルなどに反発する都市中間層の間での対立に繋がっていた。そうしたなか，タクシンに対抗する軍のグループが2006年にクーデタを起こし，タクシンを追放するにいたった。その後，タクシン支持派は赤シャツ，反タクシン派は黄シャツのグループとなり，街頭行動を通じた対立を深めていったのである。

　選挙管理委員会の強力な権限と，多数決型政治制度のなかで高まった権力の集中と政治勢力の二極化は，選挙管理委員会への権力者の介入を促進する効果を持った。選挙管理委員会はそれが設立された時には，内務省官僚，判事，大学教員，NGO関係者によって構成されていたが，その強力な権限の効果が，実際に選挙が実施されるなかで明らかになっていった。2001年選挙のあと，選挙管理委員会メンバーの交代にあたり，政権を掌握したタクシンに近いメンバーが選挙管理委員として任命され，選挙管理委員会のタクシン寄りの姿勢が生まれたと言われている（Chambers 2006）。タイラックタイ党が圧勝した2005年の下院選挙はこうした選挙管理委員会のもとで実施された（Croissant and Pojar 2005）。[28]

　2001年以降顕著になった選挙管理委員会の党派性は，選挙管理委員会をどちらが支配するのかという争いに発展していった。2005年下院選挙で大勝したタクシンは，しかしながら，種々の不正疑惑から都市中間層からの反発を買

い，首相辞任要求運動が展開されることになった。事態打開のため，タクシンは 2006 年に再び下院選挙を実施したが，議席が確定しない選挙区があり，選挙管理委員会は再選挙，再々選挙の実施を進めようとした。これに関して，野党のボイコット運動のため与党候補者のみの選挙区が発生した状態を国王が「民主的でない」とする見解を表した。国王の意向を汲んだ最高裁，行政裁，憲法裁の判事らは選挙手続きの合法性について審理を開始した。憲法裁は選挙管理委員会の選挙実施手続きに不備があり，そもそも下院選挙は無効であると判断し，さらには，選挙管理委員の辞職を勧告した。選挙管理委員の多数は辞職を拒否したため，タイラックタイ党候補者への不当な便宜供与を図ったとする民主党議員による刑事告発が受理され，刑事裁判所は選挙管理委員に有罪判決を下し，委員たちは職を解かれることとなった。

司法の影響力拡大

こうした中，軍によるクーデタが発生し，タクシンが首相の座から追われることになった。クーデタ後制定された 2007 年憲法は選挙制度の改変を行ったものの，選挙管理委員会を含む制度の大枠は 1997 年憲法の規定を踏襲した。しかし，選挙管理委員の選定については，1997 年憲法が選考委員会（憲法裁長官，最高裁長官，行政裁長官，下院議長，下院野党リーダー，行政裁任命委員）推挙の 5 候補と最高裁推挙の 5 候補を合わせて，その中から上院が選び，委員長は選挙管理委員会内での互選で最終的に国王が任命する，という手続きを取ったのに対し，2007 年憲法では，選考委員会が 3 名，最高裁が 2 名を選び，上院の承認を経て国王が任命する，という手続きに変更することとなり，議会の関与の余地が少なくなった。代わりに司法の意向が大きく反映されるようになった。クーデタ後の新しい選挙管理委員会では，5 名のうち 3 名が裁判官，1 名が検察官となって（残り 1 人は大学教授），司法の影響力が一気に拡大したのである。

選挙管理委員会はその後，司法とともにタクシン系の政党に厳しい対応をすることになる。2007 年の下院選挙においては，憲法裁によるタイラックタイ党の解党命令の後タクシン系の政党として選挙に参加した人民の力党が農村部を中心に得票を伸ばしたが，選挙管理委員会が人民の力党候補者を中心にイエローカード，レッドカードを頻発し，結果として人民の力党の議席数は反タクシンの民主党の議席数と大差なくなった（Ockey 2008）。その後，人民の力党

のサマックが首相に就任したものの，2008年には憲法裁判所がサマックのテレビ出演について首相の兼職禁止規定に反するとして違憲判決を出し，サマックは失職，さらに2007年選挙における選挙違反を理由に，人民の力党には解党命令が下された。選挙管理委員会は，司法とともに反タクシンの党派性を明確に示すようになったのである（Dressel 2010 ; Ginsburg 2009）。

選挙管理委員会に対する国民の認識を見ると，タクシン系の委員が加わった2001年の選挙管理委員会の委員交代直後に実施されたアジアバロメーターの世論調査ではまだかなり高い信頼が認められるが（70％が信頼すると回答），2009年のアジア財団の世論調査では，回答者の67％が選挙管理委員会は政治的なバイアスがかかっているとの印象を持っていると答えている（The Asia Foundation 2009）。また，2010年のアジア財団の調査では，反タクシン派では56％が選挙管理委員会を誠実であると評価しているのに対し，タクシン派では同様の回答は11％に過ぎなかった（The Asia Foundation 2011）。このように選挙管理委員会，さらには選挙管理委員会を含む司法全体が，党派的な行動をとり，特定の勢力を押さえ込もうとする事象は，「司法の政治化」あるいは「政治の司法化」と呼ばれている。

6　インドネシア——党派性排除と選挙管理の能力

権力の分立

インドネシアの選挙管理システム形成においてその特徴を決定する重要な要因は，合意型の特徴をより色濃く持った政治制度，特に比例代表制を基本とする選挙制度，社会の亀裂に沿った多党政党システム，そして，大統領の立法権限の弱さにあると考えられる。選挙制度を見ると，民主化直後は国民協議会が大統領を選出する方式をとり，また2004年に大統領直接選挙制が導入されてからも，大統領候補は議会選挙で得票率25％以上，もしくは議席の20％以上を有する政党もしくは政党連合の公認が必要であった。比例代表制の選挙制度と相まって，政党連合が形成されやすい制度的枠組みが重要な意味を持っている（川中 2012b）。政党システムという点では，社会の亀裂を強く反映して，政党規律が強く，大統領の自党に対する党派的権限は強い。しかし，選挙制度の影響ゆえに，大統領を支える与党連合は少ないときで5政党（メガワティ政権），

多いときで7政党（アブドゥルラフマン・ワヒド政権，第1次ユドヨノ政権）の連立によって構成されていた。拒否権プレーヤーが多く，また，政党規律が強いことが大統領の他政党の切り崩しを困難にするため，拒否権プレーヤーは維持される。そして，大統領権限については，粕谷（2010：15-16）が，包括的拒否権，部分的拒否権，大統領令，予算補正規制，国民投票，議会解散などの点における評価から，アジアの大統領制における大統領の立法権限を比較しているが，9カ国中最も権限が弱いのがインドネシアとなっている（なお，フィリピンは第4位である）。

こうした政治制度の特徴は，権力の集中度合いを低下させ，中立的な選挙管理システムの構築に望ましい条件となっている。くわえて，選挙管理システム形成初期における経験が，具体的な制度構築の方向性を規定したことにも留意が必要である。民主化後第1回の1999年総選挙における選挙管理委員会の党派性の問題，2005年に起きた選挙管理委員会の汚職スキャンダル，という事件の影響を受け，そうした問題を回避すること，つまり，選挙管理システム自体に対する監視が意識されることになった。

選挙管理システムの形成

インドネシアの選挙管理システムは，その中立性を担保するために，選挙管理に携わる機関として，選挙管理委員会の他に，選挙管理を監視する機関，さらには，選挙管理委員会や選挙監視機関の委員について監督する機関など，複数の機関による管理・監視体制が敷かれた。このように中立性が保持された一方で，選挙の方式が拘束名簿式・大統領間接選挙，拘束名簿式・大統領直接選挙，非拘束名簿式・大統領直接選挙，と選挙ごとに異なる方式で実施されたことで，選挙監視システムの安定に時間がかかることになった。こうした選挙管理システムの形成の経緯は，以下のようにまとめられる。

インドネシアでは，1945年の独立宣言，1949年のオランダからの主権移譲に伴い1955年に議会選挙を実施したものの，1957年から始まったスカルノ権威主義体制期には議員は任命されていたため選挙は行われず，1965年以降スハルト権威主義体制期に入ってからは政府が強くコントロールするなかで制限された選挙が実施されてきた。選挙は一貫して比例代表制によるもので，選挙管理機関としては，1955年選挙時には選挙管理委員会（Panitia Pemeilihan Indonesia, PPI) が設置され (Rüland 2001), スハルト政権期には, 総選挙庁 (Lembaga Pemilihan Umum, LPU) が新たに設置され, そのもとに置かれた PPI が選挙管理を行った。しかし, LPU の長は内務大臣であり, PPI の長も内務官僚で, また政府を支える組織ゴルカルの幹部が兼務していた。選挙管理委員会とは別に選挙監視組織 (Panitia Pengawas Pemilu, Panwaslu) が設置されたが, これも内務省, ゴルカル幹部が兼務していた (Haris 2004)。1955 年の選挙では, 主要な 4 つの政治勢力が拮抗し政治的な停滞を生み出し, スハルト期には, 世俗政党とイスラーム政党がそれぞれ統合され, 管理された野党として民主党と開発統一党という形で存在した。民主化後は, この世俗とイスラームという社会的亀裂に基づいていくつもの政党が生まれることになり, それがインドネシアの政党システムを作ることになった。

民主化後の選挙管理システムは, こうした社会の亀裂を明確に反映した政党システムのなかで展開される政治的競争をどのように合法的な選挙の枠組みのなかで扱っていくのかということと, 政府を握る権力者の介入をどのように排除するのか, という関心のもとに設計されていくことになった。その制度形成は, 試行錯誤のなかで制度的均衡を模索する過程を続けてきたといっても良い。それは 1999 年から 2002 年にかけて 4 回の憲法改正を行い, さらには 1999 年, 2004 年, 2009 年いずれの選挙も異なる方式で実施されたということに端的に現れている。選挙の制度的枠組みの変化とともに選挙管理委員会の組織も変遷した。

中立性の確保

民主化後の選挙管理は, 1999 年の選挙法制定によって設置された選挙管理委員会 (Komisi Pemelihan Umum, KPU) によって担われることになった。当初の選挙管理委員会の構成は, 大統領任命の政府委員 5 名と政党代表の 48 名によって構成されることになった。また, 選挙管理委員会の下にそれぞれの地方レベルに選挙を実施する選挙管理委員会 (PPI), 選挙監視をする選挙監視組織 (Panitia Pengawas, Panwas) が設置された。そこには政府による選挙介入を排除し, 各政党の互いの監視のもとで中立的な選挙を実施するという意図があった。しかし実際のところ, 各政党の代表は自ら選挙に立候補したり, 自政党の選挙活動を行ったりと, 中立的な選挙管理が行われたとは言い難い状況に陥った

(Harris, Wall, and Dahl 2001)。

　この最初の選挙管理委員会のあり方は，その後の選挙管理委員の汚職事件とあいまって，選挙管理委員会を監視することで中立性の確保をすべきとする方向性を生み出した。2001年の第3次憲法改正で選挙管理委員会は憲法上の立場を確立することになり，2000年の選挙法改正で，1999年選挙の反省から，政府委員，政党代表委員の廃止と，非党派的委員11人による構成，さらには，大統領の推薦のなかから下院に当たる国民議会（DPR）の選考委員会が委員を選出する手続きが設定されることになった。中立性を強化する方向で選挙管理委員会の制度化が進められたといえる。2003年の選挙法改正では，選挙管理委員会の政府からの独立性が強化される。地方の選挙実施機関が政府の管轄から離れ選挙管理委員会の管轄下におかれ，財政の自律性，権限の強化が図られた。合わせて，国レベルから地方レベルに至るまで，選挙管理委員会の委員は政府ポストとの兼職が禁止され，非党派性も強化された。選挙管理委員会と選挙監視委員会の関係も整理され，選挙監視委員会のメンバーは選挙管理委員会が任命し，市民団体代表，学者，警察，検察などが参加することになった（The Carter Center 2005）。さらに憲法裁判所が選挙結果に関わる紛争処理を行うことも法律で明記された（2003年憲法裁判所法）。こうした枠組みのもと，民主化後第2回に当たる議会選挙，そして，初めての大統領直接選挙が2004年に実施されることになった。

　この選挙では，ユドヨノが大統領に当選し，この新政権のもと，再び選挙管理システムの変更が進められた。このとき，選挙管理委員会のあり方に影響を与えたのが，選挙管理委員会ぐるみの裏金作り事件である。機材納入業者からの調達に関わって裏金を確保し，財務省や国会対策費として使う一方，委員たちの着服も行われた。2005年に選挙管理委員会の2人のメンバー（ナザルディン委員長を含む）が有罪判決を受けるに至った。

　この汚職事件は，選挙管理委員会の会計管理に関する手続きの厳格化に繋がり，支出手続きの硬直化，さらには2009年選挙における有権者登録の不備などに繋がったと指摘されている。2007年に制定された選挙実施機関法は，あらためて選挙管理委員会の改変を行った。委員を7名（任期5年）に変更し，政府兼職禁止とともに，政党の所属も明確に認められないことになった。また委員の任命手続きも，それまでの大統領推薦と議会の選考という手続きをやめ，

大統領が選考委員会を設置し，その委員会が選考手続きを行うことに改められた。大統領は選抜委員会の推薦のもと候補者を指名し，国民議会（DPR）が投票して7名を決定することとなった。さらに汚職事件の影響を受け，支出手続きの厳格化が進められた。合わせて，選挙管理委員会（KPU）とは別組織である，委員5名の選挙監視委員会（Badan Pengawas Pemilu, Bawaslu）と委員7名の選挙倫理委員会（Dewan Kehormatan, DK，のちにDewan Kehormatan Penyelenggara Pemilu, DKPP 改称）の権限・機能が大幅に強化された。選挙監視委員会は，選挙違反の告発を受け，調査をする役割を担い，選挙倫理委員会は，選挙管理委員会，選挙監視委員会の委員の解任手続きにあたって検証を行う役割を担っている。選挙管理委員会，選挙監視委員会，選挙倫理委員会の3つの機関が選挙管理システムに関わるという権限の分立が，インドネシアの選挙管理システムの特徴となったのである。こうした枠組みにおいて，第3回の選挙となる2009年総選挙，そして数ヵ月後に第2回大統領直接選挙が実施され，ユドヨノが再選された。

運営能力

インドネシアの選挙管理システムは中立性と清廉さを求める方向で制度形成が進んだといえる。しかし，それは広大な国土，人口の多さとも相まって（2009年選挙では，1億7130万人の有権者，52万8217カ所の投票所，7億枚以上の投票用紙），選挙管理の効率性が低下するという効果ももたらした。選挙管理委員会の委員は，政府と政党からの独立を厳密に確保することが求められたが，これは選挙に関わったことのない人々を委員として選任することに繋がり，選挙管理委員会の専門性・経験に疑義を生じさせることになった（Mietzner 2012；Sukma 2010）。また，汚職事件の影響で，財政に関する選挙管理委員会の裁量が制限されたことで，支出の柔軟性が制限され，特に2009年の選挙では有権者リストの更新がうまく実施できなかった（Khalik 2008）。関連して，2008年選挙法によって有権者リスト作成の基礎として，国勢調査ではなくより精度の低い内務省のデータを利用することが指定され，名簿の整理に多くの時間が費やされる．さらには，2009年選挙に関しては定数の変更など大きな選挙制度の変更がなされるとともに，選挙間近になって憲法裁判所が条件つき非拘束名簿制を完全な非拘束名簿制に変える判決を下し，準備が間に合わない

という問題も発生した（Schmidt 2010）[34]。

　なお，国政レベルでは，権力の集中度合いが低いとしても，地方政府レベルでは，必ずしもそうではない。ハビビ政権期に実施された大規模な地方分権化とともに，地方首長の権限は強くなり，地方首長職をめぐる競争は激しくなっている。こうした中，国政レベルの選挙に対する選挙管理の中立性とは対照的に，地方選挙における選挙管理の中立性には問題があるとの指摘がされ，地方レベルの選挙管理委員会では選挙不正（委員会関係者の買収），あるいは党派的な行動などの報告が見られる（The Carter Center 2005）[35]。

東南アジアにおける権力と選挙管理

　選挙が権力の配分に重要な意味を持つ民主主義体制において，選挙管理が重要な意味を持つことは言うまでもない。にもかかわらず，選挙管理は空気のような存在として，あまり重要視されてこなかったことも事実である。しかし，権力者を決定することが重要であればあるほど選挙管理の意義が大きくなってくる。民主化を果たしたばかりの国々にとって，選挙の信頼性はとりもなおさず新しく成立した民主主義制度の信頼性に直結する問題であり，選挙管理は特にこうした新興民主主義国にとって重要な意味を持っている。それは民主化した東南アジア諸国にとっても同様である。本章では，東南アジアを対象として新興民主主義において選挙管理システムの実質的な特徴がどのような原因によって決定されるのかを探った。出発点となる理論として，選挙管理システムの特徴は，政治勢力間相互の戦略的な行動によって規定されると考え，特に政権を掌握することによって得られる権力の大きさと，選挙不正に対抗する在野勢力の抵抗運動の強さの見込みが，選挙管理システムの特徴を決定するとの仮説を立てた。この仮説に対して民主化した東南アジアの３カ国の事例を対象とする定性的な検証を行った。フィリピン，タイ，インドネシアにおける選挙管理システムの事例は，おおむね権力の大きさ，集中度合いが中立性の重要な決定要因となっていることを示していると考える。権力の集中が大きいタイやフィリピンでは選挙管理システムの中立性に問題が発生する一方で，それが比較的小さいインドネシアでは，選挙管理システムの中立性は確保されている。しかしながら，抵抗勢力の強さの影響については，フィリピン，タイ，インドネシアのいずれの事例から，抵抗の度合いと選挙管理システムの特徴の間の関係は

必ずしも認められなかった。フィリピンでは，政党を基盤として国政レベルの選挙に関する選挙不正への強固な抵抗が発生する可能性が少ないが，政権に対抗するような大規模な抗議行動がマニラ首都圏を発生することはこれまでもあった。タイは権力をめぐる街頭行動が頻発している。インドネシアは野党の分裂度合いが大きく，必ずしも政権に対抗する抵抗運動関わる調整問題解決のコストが低いわけではない。抵抗の強さの効果が理論的に予測されるように表れないのは，むしろ抵抗運動の強さについての予測が政権側にとってなかなか立てられないという事情が効いているように思われる。そのため抵抗運動の強さ見込みの影響より，より目に見える権力の大きさ，集中度合いが，選挙不正のあり方，選挙管理システムの特徴に直接的に効果を持つようになっている可能性が考えられる。なお，3カ国の事例は，選挙管理システムの中立性と能力が必ずしも共変関係にないことも示している。フィリピンの選挙管理システムの能力が低いのは，中立性の低さと同じように政治家の介入の帰結として見ることができるが，タイの場合は，むしろ，規制能力が強いことが選挙管理委員会の党派性を強化させる基礎となっている。選挙管理委員会を握ることが選挙の勝敗を大きく左右させるだけに，選挙で勝つ見込みが低い勢力はその権限を活用しようと党派的な介入を強める。インドネシアでは，選挙運営能力の低さを直接引き起こしている原因が，度重なる選挙法の改正，国土や人口といった物理的な選挙運営のコストの高さなどであり，それは外生的な条件とも言える。

Appendix　選挙管理システムに関する定量的検証

　以下では，中立性，信頼性を中心に選挙管理システムの性質に対して，権力の集中度合いと抵抗勢力の脅威が影響を与えているかどうかについて，多国間比較によって検証する。権力の集中度合いを権力の分立の程度（チェック・アンド・バランス）と考え，また，抵抗勢力の脅威を野党の分裂度合いによって測ることとして，本章の理論から導き出される仮説は，

(1)　権力分立が確立されていて，権力の集中が抑制されている国では，政権掌握によって獲得できる権力が小さいため，選挙管理システムは中立的な

で公正な運営をするものとなる。ゆえに選挙プロセスは適正に運営される。
(2) 野党が分裂している国では，野党間の調整問題を解決することが難しくなり，選挙不正に対する抵抗が十分強力なものとならないと見込まれる。ゆえに選挙管理システムを中立なものとし公正な選挙を実現する政権側のインセンティブが低く，結果として選挙プロセスが適正に運営されない事例が多くなる。

となる。

　この仮説を検証するにあたって，以下の変数を使った回帰分析（OLS）を行う。従属変数としては，フリーダムハウスの選挙プロセス・スコア（Electoral Process），エレクトラル・インテグリティ・プロジェクト（EIP）の選挙管理組織指標（EMBsi）（およびそれを構成する指標のうち選挙管理組織中立性［impartial］と選挙管理組織業績［performance］)，選挙管理組織信頼度（electoralauth）を用いる（Norris, Martinez i Coma, and Frank 2014)。フリーダムハウスの選挙プロセス・スコアは，国政レベルの議会選挙，執政長官選挙が自由で公平な選挙によって行われたか否かを0（最悪）から12（最良）によって示したものである。選挙管理システムの中立性，公正性を直接表した指標ではないが，選挙管理システムが中立であれば，選挙プロセス・スコアは高くなると予測されるので，代理変数として用いた。一方，EIPの指標は，選挙管理を行う組織に対する評価を直接扱ったもので，選挙管理組織指標（EMBsi：25-100）は，選挙管理組織中立性（impartial, 1-5)，選挙管理組織情報伝達（info, 1-5)，選挙管理組織情報開示（scrutiny, 1-5)，そして，選挙管理組織業績（performance, 1-5）から作り出した指標である。選挙管理組織指標が高ければ選挙管理組織は，中立で透明性の高い組織運営をし，運営能力も高い，ということになる。また，選挙管理組織信頼度（electoralauth, 1-10）は，文字通り選挙管理組織に対する信頼度を評価したものである。いずれも専門家による評価に基づいたものである。選挙プロセス・スコアは2012年時点のもの，EIPの各指標は2012年7月から2013年12月までの間の選挙に基づいた指標である。選挙プロセス・スコアは，観察数が多く，本章が対象とする事例3カ国を含んだものであるが，選挙管理組織そのものの評価ではない。一方，EIPの各指標は，選挙管理組織そのものを評価対象としているが，観察数が少なく，本章の対象事例のうちタイが含ま

れていない。双方の欠点を補うために，従属変数としてそれぞれ検証することにした。

独立変数としては，拒否権プレーヤーの数を示すものとして世銀の政治制度データセット（Keefer 2012）の拒否権プレーヤーの数（チェック・アンド・バランス・スコア）を使う。これは，立法府の政治的競争指標（Legislative Index of Political Competitiveness）および執政府の政治的競争指標（The Executive Index of Political Competitiveness）に加えて，制度的な権力分化（大統領制や一院制・二院制など）の程度を加えて作成した指標である。数が大きくなればなるほど権力分立の程度が高いということになり，1プレーヤー当たりの権力行使の裁量は限定されることになる。また，対抗勢力の分裂状況を表す変数として，同じく世銀の政治制度データセットの野党分裂指標（Opposition Fractionalization）を使用する。これは野党勢力からランダムに抽出した議員2人が異なる政党に所属する確率を表す。この変数の数値が高ければ高いほど，野党間での調整問題の解決が難しくなるはずである。

こうした変数に加え，制御変数として1人当たりのGDP（実質）（Penn World Table）を加えた。独立変数と制御変数は，ヨーテボリ大学（University of Gothenburg）が作成したデータセットTeorell et al. (2013) に集約されており，本分析にはこのデータセットを使用した。なお，データは2009年のクロスセクションデータを使用した。2009年にデータの無い国については，2009年前後3年以内のデータを使用している。

なお，検証にあたっては，選挙管理システムの政治的な意義が認められる民主主義体制および民主主義と独裁の中間的な政治体制の国に対象を限定した。そのため，ポリティのスコアが－5から10の国を対象とする。

各変数の記述統計は表A-1，従属変数同士の相関係数と，回帰分析の推計結果は表A-2，表A-3の通りである。

従属変数同士の相関を見ると，選挙プロセス・スコアとEIPの選挙管理委員会に関する諸変数の間には，完全な合致は見られないものの，一定程度の相関関係が確認される（すべて統計的に有意である）。また，EIPの諸変数同士でもかなり高い相関関係があり，中立性と業績という選挙管理委員会の異なる側面についての評価も高い相関があることが分かる。

こうした従属変数を用いて，OLSによる5つの推計を行った。モデル1は

表A-1　各変数の記述統計

変　数	標本数	平均	標準偏差	最小	最大
従属変数					
選挙プロセス・スコア（Electoral Process）	185	7.96	4.22	0	12.00
選挙管理組織指標（EMBsi）	76	69.20	15.39	30	97.88
選挙管理組織中立性（impartial）	76	3.25	0.95	1.2	4.88
選挙管理組織業績（performance）	76	3.41	0.92	1.33	5.00
選挙管理組織信頼度（electoralauth）	76	5.79	1.96	1.70	9.31
独立変数					
チェック・アンド・バランス（Checks and balances）	166	3.05	1.86	1	17.00
野党分裂指標（OPPFRAC）	150	0.46	0.28	0	1.00
実質一人当たりのGDP	178	12353.63	15502.60	231.46	118770.50

Polity2 > -6

出所：The QoG Standard Dataset 2013, Perceptions of Electoral Integrity: 2nd Release (PEI_2)

表A-2　従属変数間の相関係数

	選挙プロセス・スコア	選挙管理組織指標	選挙管理組織中立性	選挙管理組織業績	選挙管理組織信頼度
選挙プロセス・スコア	1.00				
選挙管理組織指標	0.73	1.00			
選挙管理組織中立性*	0.74	0.94	1.00		
選挙管理組織業績*	0.70	0.96	0.91	1.00	
選挙管理組織信頼度	0.73	0.93	0.92	0.91	1.00

＊選挙管理組織中立性と選挙管理組織業績は，選挙管理組織指標を構成する指標。Polity2 > -6

出所：Perceptions of Electoral Integrity, 2nd Release (PEI_2)

　選挙プロセス・スコアを従属変数としたものであるが，権力分立の度合いが高ければ選挙の公正性が向上することが統計的に有意となっている。一方，野党の分裂度合いについては，有意な形での推計は得られなかった。一方，選挙管理委員会そのものに対する評価（EIPの諸スコア）を従属変数とした場合，選挙管理委員会の公正性や信頼度に対しては，権力分立の度合いが影響を与えていることが確認されるが，その中立性と業績については統計的に有意な結果は得られていない。さらに，野党の分裂の度合いは，いずれでも統計的に有意な影響は認められなかった。

　ここから権力分立と選挙の公正性・選挙管理システムの公正性についての仮

第3章 東南アジア諸国の選挙管理

表A-3 選挙プロセスおよび選挙管理組織の性質に対する効果（OLS）

変　数	モデル1 選挙プロセス・スコア		モデル2 選挙管理組織指標		モデル3 選挙管理組織中立性		モデル4 選挙管理組織業績		モデル5 選挙管理組織信頼度	
		β		β		β		β		β
チェック・アンド・バランス	0.73 (0.14)***	0.35	1.57 (0.71)**	0.22	0.08 (0.04)	0.18	0.08 (0.04)*	0.18	0.23 (0.09)**	0.24
野党分裂指標	−1.22 (0.93)	−0.09	3.56 (4.68)	0.07	0.29 (0.31)	0.09	0.04 (0.32)	0.01	0.35 (0.62)	0.05
実質一人当たりのGDP	0.00 (0.00)***	0.43	0.00 (0.00)***	0.56	0.00 (0.00)***	0.59	0.00 (0.00)***	0.55	0.00 (0.00)***	0.60
定　数	5.01 (0.65)***		54.50 (3.42)***		2.33 (0.21)***		2.64 (0.22)***		3.77 (0.42)***	
観察数	150		71		71		71		71	
補正決定係数	0.34		0.39		0.42		0.35		0.47	

Polity2＞−6
カッコ内は標準誤差　*$p<0.1$，**$p<0.05$，***$p<0.01$
出所：The QoG Standard Dataset 2013, Perceptions of Electoral Integrity: 2nd Release（PEI_2）

説1についてはおおむね支持されると考えられる。しかし，野党の分裂度合いと選挙の公正性・選挙管理システムの公正性についての仮説2は必ずしも支持されたとは言えない。

注
(1) 選挙管理システムは，選挙管理を行う総体としてのシステムを指し，選挙管理委員会はそこに内包されるものとして考える。インドネシアのように国によっては選挙管理委員会以外の組織の役割が大きいところもあり，そうした組織も含めた形で選挙管理を捉えるのが望ましいと考える。
(2) 本章に関わる調査を行った時点では，タイは民主主義国と言って問題なかったが，本章執筆の2014年9月段階では明らかな軍政となっており，民主主義国として扱うことができない。しかしながら，1997年憲法制定以降，2006年のクーデタによる中断をはさみながらも，比較的長期間にわたって民主主主義体制をとってきたため，事例としての意義は大きい。本章では2014年のクーデタが発生する以前のタイを事例として扱う。
(3) 本章では，「中立」「独立」「自律」といった用語を同義の互換可能なものとして取り扱う。
(4) この場合，選挙不正のコスト（実施のコストのみならず，失敗したときの期待コストなども）までも含めて選挙管理システムをめぐって政治勢力が置かれる利得構造を考えることが重要である。
(5) ただし，たとえ公正な選挙でも勝利の見込みが高い政治指導者が，単に勝つだけ

なく，優位政党の圧倒的な強さを見せつけ，離反を抑え込み対抗勢力の抵抗を挫く目的で，選挙不正を行うという議論が提起されている（Magaloni 2006 ; Simpser 2013）。この立場に立てば，選挙で勝つ見込みが高いということが，公正な選挙の条件として十分であるとは言えない。

(6) とはいえ，民主主義の度合いが高くても選挙管理システムの中立性が低い，というのは現実には少ない。それは公正な選挙が行われていること自体が民主主義の度合いの重要な指標であるからである。その意味で，選挙管理システムの中立性の問題は，本質的に，民主主義だけでなく，競争的権威主義までを対象として含めなければ，それをめぐる因果関係を明らかにすることはできない。

(7) たとえば，大統領制において大統領の権力の強さを比較する試みはあるが（Shugart and Carey 1992），大統領制と議院内閣制双方を含んだ上で包括的に執政長官の権力を比較することは難しい。その点，拒否権プレーヤーの数は，少なくとも政府の形態の相違を超えて権力の大きさの比較をすることが可能である。

(8) ランダムに選んだ野党議員が異なる政党に属している確率。

(9) ただし，他の変数をコントロールするとその傾向が統計的に有意に現れる。Appendixを参照。

(10) 東南アジアの政党システムについては川中（2012a）も参照。

(11) 定量的な多国間比較については，Appendixを参照。

(12) 立法過程への影響を含めて考えた場合，フィリピンの大統領の権力の大きさは中位レベルと評価できるが，レントと関わる規制権限，ポークバレルを含む予算執行では，大きな権力を持っている（川中 2010）。

(13) 現職として立候補できたグロリア・マカパガル・アロヨ大統領は，汚職スキャンダルで失脚したジョセフ・エストラーダ大統領の任期を務めた後の立候補であり，例外的である。

(14) 1986年の民主化直後のコラソン・アキノ大統領は選挙管理委員会改革をマルコス権威主義体制の清算の一環と認識していたと思われるが，後述のように，改革を期待された委員長が頻繁に交代する事態のなかで，改革は進まなかった。

(15) 下院での大統領支持派の割合は民主化以降，常に70％を超え，90％を超える場合も珍しくない（川村 2012）。

(16) 2004年の大統領選挙，議会選挙におけるアロヨ大統領による選挙不正は，翌年，大きなスキャンダルとして取り上げられた。アロヨ大統領の支持率はこれ以降急速に低下したため，政権にとって大きな打撃であったことは間違いない。しかしながら，これは2001年のエストラーダ大統領追放のような街頭行動には繋がらなかった。

(17) 権威主義体制以前にも選挙不正は大きな問題であったが，選挙管理委員会が公正

な選挙に貢献したと評価される選挙もあった。たとえば，1970年の憲法制定会議の選挙がそれに該当する（Wurfel 1988, pp. 105-106）。

⒅　Social Weather Stations. 2008. 2008 Survey of Enterprises on Corruption : Anti-corruption sincerity ratings improved for only 8 out of 30 agencies ; Social Weather Stations. 2009. Transparent Accountable Governance : The 2009 SWS Surveys on Corruption.

⒆　このときは，正確にはその名称を若干，変更していた。1980年代以降のNAMFRELは「自由な選挙のための全国市民運動」(National Citizen's Movement for Free Elections)。

⒇　たとえば2004年のソーシャル・ウェザー・ステーションズの世論調査では，選挙管理委員会への信頼度は以前（1993年時で39％）に比べて上昇し，回答者の60％が信頼を示したのにもかかわらず，アバロス委員長個人に対しては25％のみしか信頼を示していない。Mahar Mangahas (2004) SWS March and April Surveys : 60％ Trust Comelec, But Only 26％ Trust Abalos.

㉑　ガルチリャーノ委員はマルコス政権下の選挙管理委員会で選挙操作を行っていたと疑われていた人物で，アロヨ大統領が彼を委員に任命したことに対し，任命時より批判が加えられていた。

㉒　電子投票には技術的な問題や透明性の問題があるとし，こうした見方に疑問を投げかけるグループもある (Center for People Empowerment in Governance n.d.)。

㉓　Social Weather Stations. 2010. Second Quarter 2010 Social Weather Survey : 75％ of Filipinos satisfied with the conduct of the May 2010 Elections.

㉔　合わせて下院では比例代表制も導入し，小選挙区制の比重の高い小選挙区・比例代表制による選挙が実施されるようになった。また，それまで任命制だった上院も選挙の対象となった。

㉕　こうした動きに対し，内務省から強い反対はなかったという。選挙管理委員会設置に関わったLaddawan Tantivitayapitak (Vice Chairwoman of Political Development Council) への聞き取り（2011年9月7日）。

㉖　地方政治家と票を買収して取りまとめる請負人 (hua khanaen) のネットワークが，タイの選挙で大きな役割を果たしていると指摘されてきた (Ockey 2004)。

㉗　2000年上院選挙，2001年下院選挙については，『アジア動向年報』各年版とともに (Montesano (2001), 2002)) 参照。

㉘　地方レベルで，政治家，官僚などの選挙管理委員会への介入を指摘したものとして，(Achakorn Wongpreedee (2007) ; Nelson (2008))。

㉙　2007年に憲法裁は，2006年下院選挙に関してタイラックタイ党は組織ぐるみの違反を行ったとして（小党の買収），解党判決を下し，タクシンを含む党役員111

(30) タクシン政権がクーデタによって崩壊して以降は，選挙管理委員会，憲法裁判所などは，都市中間層，知識人の側に立ち，さらに言えば，国王の選好に近い行動を取る傾向が顕著と見られる。こうした現象を，国王が憲法の上位に存在し，国王の意思を体現する制度として司法が位置づけられていることによるとする議論もある（Ginsburg 2009）。この場合，民主主義的な制度と切り離された権力がその権力を維持するための制度的保障として司法が存在している，という理解となる。

(31) 地方選挙に関しては，2004 年地方政府法によって，地方政府選挙はそれぞれの地方政府レベルの選挙管理委員会（KPUD）が管轄することになり，国レベルの選挙管理委員会の監督を受けないということになった（Choi 2007；Bjornlund, Liddle, and King 2008）。

(32) なお，この選挙に関連して，ユドヨノが不正な選挙運動をしたという申し立てが対抗候補のメガワティとプラボォから出されている "Bawaslu to summon Yudhoyono, KPU, IFES" Jakarta Post, July 15, 2009. しかし，これが大きな抗議行動に展開することはなかった。選挙結果が拮抗していなかったという事情が大きいが，少なくとも正式な手続きを経て申し立てが行われたところに，選挙管理制度への信頼が認められる。

(33) 2013 年にアキル・モフタル憲法裁判所長官が地方選挙の結果をめぐる訴訟に関連して，当事者から賄賂を受け取った容疑で憲法裁判所自体により解任された事件は，こうした動きに大きな影を落とした。憲法裁判所は選挙管理の実務を扱うわけではないものの，選挙をめぐる紛争に最終的な判断を下すという制度的な立場から選挙管理システムの一部とみなすこともできる。

(34) 2009 年選挙については，2004 年選挙以上に混乱が生じたと評価されている。投票用紙の誤印刷，不足，誤配，スケジュールの不明確さ，選挙関連物資の配達遅延，有権者リストの欠落，重複記載，物故者記載などが多く見られたとされる（Rondonuwu and Creagh 2009；Sukma 2010）。

(35) 2012 年の KPU および Bawaslu の新しい委員の任命に際し，その多くが地方 KPU の選挙管理に携わっていたことが問題視される報道がされた。地方 KPU の関係者は党派的である可能性があるというのがその理由として挙げられている。"Editorial : In search of a professional KPU" Jakarta Post March 30, 2012。地方レベルにおける選挙管理の党派性に関する一般的な印象が伺える。

参考文献

『アジア動向年報』（各年版）アジア経済研究所。

大西裕（2013）「民主主義と選挙管理」大西裕編『選挙管理の政治学――日本の選挙管

理と「韓国モデル」の比較研究』有斐閣.
粕谷祐子（2010）「アジアにおける大統領・議会関係の分析枠組み――憲法権限と党派的権力を中心に」粕谷祐子編『アジアにおける大統領の比較政治学――憲法構造と政党政治からのアプローチ』ミネルヴァ書房.
川中豪（2010）「フィリピンの大統領制――大統領と議会のバーゲニングとその政策帰結への影響」粕谷裕子編編『アジアにおける大統領の比較政治学』.
川中豪（2012a）「政党」中村正志編『東南アジアの比較政治学』アジア経済研究所.
川中豪（2012b）「選挙」中村正志編『東南アジアの比較政治学』アジア経済研究所.
川中豪・浅羽祐樹（2013）「自己拘束的制度としての選挙管理システム――韓国とフィリピンの比較研究」大西裕編『選挙管理の政治学』.
川村晃一（2010）「インドネシアの大統領制――合議・全員一致原則と連立政権による制約」粕谷裕子編『アジアにおける大統領の比較政治学』.
川村晃一（2012）「執政・立法関係」中村正志編『東南アジアの比較政治学』.
曽我謙悟（2013）「選挙管理機関の独立性――計量分析による各国比較」大西裕編『選挙管理の政治学』.
Achakorn Wongpreedee (2007) "Decentralization and Its Effect on Provincial Political Power in Thailand," *Asian and African Area Studies*, 6 (2).
Bjornlund, Eric, William Liddle, and Blair King (2008) *Indonesia : Democracy and Governance Assessment Final Report*, Washington D. C. : the United States Agency for International Development.
Calimbahin, Cleo (2009) *An Institution Reformed and Deformed : The Commission on Elections from Aquino to Arroyo*, Chiba : Institute of Developing Economies.
Center for People Empowerment in Governance. n.d. "Anaysis of Outstanding Technical Issues : Executive Summary."
Chambers, Paul (2005) "Evolving Toward What? Parties, Factions, and Coalition Behavior in Thailand Today," *Journal of East Asian Studies*, 5 (3).
Chambers, Paul (2006) "Consolidation of Thaksinocracy and Crisis of Democracy : Thailand's 2005 General Election," In *Between Consolidation and Crisis : Elections and Democracy in Five Nations in Southeast Asia*, ed. A. Croissant and B. Martin. Berlin : Die Deutsche Bibliothek.
Choi, Nankyung (2007) "Local Elections and Democracy in Indonesia : The Riau Archipelago," *Journal of Contemporary Asia*, 37 (3).
Croissant, Aurel, and Daniel J. Jr. Pojar (2005) "Quo Vadis Thailand? Thai Politics after the 2005 Parliamentary Election," In *Strategic Insights*.
Dressel, Björn (2010) "Judicialization of Politics or Politicization of the Judiciary?

Considerations from Recent Events in Thailand," *Pacific Review*, 23 (5).

Ginsburg, Tom (2009) "Constitutional Afterlife : The Continuing Impact of Thailand's Postpolitical Constitution," *International Journal of Constitutional Law*, 7 (1).

Haris, Syamsuddin (2004) "General Elections under the New Order," In *Elections in Indonesia : The New Order and Beyond*, ed. H. Antlöv and S. Cederroth. New York : Routledge Curzon.

Harris, Paul, Alan Wall, and Bob Dahl (2001) "Opportunity for Electoral Reform," Washington, D. C. : International Foundation for Election Systems.

Hartmann, Christof, Graham Hassall, and Soliman M. Jr. Santos (2001) "Philippines," In *Elections in Asia and the Pacific : A Data Handbook, Volume 2*, South East Asia, East Asia, and the South Pacific, ed. D. Nohlen, F. Grotz and C. Hartmann. New York : Oxford University Press.

Hicken, Allen (2009) *Building Party Systems in Developing Economies*, New York : Cambridge University Press.

Hicken, Allen, and Yuko Kasuya (2003) "A Guide to the Constitutional Structures and Electoral Systems of East, South and Southeast Asia," *Electoral Studies*, 22 (1).

Keefer, Philip E. (2012) "Database of Political Institutions 2012 (updated Jan. 2013)," ed. T. W. Bank : The World Bank.

Kelley, Judith (2011) "Data on International Election Monitoring : Three Global Datasets on Election Quality, Election Events and International Election Observation," Inter-university Consortium for Political and Social Research (ICPSR).

Khalik, Abdul (2008) "Most voter lists remain invalid : Survey," *Jakarta Post*.

Klein, James R. (1998) "The Constitution of the Kingdom of Thailand, 1997 : A Blueprint for Participatory Democracy," *Working Paper No. 8*. Bangkok : The Asia Foundation.

Kokpol, Orathai (2002) "Electoral Politics in Thailand," In *Electoral Politics in Southeast & East Asia*, ed. A. Croissant. Singapore : Friedrich-Ebert-Stiftung, Office for Regional Co-operation in Southeast Asia.

Magaloni, Beatriz (2006) *Voting for Autocracy : Hegemonic Party Survival and its Demise in Mexico*, New York : Cambridge University Press.

Magaloni, Beatriz (2010) "The Game of Electoral Fraud and the Ousting of Authoritarian Rule," *American Journal of Political Science*, 54 (3).

McCoy, Alfred W. ed. (1993) *An Anarchy of Families : State and Family in the Philippines*, Wisconsin : Center for Southeast Asian Studies, University of Wisconsin-Madison.

Mietzner, Marcus (2012) "Indonesia's Democratic Stagnation: Anti-Reformist Elites and Resilient Civil Society," *Democratization*, 19 (2).

Montesano, Michael J. (2001) "Thailand in 2000 Shifting Politics, Dragging Economy, Troubled Border." *Asian Survey*, 41 (1).

Montesano, Michael J. (2002) "Thailand in 2001: Learning to Live with Thaksin?" *Asian Survey*, 42 (1).

Nelson, Michael H. (2001) "Thailand," In *Elections in Asia and the Pacific: Volume 2, A Data Handbook, South East Asia, East Asia, and the South Pacific*, ed. D. Nohlen, F. Grotz and C. Hartmann. New York: Oxford University Press.

Nelson, Michael H. (2008) "Thaksin's 2005 Electoral Triumph: Looking Back From the Election in 2007," In *Working Paper Series No. 98*, Hong Kong: City University of Hong Kong.

Norris, Pippa, Ferran Martinez i Coma, and Richard W. Frank (2014) "Perceptions of Electoral Integrity, Version 2.5." ed. H. a. S. U. Electoral Integrity Project: Harvard Dataverse Network

Ockey, James (2003) "Change and Continuity in the Thai Political Party System," *Asian Survey*, 43 (4).

Ockey, James (2004) *Making Democracy: Leadership, Class, Gender, and Political Participation in Thailand*, Hawaii: University of Hawai'i Press.

Ockey, James (2005) "Variations on a Theme," *Party Politics*, 11 (6).

Ockey, James (2008) "Thailand in 2007: The Struggle to Control Democracy," *Asian Survey*, 48 (1).

Przeworski, Adam (1991) *Democracy and the Market: Political and Economic Reforms in Eastern Europe and Latin America*, New York: Cambridge University Press.

Rüland, Jürgen (2001) "Indonesia," In *Elections in Asia and the Pacific: A Data Handbook, Volume 2, South East Asia, East Asia, and the South Pacific*, ed. D. Nohlen, F. Grotz and C. Hartmann. New York: Oxford University Press.

Rieger, Hans Christoph (2001) "Singapore," In *Elections in Asia and the Pacific: A Data Handbook, Volume 2, South East Asia, East Asia, and the South Pacific*, ed. D. Nohlen, F. Grotz and C. Hartmann. New York: Oxford University Press.

Rondonuwu, Olivia, and Sunanda Creagh (2009) "Voter row dogs final hours before Indonesia election," *Reuters*.

Schmidt, Adam (2010) "Indonesia's 2009 elections: Performance Challenges and Negative Precedents," In *Problem of Democratization in Indonesia: Elections, Institutions and Society*, ed. E. Aspinall and M. Mietzner. Singapore: Institute of

Southeast Asian Studies.
Shugart, Matthew Soberg, and John M. Carey (1992) *Presidents and Assemblies : Constitutional Design and Electoral Dynamics*, Cambridge University Press.
Sidel, John T. (1999) *Capital, Coercion and Crime : Bossism in the Philippines*, Stanford, CA : Stanford University Press.
Simpser, Alberto (2013) *Why Governments and Parties Manipulate Elections : Theory, Practice and Implications,* New York : Cambridge Unviersity Press.
Sukma, Rizal (2010) "Indonesia's 2009 Elections : Defective System, Resilient Democracy," In *Problem of Democratization in Indonesia : Elections, Institutions and Society*, ed. E. Aspinall and M. Mietzner. Singapore : Institute of Southeast Asian Studies.
Tan, Kevin (2001) "Malaysia," In *Elections in Asia and the Pacific : A Data Handbook, Volume 2, South East Asia, East Asia, and the South Pacific*, ed. D. Nohlen, F. Grotz and C. Hartmann. New York : Oxford Unviersity Press.
Teorell, Jan, Nicholas Charron, Stefan Dahlberg, Sören Holmberg, Bo Rothstein, Petrus Sundin, and Richard Svensson (2013) "The Quality of Government Datase," ed. U. o. G. T. Q. o. G. Institute.
The Asia Foundation (2009) *Constitutional Reform and Democracy in Thailand : A National Survey of the Thai People*, Bangkok : The Asia Foundation.
The Asia Foundation (2011) *The 2010 National Survey of the Thai Electorate : Exploring National Consensus and Color Polarization*, Bangkok : The Asia Foundation.
The Carter Center (2005) "The Carter Center 2004 Indonesia Election Report," Atlanta.
Tsebelis, George (2002) *Veto Players : How Political Institutions Work*, Princeton, N. J. : Princeton University Press.
Ufen, Andreas (2008) "Political Party and Party System Institutionalization in Southeast Asia : Lessons for Democratic Consolidation in Indonesia, the Philippines and Thailand," *Pacific Review*, 21 (3).
Weingast, Barry R. (1997) "The Political Foundations of Democracy and the Rule of Law," *American Political Science Review*, 91 (2).
Wurfel, David (1988) *Filipino Politics : Development and Decay*, Ithaca, New York : Cornell University Press.

第4章　中東欧諸国の選挙管理
――体制転換後のポーランドとチェコ――

仙石　学

1　民主化後の中東欧諸国における選挙管理

　中東欧諸国ではいわゆる「体制転換」の後に本格的な自由選挙が実施されるようになったが，選挙そのものは独立以後，社会主義期を含めて継続的に実施されてきた。そのため体制転換後の選挙でも，投票所設置や選挙人登録，開票監視，あるいは結果の報告などの選挙の実務に関しては，それまでの経験を活用することができた。だが他方で社会主義国の選挙では自由な競争や有権者の選択は基本的に認められていなかった上に，選挙を管理する側が不正に結果を操作することもまれではなかった。そのため社会主義体制が解体した後には，自由で公正な選挙を実施するために選挙管理制度を再編することが必要とされた（Millard 2010：9-11）。

　この結果として構築されたのが現在の中東欧諸国における選挙管理機関（Electoral Management Body）であるが，これには現在大きく分けて2つのパターンがあるとされる（López-Pintor 2000：29）。

(1)　政府から独立した委員会が選挙管理と監視の両方を行う制度（独立モデル）-ボスニア=ヘルツェゴヴィナ，ブルガリア，エストニア，ラトヴィア，リトアニア，マケドニア，モルドヴァ，ポーランド，スロヴェニア，ウクライナ
(2)　独立した監視機関の監督の元で内務省や地方自治体など行政機関が選挙管理を行う制度（混合モデル）-アルバニア，クロアチア，チェコ，ハンガリー，ルーマニア，スロヴァキア

社会主義国の選挙管理に関しては，もともとロシア革命の際に独立委員会制

が導入され，それが第2次世界大戦後に社会主義国となった中東欧諸国に持ち込まれたという歴史的経緯があり（Thatcher 1995：26），そのために大半の国では独立委員会型の制度が維持されている。また近年では公正かつ公平な選挙を行うためには，選挙管理機関を政府から独立させることが望ましいという議論もある（López-Pintor 2000：31-33）。ではなぜ一部の国では独立委員会型の制度を修正したのか，またその修正は選挙管理のあり方になんらかの影響を及ぼしたのか。本章ではこの問題を検討する1つの手がかりとして，体制転換後も独立委員会制を維持しているポーランドの事例と，近年になって実質的に選挙管理を政府が行う形に変更したチェコの事例を取り上げ，両国の選挙管理のあり方およびその変遷を比較するとともに，制度の相違と選挙管理の実態との関連についても検討を行うこととしたい。

以下第2節ではポーランド，第3節ではチェコの現在の選挙管理制度，およびその社会主義期からの変遷を概観する。第4節ではトランスパレンシー・インターナショナルのレポートを元に両国の選挙におけるパフォーマンスを比較し，第5節では選挙管理が「政治化」した事例として，2014年11月にポーランドで実施された統一地方選挙の選挙管理における混乱とその後の動向について検討する。最後に今後の論点として，選挙管理機関の「政治化」の可能性，および選挙管理で重視されるものの国による相違について検討する必要性について議論する。

2　ポーランドにおける選挙管理

現在のポーランドの選挙管理制度[5]

ポーランドにおける選挙管理は，常設機関である国家選挙委員会（Państwowa Komisja Wyborcza）を中心として実施されている。委員会は9名で構成され，憲法裁判所，最高裁判所，および最高行政裁判所の裁判官からそれぞれ3名ずつが，3つの裁判所の裁判官の協議により選出されることとなっている。2015年より，裁判官の任期は9年と定められた。国家選挙委員会の主な業務は，下位の委員会による選挙法規遵守の確認や有権者登録の管理，選挙区選挙委員会の活動に関する不服審査，有権者に対する啓蒙活動，あるいは選挙の結果の公示などである。ただしこれらの業務を実際に担当するのは実施機関としての国

家選挙局（Krajowe Biuro Wyborcze）で，下位の選挙委員会とともに国民投票を含めた選挙の際のロジスティックスを担当することとなっている。

　選挙の実施を担当する機関となるのは各地域における選挙委員会であるが，これにはいくつかの種類がある。まず国の地方組織を兼ねる16の県において，国家選挙委員会の全権代表となる選挙委員（Komisarz wyborczy）が各県ごとに2名から6名，内務大臣の提案に基づいて裁判官の中から任期5年で選出され，これが国家選挙委員会の地方における業務を担当する。[6]次に下院の41選挙区を単位として，大統領選挙，議会選挙，および欧州議会選挙を担当する選挙区選挙委員会（Okręgowa Komisja Wyborcza）が組織されるが，こちらは常設ではなく，選挙ごとに選挙日の48日前までに国家選挙管理委員会により組織されることとなっている。選挙区選挙委員会は選挙区の規模に応じて，選挙委員を長とする5名から11名の裁判官により構成され，下位の委員会による選挙法規遵守の確認や上下両院の候補者リスト登録，投票用紙印刷，下位選挙委員会の活動に関する不服審査，下位単位の選挙結果集計と国家選挙委員会への報告など，選挙のとりまとめに関する業務を担当する。なお欧州議会選挙に関しては地域選挙委員会（Rejonowa Komisja Wyborcza）が，各種の地方選挙に関しては県，郡および市，ならびに基層自治体それぞれに設置される地域選挙委員会（Terytorialna Komisja Wyborcza）が主な業務を担当するが，これらもいずれも選挙の前に組織される。最も下位の単位となるのが地区選挙委員会（Owdowowa Komisja Wyborcza）で，ここが選挙の運営，選挙違反の監視，あるいは結果の集計と報告など，選挙の実務を行う。なお地区選挙委員会に関しては，候補者を出した会派の推薦する6名から8名の委員と，基層団体の長が指名する地区の公務員（またはそれに準ずる者）が1名参加することとなっている。

　このようにポーランドでは，選挙実務に実質的な責任を有する選挙委員の任命には内務大臣が関与するものの，基本的には監視部門および実施部門の両方を執政府とは別に組織された委員会が担当していることで，ロペス・ピントールが指摘するところの独立モデル型の制度となっているとみることができる。

ポーランドの選挙管理形式の変遷

　ポーランドでは，第2次世界大戦後に制定された「立憲議会の選挙規則」において，現在の制度に繋がる選挙管理委員会が設置された。[7]このときの国家選

挙委員会の構成は規則の13条において，議長とその代理，および「全国国民評議会」を組織する6つの政党の代表から構成することとされ，選挙の公示後2日以内に組織されることが規定されている。国家選挙委員会以外に選挙区選挙委員会と地区選挙委員会がこの規則において制定が規定されているが，選挙の実施のためにこれらの委員会を組織するということ以外に，この規則では具体的な委員会の役割や業務などについては規定されていなかった。

その後1952年に制定された議会選挙規則において，各選挙委員会に関する具体的な規程が定められた[8]。ここでは国家選挙委員会の役割として，(1)下位の選挙委員会による選挙規則遵守の監督，(2)票の無効などの不服に対する審査，(3)選挙結果の集計および公表，(4)当選者の確定と証明，(5)議会に対する選挙結果の報告およびその有効性の証明などが，具体的な役割として規定されることとなった。なお国家選挙委員会は委員長，2名の副委員長，書記局，および12名の委員から構成され，国家評議会がこれを組織することとされているが，具体的なメンバーに関しての規定は存在していない[9]。この選挙規則は4年後の1956年，ポーランドにおける「十月の春」と称される政治動乱を受ける形で改正がなされたが[10]，この改正の主眼は選挙における選択制度の導入にあり[11]，選挙委員会については社会および政治組織が推薦する者から国家評議会が選出を行うという規定が含まれた以外は，大きな変更は行われていない。

次に国家選挙委員会の制度が改編されたのは，1985年の選挙規則においてである[12]。この選挙法においては議会の選挙制度が変更され，議会定数460の一定数が全国区に配分されたことで，国家選挙管理委員会の業務に全国区の投票用紙管理などが加わることとなった[13]。またあわせて，国家選挙委員会は選挙の85日以上前に組織され，代表と3名の副代表，および8名から12名の委員により構成されることが規定された。ここでは選挙委員会の委員について，政府が81年の戒厳令の後に組織した「国民全国愛国運動」の他，統一労働者党，農民党，民主党といった政権側の政党，政府寄りのカトリック組織"Pax"，および独立系のカトリック組織「キリスト教社会制度」と「ポーランドカトリック＝社会連携」からの代表により組織されるという規定が含まれた。そして中東欧における体制転換の契機となった1989年の選挙に関する規則において[14]は，国家選挙委員会は社会および政治組織が推薦するものから国家評議会が選出を行うという従来の規定に戻されたが，選挙管理との関連でより重要な事項

として，この選挙規則では投票区選挙委員会における開票作業に際して，各候補者が推薦する立会人を置くことが認められたということがある（70条）。このときの選挙は，1989年初頭の円卓会議の結果として自主管理労組『連帯』の参加が確定していたことから，『連帯』が推薦するメンバーも選挙監視に参加することになり，そこからこの選挙の結果はすべてのグループに公正なものとして受け入れられることとなった。

現在のように裁判官による国家選挙委員会が形成されることとなったのは，体制転換後の最初の全国レベルでの自由選挙となった1990年の大統領選挙からである。新たに導入された大統領選挙規則では，国家選挙委員会は15名から構成され，憲法裁判所，最高裁判所，最高行政裁判所から各5名ずつの裁判官が選出されることとなった。この時点ではまた常設機関とはされていなかったが，その後1991年の下院選挙規則において現在の形となる，定員9名の常設機関としての国家選挙委員会が設置されることとなる。この改編は選挙の非政治化を目的としたものとされ，またこれにより党派性のある委員が参加するシステムは地区選挙委員会をのぞいて放棄されたことが指摘されている（Sokolewicz 1992：89）。つまりポーランドでは，選挙管理委員会の政治的な独立性が重視されたということになる。ただし裁判官を委員とすることが，選挙管理委員会の独立性を高め非政治化をもたらすことに繋がるとは限らない。この点は第5節で改めて議論する。

3　チェコにおける選挙管理

現在のチェコの選挙管理制度

ポーランドにおける選挙管理が国家選挙委員会を中心とする一元的な独立の制度になっているのに対して，チェコにおける選挙管理は様々な機関により分権的に実施されていて，これを中央レベルでは内務省が，地方レベルでは基層自治体およびその長がとりまとめるという制度となっている。

まず選挙管理の中心となる機関として，選挙の全般的な運営や組織間の調整を行う常設の国家選挙委員会（Státní volební komise）がある。これは内務大臣を長として，中央統計局および大統領府の代表，および外務・法務・財務・保健・国防・労働社会政策の各副大臣という政府関係の計10名から構成されて

おり、くわえてテクニカルアドバイザーと内務省職員からなる書記局を有している。中央における選挙事務を担当するのは内務省と中央統計局で、内務省は選挙の組織・事務的な業務の担当、特に候補者の登録や投票用紙の確保、地域レベルで処理できない不服への対応などを行う。中央統計局は得票の計算と選挙結果の集計が主な業務であり、各選挙区の得票が地方に置かれる中央統計局の集計所に集められ、それが中央統計局でとりまとめられることとされている。

次の段階となるのが、下院の選挙区ともなるプラハおよび13の県におかれた選挙担当の部局で、ここでは選挙区内の選挙の組織運営や候補者リストの登録と精査などを実施している。そして基層自治体は投票所の設置や有権者リストの管理、不在者投票カードの発行、有権者への投票日時および場所の告知、ならびに投票区選挙委員会（Okrsková volební komise）の選出などを行っている。投票区選挙委員会の業務は基本的に投票および開票の管理で、その構成員は国会ないし地方議会に代表を有する政党もしくは候補者により推挙されるが、一定の人数に達しない場合は基層団体の長が地域の住民の中から任命することもできる。また通常の投票ができない場合に関して、外務省は海外に滞在中の者、法務省は収監中の受刑者、保健省は入院中の患者、労働社会政策省は施設で介護を受けている者、国防省は軍関係者の投票をそれぞれ管理している。

このようにチェコにおいては、選挙の運営は基本的に内務省および基層自治体を中心として行われている上に、監督機関である国家選挙委員会も形式的には独立機関であるものの、そのメンバーは委員長も含めて執政府の関係者から構成されていることで、基本的には内務省が中心となって選挙管理を実施していると見ることができる。この点を踏まえると、チェコの制度は形式的には混合モデルであるが、その実態は管理と監視の両方を政府が行う政府モデルにかなり近いものとなっている。

チェコの選挙管理形式の変遷

チェコの選挙管理制度が大きく変更されたのは、2002年に制定された選挙法においてである。確認できた範囲では、社会主義時代のチェコスロヴァキアの1971年の選挙法において、最上位の委員会として国民戦線中央選挙委員会（Ústřední volební komise národní fronty）があり、その下にチェコおよびスロヴァキア各共和国の国民戦線選挙委員会（Česká a Slovenská volební komise národní fronty），県の国民戦線選挙委員会（Krajská voební komise národní fronty），選挙区選挙委員会（Obvodní volební komise），そして最も下位の単位として投票区選挙委員会が存在するという形で，独立した選挙委員会が選挙を管理する制度が存在していた。国民戦線選挙委員会はチェコスロヴァキア共産党，およびその他の国民戦線に所属する政党と社会組織の代表から構成され，議長，副議長，書記局，および必要な場合その他の構成員により組織される。業務は主に連邦全体の選挙の管理・監督で，選挙規則の遵守や投票用紙のひな形作成，登録された候補者の集約，共和国委員会の決定に対する不服審査など，選挙管理委員会の一般的な業務が規定されている。

　その後チェコスロヴァキアにおいて体制転換後初，かつ結果として連邦最後の自由選挙となった1990年の際に制定された選挙法では，中央の組織の名称は中央選挙委員会（Ústřední volební komise）に改められるとともに，地方組織は県選挙委員会（Krajská voební komise），郡選挙委員会（Okresní volební komise），および投票区選挙委員会（Okrskové volební komise）に改編され，あわせて選挙委員会には候補者リストを提出した政党や政党連合から同数の代表を出すことが定められた。だがこの段階においてもそれぞれの委員会は，実務的なことはそれぞれの地方政府と協力して実施するとされているものの，社会主義期と同様に一般的な選挙管理に関わる業務を行うことが定められていた。その後チェコが独立した後に制定された選挙法では，上院選挙を行うための選挙区選挙委員会（Okrsková volební komise）が追加され，また中央選挙委員会には各政党から委員2名＋予備の委員2名を推薦できることなどが新たに定められたが，選挙管理に関しては大きな変更は行われなかった。

　選挙管理の形が先に述べたような内務省主導の形に変更されたのは，2002年に実施された選挙法改正の時である。この選挙法では選挙管理が独立委員会型から内務省主導型へと変更され，候補者・政党の関与は選挙区レベルに限定されることとなった。このときの選挙法の改正では，基本的には選挙制度のあり方が政治的に問題となっていた。選挙法の改正に際してチェコの2大政党である市民民主党（ODS）と社会民主党（ČSSD）は共同で，選挙区の細分化（8選挙区から35選挙区に），集計方式のハーゲンバッハ・ビショップ式から修正ドント式への変更，および政党連合の阻止条項引き上げという，大政党に有利な制度を導入することを試みた。この選挙法は両党の賛成多数により一度は議会

で可決されたものの，下院選挙は比例代表の原則に基づいて行うという憲法の規程に反するとして憲法裁判所から違憲判決が出されたため，両党は選挙法改正への合意を得るため，小政党に妥協して選挙区を14まで減らすとともに，選挙の登録費用を大幅に減額する，議席が得られなくても1.5％の得票があれば選挙キャンペーンにかかった費用を埋め合わせるなどの施策を含めることで，ようやく法改正を実現することとなった（Linek 2003：926；Kopecký 2004：350-352）。

この選挙法で選挙管理に関しては，当初の原案から内務省が組織する国家選挙委員会を中心とする制度への変更が提示されていた。これについては，選挙管理を専門としていない政党代表による重層的な管理は効率が悪いことが理由として提示され，そこから党派性のある代表の選挙管理への参加が限定されることとなった。だがこの点については，従来型の委員会制の維持を主張していた共産党（KSČM）以外の政党からの反対はなかったとされる。実際に選挙後に公刊された OSCE の選挙監視レポートにおいても，政党参加型の独立委員会制度では政党間の対立から不必要な論争が行われることがあり，また作業も非効率であったことから，政府主導とすることで公平性が確保され市民の信頼も得られるようになったとの声が多かったことが紹介されている（OSCE 2002：5-6）。

つまりポーランドでは独立性が重視されたことで，独立委員会制が維持されたままその内容に修正が加えられたのに対して，チェコでは独立性よりも専門性および効率性が重視されたことで，選挙管理制度が政府主導のものへと変更されたということになる。ただし方向性は異なるものの，選挙管理への党派性の関与を弱める制度を導入したという点では共通している。

4 両国の制度に関する評価

両国の選挙管理の制度の違いは，実際の選挙管理にどの程度作用しているのか。この点を検討するための1つの材料として，本章ではトランスパレンシー・インターナショナルがまとめたレポートを元に，両国の状況を検討することとしたい。

トランスパレンシー・インターナショナルによる両国の選挙管理機関の相対

表4-1 トランスパレンシー・インターナショナルによるチェコおよびポーランドの選挙管理機関評価

	指標	チェコ：総合65点		ポーランド：総合71点	
		法律	実態	法律	実態
能力	リソース	–	100	–	75
	独立性	50	評価不能	75	75
ガバナンス	透明性	75	75	75	50
	アカウンタビリティ	50	50	75	50
	統合性	50	50	100	100
役割	キャンペーン規制	25		50	
	選挙行政	100		75	

出典：Kobylińska, Makowski, and Solon-Lipiński, eds.［2012：141］および Transparency International Česká republika［2011：Pillar 6］

的な評価は，表4-1の通りである。

　表の得点はそれぞれの項目を5段階評価し，5を100点，4を75点と25点刻みに変換したものについて，能力・ガバナンス・役割それぞれの項目で平均点を算出し，その3つの項目の平均点をとったものが各国の総合点とされている。まず能力に関して，チェコの場合は資金および人材は十分にあるとしている一方で，内務省の管轄下に置かれていることから独立性は低く評価されている。ただし独立性の実態に関しては，内部の専門家すら基本的に技術的なことのみを担当しているとしてこのことを問題にしていないという状況から，評価はできないとされている。他方のポーランドに関しては，財政面およびスタッフの能力は十分であるものの，実務を担当する国家選挙局のスタッフが少なく1人で多くの活動をこなさなければならないことや，選挙関連の財政についての知識を有するスタッフが少ないことなどがあり，評価が少し低くなっている。

　次のガバナンスに関して，まず透明性の面ではチェコは両方とも75点（評価4）となっているが，これは法律において選挙管理機関の活動に関する情報を公開することが規定されていないこと，および実態面として選挙の情報が内務省と統計局で別々に掲載されていて，かつ分かりにくいことがマイナスとなっている。これに対してポーランドは，法律的には情報公開に関する規定は少ないものの基本的な事項は国家選挙委員会が官報に記載するとされていること

で75点となっているが，実態面での情報提供が不十分なことで評価は低くなっている。アカウンタビリティについてのチェコの評価は低く両方とも50点（評価3）となっているが，これは法律面においてチェコでは多数の機関に業務が分割されていることで責任の所在が分かりにくく，また選挙管理機関の活動に関して有権者に説明する仕組みも存在しないこと，財政が一般会計から支出されていることで経費の適正なコントロールができていないこと，および選挙管理の実態についてデータが存在するのは裁判所に提訴された不服審査くらいしかないことが影響を与えている。他方のポーランドは，法律面では選挙委員会は選挙後に報告書を裁判所に提出するという規定があることで75点の評価となっているが，実態面ではやはり情報提供の不十分さから評価が低くなっている。そして統合性については，チェコの場合様々な機関に分割されていることで法律および実態の両面で統合性が保たれていないことが指摘されているのに対して，ポーランドでは選挙管理が一元的に実施されていることからここでは最高の評価が与えられている。

　最後の役割に関しては，チェコでは選挙管理が分割されているにもかかわらず選挙行政そのものは全体としてスムーズに運営されていると評価されたのに対して，選挙キャンペーンの規制に関しては選挙管理機関が規制権限を持たず，そのために「選挙そのものおよび選挙に関する権利」が十分に守られていない－具体的には対立候補に事実でない情報を流される，もしくはそのようなことをされた場合に救済を受ける手段がないなどの問題があること，政党のキャンペーンに関する財政コントロールも行き届いていないことなどで，この点についての評価は25点（評価2）と非常に低くなっている。それに対してポーランドの場合，政党の財政に関するコントロールは十分には行われていないとされているが，選挙キャンペーンに関する特段の記述は特に記載されておらず，また選挙行政に関しても選挙登録の手続きや有権者に対する選挙教育プログラムの欠如などの問題は挙げられているが，特に大きな問題はないと判断されている。

　全体としてみるとポーランドの方がやや点数が高くなっているが，これはそもそものトランスパレンシー・インターナショナルの評価基準が，独立した選挙管理制度をより望ましいものとして作成されていることが影響を与えている。だがチェコの選挙行政そのものに対する評価は非常に高く，先に示したOSCE

のレポートでも公平性や信頼の確保には成功していることが示されている。実際に欧米では政府モデルを採用している国も多いことから，政府からの独立性が低いことそのものがただちに選挙管理の質に影響を及ぼすわけではない可能性が高い。このことは逆に言えば，独立した選挙管理組織が存在することが選挙管理への信頼を担保するとは限らないという可能性があることも意味している。そして実際，独立委員会制を維持していたポーランドにおいて，選挙管理の混乱が政治的な問題を引き起こした事例が発生している。次節ではこの問題についての概観を通して，独立モデルを過信することの問題について検討することとしたい。

5 2014年のポーランド統一地方選挙における選挙管理

2014年の地方選挙をめぐる混乱

先に述べたように，ポーランドでは1989年の準自由選挙の結果は公正なものとして受け入れられたが，それ以後の議会および大統領選のいずれにおいても，選挙の結果に疑問が出されることはなかった。だが2014年の11月に実施された統一地方選挙に関しては，国家選挙委員会の不手際と結果に対する一部の政党の不満が重なる形で，選挙の結果を疑問視する声が表面化することとなった。この問題に関してはまだまとまった議論は出ていないが，ひとまず新聞・雑誌記事やインターネットの情報を元に状況を整理し，選挙管理に伴う問題を検討することとしたい。

ポーランドではすべての地方政府の選挙が全国統一の期日で行われているが，このときには一般の基層自治体では上位の県の議会議員，中位の郡の議会議員，基層自治体（グミナ）の首長および議会議員の4つの選挙が，基層自治体のうち市に相当する自治体（郡の資格を有する基層自治体）では県議会，市議会，および市長の3つの選挙が同時に実施される。くわえて選挙の方式に関して，グミナの議会およびグミナと市の首長は有権者が個別に候補を選択し得票の多い者が当選となる多数代表制を採用しているのに対して，郡議会，市議会，および県議会は政党が提出した候補リストの中から有権者が候補を選択し，政党としての得票に応じて票を多く獲得した候補から順に当選となる非拘束名簿式比例代表制（5％の阻止条項を含む）と異なる制度が採用されている。このような

状況のために有権者の混乱も大きく，これまでも地方選挙では相当数の無効票が投じられるのが通例となっていた。[28]このようにもともと制度的に選挙管理が複雑な状況であったことに加えて，2014年の選挙の際には国家選挙委員会の情報システムに不具合が生じたことを契機として，選挙管理の問題が様々な形で現れることとなった。

　今回の選挙の前から，国家選挙委員会の情報システムには不具合があることが指摘されていたが[29]，11月16日の選挙の終了後には，いくつかの地区選挙委員会でシステムにログインができず，開票の結果を上位の選挙委員会に伝達することができないという支障が生じた。国家選挙委員会は，システムの支障は大きなものではなく選挙結果はすぐに公表されるとしていたが[30]，その後18日には2つの地区選挙委員会において電気システムの故障により集計ができなくなっていること，およびそのうち1委員会では集計を手作業で行うとしたことで，選挙結果の公表はさらにずれ込むことが確実となった。翌19日にはコモロフスキ（Bronisław Komorowski）大統領が選挙結果には問題はないと声明を出したものの[31]，その後も各地でシステムの不具合や選挙委員会のミスが続いた上に[32]，20日には結果公表の遅れに不満を有したグループが国家選挙委員会本部に乱入し委員の辞職を求めるという事件もあり，選挙の結果の公表は23日までずれこむこととなった。[33]このため21日には，今回の選挙結果公表の遅れの責任をとる形で国家選挙委員会のメンバーのうち6名が選挙結果の公表後に辞職することが公表され，70歳になったことにより交代する委員とあわせて9名中7名が新しい委員に交代することが決定された。[34]

　このような状況に対して，特に選挙結果が思わしくなかった保守ナショナリスト系政党の「法と正義（PiS）」[35]およびそれを支持するグループは，今回の選挙の結果に対して異議を唱えるようになった。もともと法と正義は，同党のリストが抜けている投票用紙が投票所に届けられているという申し立てを選挙の際に選挙委員会に行い[36]，またいくつかの県で法と正義の得票が伸びていないことが判明すると19日には代表のカチンスキ（Jarosław Kaczyński）が「民主左派同盟（SLD）」の代表ミルレル（Leszek Miller）と会見して地方選挙のやり直し（繰り上げ実施）で合意するというように，当初から今回の選挙に関して不信感を表明していた。[37]

　さらに選挙直後の出口調査では，県議会での主要政党の予測得票率は法と正

義が 31.5％，リベラル系の「市民プラットフォーム（PO）」が 27.3％，穏健保守の農民党（PSL）が 17％という形で法と正義の優勢が伝えられていたが，実際の県議会での議席配分は市民プラットフォームが全 16 県で 179 議席，法と正義が 171 議席，農民党が 157 議席となったことで，法と正義は結果への不信感を強めることとなった。そこから同党は，下院に対して地方議員の任期を短縮する法律を提案する，今回の選挙を EU の要求を満たしていないとして欧州議会で議論することを求める，各地で選挙無効の訴訟に関与するなど，様々な形でこの選挙の有効性を否定する活動を進めることとなる。カチンスキはこれに加えて，今回の選挙において得票が操作されているといった発言を行い，あわせて選挙の操作に反対するデモを組織するといった直接行動も行っている。

選挙管理への評価とその後の展開

　この状況を受ける形でポーランドの世論調査機関 CBOS は 2014 年の 12 月に，初めて国家選挙委員会の信頼度に関する調査を発表した。過去のデータとの比較がないため今回の件がどの程度回答に影響したかは不明であるが，国家選挙委員会の活動を「よくない」としたものが全体で 63％（そのうち「どちらかといえば」が 33％），「よい」としたものが 22％（うち「どちらかといえば」が 20％）というように，普段なじみのない機関に半分以上の人が「よくない」という判断をしたことについては今回の件が作用したと考えてよいであろう。

　むしろこのデータで重要なのは，別に質問した「今議会選挙があればどの政党に入れるか」という問いに対する回答と委員会への信頼度の関係についての調査である。これによると，農民党に投票すると答えた人は「よい：43％，よくない：39％」と「よい」が上回ったのに対して，市民プラットフォームに投票するとした人は「よい：32％，よくない：62％」，民主左派同盟に投票するとした人は「よい：28％，よくない：66％」となり，そして法と正義に投票するとした人に関しては「よい：9％，よくない：87％」と明らかに否定的な態度を示している。

　なお国家選挙委員会への信頼度については，その後 2015 年の 11 月まで 6 回の調査が行われている。そのデータは表 4-2 に示しているが，国家選挙委員会への信頼は徐々に回復していて，大統領選挙が実施された 2015 年 5 月の段階で「よい」が「悪い」を上回り，10 月の議会選挙の後で実施された 11 月の

表4-2　国家選挙委員会に対する信頼度の変化　　　(％)

	2014/12	2015/1	2015/4	2015/5	2015/9	2015/11
よ　い	22	23	24	43	47	59
悪　い	63	59	55	37	33	15
答えられない	15	18	21	20	20	26

出典："Opinie o działalności parlamentu, prezydenta i PKW" *Komunikai z badan CBOS*, Nr. 153, 2015, p. 5.

調査では「よい」が6割近くに達している。最後の調査では，直前に行われた議会選挙での投票行動と評価の関係も示されているが，これによると市民プラットフォームに投票した人の78％，法と正義に投票した人でも61％が「よい」という評価をしている（「悪い」はそれぞれ5％，21％）。ただし大統領選挙を契機に組織された政治運動「クキス'15（Kukiz'15）」に投票した人では「よい」という評価は51％（「悪い」は27％），投票しなかった人では43％（こちらは「答えられない」が同数の43％）にとどまっている。

またCBOSは別に，統一地方選の手続きそのものに対する人々の信頼についても調査を行っている。これによると，特に問題となっている県議会の選挙結果に関して「信用できる」と答えたのは全体で58％（そのうち「どちらかといえば」が39％），「信用できない」とした回答が22％（「どちらかといえば」が17％）というように，選挙委員会そのものへの信頼よりは結果への信頼が高くなっている。ただしこちらについても，まず投票の有無に関して，投票した人の信用率が68％であったのに対して，棄権した人の信用率は48％と低くなっている。また投票した人に関して投票した政党との関係では，市民プラットフォームや民主左派同盟に投票した人は80％以上の回答者が信頼しているのに対して，農民党に投票した人は65％，法と正義に投票した人は45％と，選挙委員会への信頼とは少し異なる傾向が見られる。なお選挙結果を信用できないとした人のうち，選挙の運営そのものが悪いと考えている人が52％，結果の操作など不正があったと考えている人が35％となっている。

このような状況を受けてコモロフスキ大統領は2015年1月初めに，人々の選挙への信頼を回復させることを目的として，2015年秋に実施される議会選挙に間に合うように選挙規則を改正させることを表明した。コモロフスキは，裁判所には選挙に関して1300件の異議申し立てがあったものの誤りが認めら

れたのは142件しかなかったことから，選挙そのものに不正があったとする批判は当たらないとしつつ，集計システムへの信頼は失われていることを認め，選挙及び選挙委員会の信頼回復ならびに効率化のために，以下のような選挙行政の改善案を国会の全会派に対して提案した。

(1) 投票に関する情報開示の義務化
(2) これまで一括して「無効票」とされていた票を，無効の事由ごとに分類して集計
(3) 政治家による投票区選挙委員会の開票および得票確定作業の監視
(4) 政党ごとに分かれて冊子体となっていた投票用紙の一枚紙への変更
(5) 透明な投票箱の導入
(6) 国家選挙委員会委員に任期制（9年）を導入
(7) 国家選挙委員会議長の国家選挙局に対する指揮権限の強化

これを受ける形で2015年の6月には選挙法が改正され，おおむね上のような制度の改編が実施された。だが国家選挙委員会に関しては大きな変更はなく，9年の任期制が導入された他は，選挙委員会による議長の解任権や議長の権限，委員会の決定方式が明記された程度である。

ただ地方選挙の制度に関しては，別の視点から不備を指摘する例もある。この点については，ポーランドの国政選挙と地方選挙の制度を比較したルルカが，地方選挙に関する異議申し立てのあり方に問題があることを指摘している。具体的には，異議申し立ての期間が選挙から14日と短い上に，期間の開始が結果公表でなく選挙実施の日からとされていることから，2014年のように結果公表が遅れると実質的な申し立て期間はさらに短くなることや，異議申し立てを審査するのが最高裁判所でなく地方裁判所であるため，判断が体系的でなくその場限りのものとなりがちで，選挙の有効性に対する信頼が損なわれる可能性が高いことなどが問題であるとしている（Rulka 2016）。ルルカの指摘は基本的に事後的な救済に関わる問題であるが，適切な異議申し立てができることも選挙管理における重要な要素の1つとなるはずである。今後はこの問題に関しても，検討を進めていく必要があろう。

2014年のポーランドの地方選挙に関しては，選挙結果の公表が遅れたこと

に加えて,当初の出口調査による予測より与党の議席が多くなり,逆に野党の議席が少なくなったこと,ならびに問題となった法と正義はポピュリスト的な政党で,政党およびその支持者は直接行動を行うことが多かったことで,独立委員会制をとっていたにもかかわらず,あるいはそれゆえに,選挙管理の問題が「政治化」されることとなった。法と正義の直接行動は広い層の支持を得られるものではない上に,今回は地方選挙であったことから「不正な選挙」論が拡散することはなく,そのために今回の事件がウクライナのように広範な暴動や選挙のやり直しに結び付くことはなかった。だがもし今回の選挙が国会選挙や大統領選挙であったならば,抵抗運動はさらに大きな広がりを見せた可能性も否定はできない。選挙管理の不備が選挙の結果に対する信頼を喪失させ,それが選挙の結果に対する「挑戦」を生じることとなると,民主主義体制そのものが影響を受ける可能性もある。いかにして選挙行政に対する信頼を確保し,その政治化を回避するか。この問題を考えることも,選挙管理について検討する際の1つのポイントとなるであろう。

6 残された課題

　ここまで見てきたように,ポーランドでは独立委員会型の制度を維持しながら,その独立性を高めるために法律家(裁判官)による運営という形に制度を変更したのに対し,チェコでは選挙運営の効率化のために政府主導の制度に変更したという相違が存在する。これは選挙において何を重視するかということの相違であるが,社会主義時代に存在していた党派性のある代表者が選挙管理に参加する制度は,いずれも選挙の直接的な監督・監視を行う基層の委員会をのぞいては放棄されている。ただそのことが選挙管理の能力に大きな違いをもたらしたわけではない上に,政府が実質的に直接選挙に関与する制度を導入したチェコにおいて選挙管理への信頼は確保されているのに対して,独立委員会制をとっていたポーランドで業務のミスから選挙管理への不信が広がったという,これまで指摘されてきたこととは逆の状況も生じている。

　本章の議論をまとめると上のようになるが,この議論からは選挙管理の1つのポイントとして,選挙管理の制度が「政治化」する可能性を検討する必要があるということを,指摘することができるかもしれない。つまり,ポーランド

の場合は選挙管理機関が一元的で独立性が高いがゆえに，選挙事務で支障が生じた際にその機関そのものが非難の対象となり選挙管理が政治化したのに対して，チェコは政府主導で選挙を管理しているとはいえ，その実施は分権的で管轄が分かれていることで，仮に今後選挙管理で問題が生じることがあったとしても，それは特定の業務を管理している機関に対する批判にとどまり，選挙管理全体が政治化する可能性は低い状況にある。トランスペアレンシー・インターナショナルなどは分権化により責任の所在が不明確になり透明性が低下するとしているが，そのことが実は選挙全体の政治化を防ぐ機能を果たしているかもしれない。この点は今後検討すべき論点となるであろう。

またあわせて，選挙管理において重視されるものが国により異なるということも，改めて検討すべき論点となるかも知れない。本章ではポーランドでは政治的独立性が，チェコでは行政の効率性が追求されたことで党派性のある代表が選挙管理に含まれなくなったことを示したが，なぜそれぞれの国でそのような選択がなされたのかについては，現時点では十分な資料がなくその理由を解明できていない。独立性，効率性，あるいは代表性のいずれが選挙管理において重視されるのか，また重視されるものが国により異なるのはなぜか，これも今後検討を行うべき問題となると考えられる。

だが先行研究が少なく一次資料に依拠する度合いの高い選挙管理研究において，これらの論点に関して１人で多国間の比較を行うことは難しい状況にある。これらの論点を検討するためには，さらなる共同での比較研究が必要となるであろう。

注

(1) なお一般的には選挙の投票率はほぼ100％と公表されていたが，ボイコットが公然化し，かつ選挙の投票義務のなかったポーランドでは，1985年の選挙で78.86％という投票率が公表された。ただしこれでも反対派は操作が行われたとしている（Raina 1990：107）。ちなみにこの後の1987年に実施された，政治経済の改革案をめぐる国民投票では投票率が67.3％，投票の対象となった２つの案への賛成率はそれぞれ70.5％と73.7％であったが，国民投票の成立条件基準である「有権者の過半数」の賛成という基準ではそれぞれ44.28％および46.29％となることから，政府の改革案は支持されなかったことが公表された（Raina 1990：109）。これは社会主義期に行われた投票で結果がほぼ正確に公表され，また政府が投票の結果とし

⑵　ロペス・ピントールは他に執政府が中心となり選挙を実施する「政府モデル」をあげているが，中東欧諸国ではこの類型に当てはまる国はないとされる。ただし本章でみるように，チェコは監視機関である国家選挙委員会が政府の代表から構成されていることから，実質としては政府モデルに近いと考えられる。

⑶　この分類に対して，バーチはクロアチアとハンガリーを混合モデルに，ラトヴィアを独立モデルに分類している（Birch 2007）。

⑷　新興民主主義国に対して選挙支援などを行うプロジェクトである The ACE（Administration and Cost of Election）electoral knowledge network も，選挙における独立性（independence），不偏性（impartiality），統合性（integrity），透明性（transparency），効率性（efficiency），専門性（professionalism），サービス指向（service-minded）などを考慮した場合，独立委員会制の方が他の形より望ましいと指摘している <https://aceproject.org/ace-en/topics/em/ema/ema12>。なお以下本章におけるインターネットの接続は，2016年9月10日の時点で確認を行っている。

⑸　本節の記述は，現行の選挙法（Dz.U. 2011 Nr 21 poz. 112〈Dz. U は Dziennik Ustaw（法律日報）の略称でポーランドの官報。左の表記により「官報2011年21号112項」を指す。ただし2012年以降は Nr の記載が廃止され poz. のみの記載となっている〉）の記述を元にしつつ，同法の2015年の改正版（Dz. U. 2015 poz. 1043）を反映させたものである。

⑹　ポーランドの地方制度は県，郡および市，基層自治体（グミナ）の3段階からなる。詳しくは第5節で説明する。

⑺　Dz. U. z 1946 r. Nr 48, poz. 274.

⑻　Dz. U. z 1952 r. Nr 35, poz. 246.

⑼　国家評議会は議会により選出され，集団で元首的な役割を果たす社会主義期の国家の最高機関。一般には国家評議会議長が社会主義国の元首とされた。

⑽　Dz. U. z 1956 r. Nr 47, poz. 210.

⑾　社会主義期の選挙は一般に共産党が作成する候補者リストに基づいて実施され，また候補者数は選挙区の定数とされていたため，有権者には実質的な選択の余地がなかった。だが1956年のポーランドの選挙法においては，統一労働者党（社会主義期のポーランドにおける共産党）が中心となり作成する候補者リストに基づいて選挙を行うという方式は維持されたものの，定数の3分の2を上限として定数より多い数の候補者をリストに掲載することが義務づけられ，また有権者がリストに候補を推薦する制度も導入されたため，限定的ではあるが有権者に選択の余地が与えられることとなった（Raina 1990：102）。またこの時に秘密投票の規定も含められ

た。
⑿　Dz. U. z 1985 r. Nr 26, poz. 112.
⒀　なおこの全国区については定数と同じだけの候補をリストに掲載することとしていたため，こちらについては競争が生じないこととなった。残りの選挙区については 2 名の候補の中から 1 名を選出することとされ，こちらは小選挙区での競争という形となっている。1985 年の選挙では，全国区に 50 議席が配分された（Raina 1990：85-86）。
⒁　Dz. U. z 1989 r. Nr 19, poz. 102.
⒂　1989 年の選挙に関する『連帯』関連の資料集には，『連帯』の各支部から本部に送られた選挙の開票経過に関する電話及びテレックスの文章も含められているが，これをみると開票状況が段階的に送られていることが分かる（Słodkowska 2009：196-202）。おそらくは立会人からの情報が支部でとりまとめられ，それが本部に送られたのであろう。
⒃　Dz. U. z 1990 r. Nr 67, poz. 398.
⒄　Dz. U. z 1991 r. Nr 59, poz. 252.
⒅　本節の記述は，OSCE の選挙関連ホームページ <http://www.osce.org/odihr/elections>の情報をもとにしつつ，現行の選挙法（Zákon č. 121/2002 Sb〈Zákon はチェコ語で「法律」。Sb は Sbírka zákonů（法律集）の略称で，左の表記により「官報 2002 年 121 号」を指す〉）も適宜参照している。
⒆　Zákon č. 14/1971 Sb.
⒇　国民戦線に所属していた政党としては，共産党の他に人民党，社会党，スロヴァキア自由党，スロヴァキア再生党がある。
㉑　Zákon č. 47/1990 Sb.
㉒　Zákon č. 247/1995 Sb.
㉓　Zákon č. 121/2002 Sb.
㉔　ただし投票様式がハーゲンバッハ＝ビショップ方式からドント式に変更される，政党連合の阻止条項は 4 政党までは政党数×5 ％，4 政党を超える場合は 20 ％とされるというように，小政党にとって不利な制度変更も含められている。
㉕　*Parlamentní zpravodaj*, 5(2000), pp. 46-47. なお注 25 および 26 の情報については，林忠行氏より日本語訳の提供を受けている。
㉖　*Parlamentní zpravodaj*, 6(2000), pp. 54-55.
㉗　ポーランドについて Kobylińska, Makowski, and Solon-Lipiński, eds. (2012)，チェコについて Transparency International Česká republika (2011)。この節の記述は基本的にこの 2 つの文献に依拠しているため，煩雑にならないよう個別の注は記載していない。

(28) 2014年の選挙に関しては，首長選挙で2.14％，グミナ（基層団体）および市議会選挙で5.16％，郡議会選挙で16.67％，県議会で17.93％の無効票が投じられたとされる（portalsamorzadowy.plの電子版記事 "Wybory samorządowe 2014. Oficjalne wyniki : PO wygrała z PiS tam, gdzie było najwięcej głosów nieważnych." portalsamorzadowy.pl, 25 listopada 2014." <http://www.portalsamorzadowy.pl/polityka-i-spoleczenstwo/wybory-samorzadowe-2014-oficjalne-wyniki-po-wygrala-z-pis-tam-gdzie-bylo-najwiecej-glosow-niewaznych,65319.html>より）。なお無効票となるのは2名以上に投票を行った場合，余事記載を行った場合，白票などである。

(29) 雑誌 "Polytika" の電子版記事 "Ujawniamy : "Kalkugniot" w PKW znów zawiódł. Kolejny test systemu informatycznego zakończył się fiaskiem." wpolityce.pl, 7 listopada 2014 <http://pl.wikipedia.org/wiki/Wybory_samorządowe_w_Polsce_w_2014_roku>より。

(30) 新聞 "Gazeta" の電子版記事 "PKW podaje : System działa. A kolejne miasta zgłaszają problemy : Wrocław, Nidzica, Białystok.？Nie można się zalogować". gazeta.pl, 18 listopada 2014. <http://wiadomosci.gazeta.pl/wiadomosci/1,114871,16987197,Rano_PKW_podaje_System_dziala_A_kilka_godzin_pozniej.html>より。

(31) ポーランド通信社PAPの電子版記事 "Znów problemy. Komisja w Nidzicy odmówiła ręcznego liczenia" samorzad.pap.pl, 18 lisopada 2014 <http://samorzad.pap.pl/depesze/redakcyjne.wybory2014/145456/Znow-problemy-Komisja-w-Nidzicy-odmowila-recznego-liczenia>より。

(32) ポーランド通信社PAPの電子版記事 "Apel prezydenta. Nie ma zgody na kwestionowanie uczciwosci wyborów" samorzad.pap.pl, 19 lisopada 2014 <http://samorzad.pap.pl/depesze/redakcyjne.wybory2014/145559/Apel-prezydenta-Nie-ma-zgody-na-kwestionowanie-uczciwosci-wyborow>より。

(33) 新聞 "Dziennik" の電子版記事 "Policja zatrzymała 12 osób, które protestowały w PKW" Dziennik.pl, 21 listopada 2014 <http://www.dziennikwschodni.pl/apps/pbcs.dll/article?AID=/20141121/KRAJSWIAT/141129936>より。またこの事件のために，選挙結果の公表はさらに遅れることとなった。

(34) ポーランド通信社PAPの電子版記事 "Będzie nowa PKW. Po ogłoszeniu wyników nastąpi zmiana całego składu Komisji" samorzad.pap.pl, 22 lisopada 2014 <http://samorzad.pap.pl/depesze/redakcyjne.wybory2014/145673/Bedzie-nowa-PKW-Po-ogloszeniu-wynikow-nastapi-zmiana-calego-skladu-Komisji>より。

(35) 以下ポーランドの政党の名称については，「○○党」という表記をしない政党について，初出の際のみカッコで明記する。

⑶ 新聞"Rzeczpospolita"の電子版記事"Nieprawidłowości z kartami głosowania. PiS zgłasza zawiadomienie do PKW" rp.pl, 16 listopada 2014 <http://www.rp.pl/artykul/1157590.html>より。

⑶ ポーランド通信社 PAP の電子版記事"SLD i PiS chcą bis. Jarosław Kaczyński i Leszek Miller za nowymi wyborami" samorzad.pap.pl, 19 listopada 2014 <http://samorzad.pap.pl/depesze/redakcyjne.wybory2014/145564/SLD-i-PiS-chca-bis-Jaroslaw-Kaczynski-i-Leszek-Miller-za-nowymi-wyborami->より。

⑶ ポーランド通信社 PAP の電子版記事"Sondażowe wyniki wyborów do sejmików" samorzad.pap.pl, 16 listopada 2014 <http://samorzad.pap.pl/depesze/redakcyjne.wybory2014/145388/Sondazowe-wyniki-wyborow-do-sejmikow>より。

⑶ ポーランド選挙委員会ホームページより <http://pkw.gov.pl/g2/oryginal/2014_11/8b4fcc8febb13dc7d88f8e386e3ab5a4.pdf>。

⑷ ポーランド通信社 PAP の電子版記事"PiS na skróty. Jeszcze nie zaczęli, a już chcą kończyć kadencję sejmików" samorzad.pap.pl, 25 listopada 2014 <http://samorzad.pap.pl/depesze/redakcyjne.wybory2014/145796/PiS-na-skroty-Jeszcze-nie-zaczeli-a-juz-chca-konczyc-kadencje-sejmikow>より。

⑷ ポーランド通信社 PAP の電子版記事"PiS był w Europie. Odrzucony wniosek o debatę PE o wyborach w Polsce" samorzad.pap.pl, 24 listopada 2014 <http://samorzad.pap.pl/depesze/redakcyjne.wybory2014/145748/PiS-byl-w-Europie-Odrzucony-wniosek-o-debate-PE-o-wyborach-w-Polsce->より。

⑷ ポーランド通信社 PAP の電子版記事"400 protestów. Wyborcy skarżą się sędziom na liczenie głosów" samorzad.pap.pl, 28 listopada 2014 <http://samorzad.pap.pl/depesze/redakcyjne.wybory2014/145961/400-protestow-Wyborcy-skarza-sie-sedziom-na-liczenie-glosow>より。

⑷ ポーランド通信社 PAP の電子版記事"Wyraz bezsilności. Liderzy koalicji odpowiadają na zarzuty lidera PiS" samorzad.pap.pl, 26 listopada 2014 <http://samorzad.pap.pl/depesze/redakcyjne.wybory2014/145841/Wyraz-bezsilnosci-Liderzy-koalicji-odpowiadaja-na-zarzuty-lidera-PiS>より。

⑷ "Opinie o działalności parlamentu, prezydenta i PKW" *Komunikai z badan CBOS*, Nr. 169, 2014.

⑷ 参考までに，投票しないつもりという人では「よい：18 %，よくない：57 %」，投票に行くかどうか未定という人では「よい：21 %，よくない：61 %」となっている。なおいずれも 100 %に満たない分は「判断できない」という回答である。

⑷ "Opinie o działalności parlamentu, prezydenta i PKW" *Komunikai z badan CBOS*, Nr. 153, 2015, p. 5. クキス'15 は，5 月の大統領選挙に政党の支持を受けずに立候補

し，約20％の票を得て第3位となったタレントのクキス（Paweł Kukiz）を代表として形成された政党で，10月の議会選挙でも法と正義，市民プラットフォームに次ぐ第3党となっている。このクキスの動きを含めた議会選挙と大統領選挙の背景については，著者の別稿を参照（仙石 2017）。

(47) "Zaufanie do procedur wyborczych" *Komunikai z badan CBOS*, Nr. 174, 2014.

(48) 以下の情報は新聞 "Gazeta Wyborcza" の電子版記事 "Prezydent Komorowski proponuje szklane urny. Jak zmieni się kodeks wyborczy" 9 styczenia 2015，およびポーランド大統領府ホームページの記事 "Prezydencki projekt zmian w Kodeksie wyborczym" 8 styczenia 2015 <http://www.prezydent.pl/prawo/ustawy/zgloszone/art, 28, prezydencki-projekt-zmian-w-kodeksie-wyborczym.html>による。

(49) Dz. U. 2015 poz. 1043.

(50) 議長の権限として定められたのは，委員会を代表すること，委員会を組織し，2カ月に1回招集すること，委員会の決定の実施を監督することなどである（158a条）。また委員会の決定方式は，5名以上が出席する委員会での過半数の賛成によることとされた（161条4項）。

参考文献

Birch, Sarah (2007) "Electoral management bodies and the electoral integrity : evidence from Eastern Europe and the former Soviet Union," Project on electoral malpractice in new and semi-democracies, Working paper 2 <http://www.essex.ac.uk/government/electoralmalpractice/>.

Kobylińska, Aleksandra, Grzegorz Makowski, and Mark Solon-Lipiński, eds. (2012) *Mechanizmy przeciwdziałania korupcji w Polsce : Raport z monitoringu.* ［ポーランドにおける反汚職活動のメカニズム：モニタリングレポート］Warszawa : Institut Spraw Publicznych.

Kopecký, Petr (2004) "The Czech Republic : entrenching proportional representation," in Josep M. Colomer, ed., *Handbook of electoral system choice*, Basingstoke : Palgrave Macmillan.

Linek, Lukáš (2003) "Czech Republic," *European Journal of Political Research*, 42(7-8).

López-Pintor, Rafael (2000) *Electoral Bodies as Institutions of Governance.* New York : UNDP.

Millard, Frances (2010) *Democratic elections in Poland, 1991-2007*, Oxson : Routledge.

OSCE (2002) *Czech Republic : parliament elections 14-15 June 2002, final report*, Warsaw : OSCE.

Raina, Peter (1990) "Elections in Poland," in Robert K. Furtak, ed., *Elections in socialist states*, New York : Harvester Wheatsheaf.

Rulka, Martin (2016) "Ważność wyborów samorządowych,"［地方選挙の有効性］*Państwo i Prawo*, 842.

仙石学（2017）「ポーランド政治の変容-リベラルからポピュリズムへ？」『西南学院大学法学論集』49巻2・3合併号.

Słodkowska, Inka, pod red. (2009) *Wybory 1989 : dokumenty strony solidarnościowo-opozycyjnej, tom.1 Kwatera Główna*.［選挙1989：連帯-反対派側のドキュメント-第1巻　中央本部］Warszawa : Instytut Studiów Politycznych Polskiej Akademii Nauk.

Sokolewicz, Wojciech (1992) "The legal-constitutional bases of democratization in Poland : systemic and constitutional change," in George Sanford, ed., *Democratization in Poland, 1988-90 : Polish Voices*, Basingstoke : St. Martin's Press.

Thatcher, Ian D. (1995) "Elections in Russian and early Soviet history," in Peter Lentini, ed., *Elections and political order in Russia : the implications of the 1993 elections to the Federal assembly*, Budapest : Central European University Press.

Transparency International Česká republika (2011) *National integrity system assessment, Czech Republic 2011*, Praha : Transparency International Česká republika <http://www.transparency.cz/nis-assessment/>.

［付記］　本章の執筆に際して，小森田秋夫氏（神奈川大学）および林忠行氏（京都女子大学）より，それぞれ有益な情報の提供を受けた。記して感謝の意を表したい。

第5章　英連邦諸国の選挙管理
――イギリス，オーストラリア，ニュージーランドにおける独立型機関創設――

稲　継　裕　昭

　長い選挙改革の歴史を有するイギリス，義務投票制のあることで有名なオーストラリア，そして，世界初の女性参政権を認めたニュージーランド。これら英連邦諸国においては，選挙に関して先進的な取り組みをしてきた国々というように紹介されることがある。選挙にまつわる汚職も少なく，クリーンな選挙活動が行われていて，その事務作業も効率的に行われ，投票事務も粛々と行われているに違いないと推測をする者も少なくないだろう。実際はどうなのか。本章では，各国の法令や種々の文献を狩猟するだけでなく，3カ国における選挙（管理）委員会事務局担当者，自治体の選挙事務担当者にヒアリングをすることによって，これら3国における選挙ガバナンスの実態を明らかにしたい。
　なお，選挙管理機関の独立性という点に関してもこれら3国では興味深い。オーストラリアでは1984年に独立性の高い選挙管理機関（連邦選挙管理委員会）が設立されたが，イギリスではそのような機関は存在しなかった。しかし，2000年に政党登録をするために政府から独立して国会のもとに選挙委員会が設立されて以降，それが徐々に機能拡大しつつある。ニュージーランドにおいても2012年に既存の組織を統合して政府から独立した選挙管理委員会が設立された。これらの流れを見ると，独立型への移行が世界的なトレンドであるかのようにも見える。何故，これらの諸国において，近時独立型の選挙ガバナンス機関への動きがみられるのか，それは同一の理由に基づく世界的な潮流に乗ったものなのか，あるいは国ごとに異なる事情があるのだろうか。本章ではこの点についても検討する。

1 イギリス

概　観

　イギリスの選挙ガバナンスは政府モデルに分類されてきた。19世紀後半に成立した法のもとで，選挙管理を担ってきたのは Local Authority（地方政府，多くは市などの基礎自治体）の選挙事務局であり，ここが選挙人登録，選挙事務執行・管理を行ってきた。責任者としては，地方政府の CE［Chief Executive］（事務総長。市議会により任命される行政官のトップ）が Returning Officer（選挙管理事務総長）を兼務することが多かった（稀に，市の Solicitor（弁護士。市の法務部長など）が任命される）[1]。選挙登録官（ERO：Electoral Registration Officer）も CE が兼ねることが多い。国会議員選挙の際は，名目的に市長が Returning Officer に任命されることもあるが，実質は CE が担っており，より実質的には選挙課長以下の職員が対応している。

　政党に関する規制は従来なされておらず，二大政党制と理解されているイギリスにおいて，1990年代には300以上の政党が乱立していた（ほとんどは泡沫政党）。そのことによるデメリットが大きかったこともあり，2000年に法律（2000年政党，選挙及び国民投票法［PPERA：Political Parties, Elections and Referendums Act 2000］）が制定された。

　PPERA により，（中央）選挙委員会（EC：Electoral Commission）が設立されて，政党登録を担当することになるとともに，国民投票（レファレンダム）については，独立モデルに移行した。ただし，議員（国政・地方）選挙についてはいまだ政府モデルが続いている。その後も，さらなる選挙改革の動きが毎年のようにアジェンダにあがってきており，陸続と法律が制定されているのが[2] 21世紀に入ってからのイギリスの状況である。

基礎的な事項

(1)チャーチスト運動と選挙権拡大

　イギリスでは13世紀に議会制度が始まったものの，当初の身分制議会は封建諸身分の代表によって構成されており，国民の代表を選出するものではなかった。その後庶民院の議員は選挙で選ばれるようになるが，その有資格者はジ

表5-1 選挙法改正の経緯

	年	内容	備考
第1回	1832	選挙権が一部拡大された(10ポンド以上の家屋所有者と借家人に拡大。)。	有権者数は16万人から96万人へと拡大した。しかしまだ人口比では4.5%にすぎなかった。なお,この時の改正で57の腐敗選挙区(人口が極端に少なくなっていた選挙区)が廃止され,その議席が,人口集中地に配分された。
第2回	1867	都市労働者,中流の商工業者などに拡大された。	これにより,有権者が100万人以上増加した。
第3回	1884	農村労働者にも選挙権が拡大された。	イギリス成年男子700万人中500万人が有権者となった。
第4回	1918	国民代表法が制定され,21歳以上の男子,30歳以上の女子に選挙権が付与された。	
第5回	1928	21歳以上の男女に選挙権が付与され,普通選挙制度が完成した。	
第6回	1969	選挙権付与年齢が引き下げられ,18歳以上の男女に付与された。	

ェントリーと呼ばれる地主階級に限られており,人口のごくわずかを占めるにすぎなかった。選挙区の区割りについても,都市への人口流出が続いた農村部に過剰な議員数が割り当てられているなど,不合理が目立っていた。

産業革命後の産業資本家や労働者階級からの強い要請もあり,選挙権拡大運動,チャーティズムが19世紀前半から展開していくことになる。

選挙法改正の経緯は表5-1の通りである。

(2) 選挙権

以上のような経緯を経て,現在の選挙権は18歳以上のイギリス市民,英連邦市民,アイルランド共和国市民及びEU諸国の市民[3](国会議員選挙を除く)でイギリス内に居住し,選挙登録を行った者に付与される。

法定欠格条項として,(1)精神病治療施設収容者,(2)囚人(有罪判決を受け刑務所に拘留されている者),(3)投票日前の5年間に選挙に関する不正・違法行為が原因で有罪となった者が規定されている。

2003年から2004年にかけて,EC(選挙委員会)が16歳への引き下げを検討したが,結果としては消極的な結論となった(Electoral Commission 2003)。だ

が，同時に被選挙権年齢の 21 歳から 18 歳への引き下げが検討され，こちらの方は 2006 年法へと結実し，被選挙権年齢は 18 歳に引き下げられた。

(3) 囚人の選挙権

囚人の選挙権については，欧州人権裁判所（ストラスブール）が，囚人に選挙権を与えていないのは違法であるとの判決を下して以来，イギリス議会，イギリスのマスメディアで議論を呼んでいる。ドイツ，オランダ，スウェーデンなど 18 カ国が認めるなど，欧州では囚人の選挙権を認める国が主流となっている。さらに 13 カ国は条件付きで認めている。隣国アイルランドも 2006 年からすべての囚人に選挙権を認めるに至った（White 2014：8-12, 15-17）。

2009 年 12 月 3 日には，欧州評議会閣僚委員会からの勧告があった（ibid：21）。他方，イギリス最高裁は 2013 年 10 月 16 日に訴えを退けている（欧州人権裁判所と異なる判決を下した）(ibid：44)，その直後に出された英国議会の報告書（Joint Committee report（2013.12.18））では，囚人の選挙権制限の緩和を推奨している。

(4) 被選挙権

18 歳以上の法定欠格条項者（破産宣告，過去に懲役刑を受けたもの等）を除くものに与えられる。上述のように，従来 21 歳以上であった選挙権はすでに 1969 年に 18 歳以上に拡大されていたこともあって，2006 年選挙法により被選挙権も 18 歳以上に拡大された。

ただし，地方選挙の場合は次のいずれかの条件も満たす必要がある。(1)当該選挙区内に有権者登録している，(2)立候補前 12 カ月間選挙区内に土地又は建物を占有している，(3) 12 カ月間選挙区内に主な職場がある，(4) 12 カ月間選挙区内住民である（逆に言えば，国政に関してはこれらの条件は課せられない）。

なお，立候補に際しての供託金は 500 ポンド（1 ポンド＝ 145 円［2016 年 12 月現在]）である。日本円で約 7 万 2500 円と少額である。これは，後で見るオーストラリアやニュージーランドの場合も同様である。

(5) 秘密投票制

イギリスにおける秘密投票制は，1872 年投票法（1872 Ballot Act）により確立した（後で見るオーストラリア 2 州では 1856 年に秘密投票制がスタートとしている）。背景としては，第 2 回選挙法改正（1867 年）により都市労働者も選挙権を有するようになったが，地主・家主・工場主などからの圧力や買収の働きかけを避

けるという趣旨があった。

(6) 選挙人登録

イギリスにおける選挙人登録は，19世紀から世帯別登録が行われてきた。地方自治体（一般には市）の選挙事務局選挙課から送られてきた選挙人登録用紙に，世帯主が居住者全員について回答することで行われてきた。

地方自治体は毎秋（7月中旬から11月），登録名簿を更新するための年次調査（annual canvass）を始める。郵送で調査票（canvass form）を送り，応答のない世帯に対しては，個別訪問をしてドアをたたく。18歳未満であっても次年度までに18歳に達する者については調査票に記入する。これらの調査を経て，各自治体は毎年12月1日現在の選挙人名簿を作成してきた。

2001年からは，この年次調査のみでなく，年次調査に回答漏れであった者や，調査期間以後の転入者なども選挙の11日前（土日休日除く）までは継続調査様式（rolling registration form）にのっとり選挙人登録ができるようになった（Rosenblatt et al 2012）。

2011年のEC（選挙委員会）の調査によるデータでは，登録率は82％で，90年代の92％前後から低下している。高年層（65歳以上）の登録率が94％なのに対して，若年層（19～24歳）の登録率は56％，また，白人の登録率が86％なのに対して，BME（Black and Minority Ethnic）の登録率は77％となっており，未登録者の多くは労働党支持者と推測できる。

2013年選挙人登録及び選挙管理法により，2014年から個人別登録（Individual Electoral Registration）をすることになった。新規登録者は氏名，住所，国籍，生年月日，社会保障番号（National Insurance Number）といった個人情報を提供した上で署名する必要がある。逆に言えば，これまではそれらが不要であったということを意味する。つまり，世帯宛に送られてきた選挙人登録に際して，世帯主が居住者以外の者を選挙人として登録してもそれを確認する手立ては自治体側にはなかったことを意味する。

世帯別登録から個人別登録，さらにはその際に新規登録者の個人情報の確認などが加わることになって各自治体ではかなりの負担増となっている。[7]

なお，2000年国民代表法（Representation of the people Act 2000）により，選挙人登録簿として，本来の登録簿と商業用登録簿の2つを作成することとなった。以前から選挙人登録簿が有償で販売されてきたものの，これについては個

人情報保護の観点から問題点が指摘されていた。そこで2種類作成することになり，商業用登録簿のみを販売するようになった。商業用登録簿は誰でも購入できる（きわめて安価）。選挙人は登録の際に，商業用登録簿に掲載されることを希望しない場合には，その欄をチェックすれば，商業用登録簿には氏名住所は記載されない。

(7)汚職防止

19世紀末（1883年）に制定された1883年腐敗及び違法行為防止法（Corrupt and Illegal Practices Prevention Act 1883）は，候補者個人の選挙運動費用の支出額に上限を設けるとともに，選挙違反者に対しては公民権を停止し，連座制をとることを規定していた。法では，買収・供応・不当威圧・替え玉投票について規定しており，警察権の発動を前提としていたため，選挙活動においての腐敗は激減するとともに，この後は，質素な手作り選挙が主体になっていく。結局，不正の発生の極小化に成功したとされる（ただし，政党の活動費用には制限がなかった。そのため選挙活動は，政党中心の選挙活動と，選挙区における費用をかけない戸別訪問等の選挙活動とで行われていくこととなる）。

(8)選挙活動

候補者個人の選挙運動費用の支出額に上限があり（都市部で7150ポンド＋5ペンス×有権者数。5万人の選挙区で9650ポンドであり，140万円ほどが上限となる），必然的にボランティア中心の選挙活動となっている。選挙運動の手段や方法は原則自由であり，電話勧誘，戸別訪問も可能で，ネット選挙も自由である。ただし，ネット選挙活動はそれほど広がっているというほどでもない（佐藤2013b）。

なお戸別訪問は，イギリスの選挙活動においてきわめて重要な手段となっており，今でも活発に行われている。

(9)選挙日程

地方選挙は，原則として5月の第1木曜日に行われる。地方議員の（一部の市長公選制をとっている自治体では市長も）任期は4年である。毎年どこかの地方で選挙がある（日程が揃っているだけで，統一地方選年といったものはない）。選挙をいつ行うかは，各地方議会に選択権があり，4年に1度一斉に当該地方議会議員全員の選挙を行うか，3年間にわたり，毎年3分の1ずつローリングするかなど，その方法は地方に任されている。

表5-2 郵便投票拡大の経緯

法律名・年	内容
1918年国民代表法, 1945年国民投票法	軍人に郵便投票を認める。
1948年国民代表法	軍人だけでなく,病気・障害・高齢などの理由で投票所にいけない人にも認める。
1985年国民代表法	海外投票制度の導入。離英後5年以内の英国民に郵便投票を認める。投票区は,英国内における最後の居住地としている。
1988年国民代表法	海外投票制度を拡充した。離英後20年以内の英国民に認める。海外で選挙年齢に達した者も認められるようになった。
2000年国民代表法	要請郵便投票制度を導入した。これにより郵便投票に,病気や高齢などの理由は不要となった。

　国政選挙も，5月の第1木曜日に合わせて行われることが多い。2011年議会任期固定法では，下院議員の任期を5年に固定し，次回選挙日を2015年5月7日と定められ，その通り実施された。

(10)郵便投票

　イギリスにおいては，郵便投票が徐々に拡大してきた。その経緯は表5-2の通りである。

　とりわけ2000年国民代表法は郵便投票を飛躍的に拡大させた。この改正により，あらかじめ要請すれば理由を問わず誰でも郵便で投票が行えるようになった。その結果，1997年選挙までは3％程度で推移してきた郵便投票は2001年には5％，2005年には15％へと急増している。

　2005年総選挙では，郵便投票の割合が25％を超えた選挙区が38あり，最大のNewcastle upon Tyne North選挙区では56％が郵便投票だった。また，2000年以降，パイロット事業として，いくつかの自治体選挙で「全郵便投票制度」（後述するニュージーランドの自治体選挙に同じ）（Wilks-Heeg 2008：38-42ほか）が導入されている。

　ただし，上述のように選挙登録が世帯ごとに行われている（しかも特に居住を証明する書類を要求していない）ことともあいまって，郵便投票については事件も発生している。2004年地方選挙ではバーミンガム市で大きな問題が発生した。都心部のムスリム2地区（Bordersley Green選挙区およびAston選挙区）において，特定の住所からのおびただしい数の郵便投票用紙の請求と投票が見られ

た。のちに労働党の市議会議員 6 人が関与していたことが明らかになり，少なくとも 3500 票の詐偽投票があったとして 2005 年 4 月に選挙無効の判決が出た。[8]こういった不祥事を要因として，2006 年選挙管理法（Electoral Administration Act 2006）では，郵便投票に関して個人認証標識を必要とする改正（といっても，生年月日の記入と署名だけであり，詐偽投票が完全に防げるわけではない）が行われている。2013 年選挙人登録及び選挙管理法により世帯別登録から個人別登録，さらに登録に際して社会保障番号が必要になったことから，こうした詐偽投票の可能性が低くなると予想される。

⑾**選挙区割り**

 2011 年議会選挙制度及び選挙区法により，下院の議席数が 650 から 600 に削減されるとともに，区割り方法の大幅改正が決定した。これまでの一票の格差は最大 5 倍であったが，改正後は，有権者数は全国平均有権者数の上下 5 ％の間（95 ％から 105 ％，つまり，最大格差 1.11 倍以内）に収まるよう区割りをする必要がある。

 区割りに関しては，各地域（イングランド，スコットランド，ウェールズ，北アイルランドの 4 地域）ごとに設置される選挙区画委員会（Boundary Commission）が見直しを行うことになっている。各委員会は 4 人ずつのメンバーで構成され，下院議長がすべての委員会の委員長になる（ただし出席しないのが慣例）。副委員長および 2 人の委員は所管大臣が任命する。副委員長には裁判所の判事が任命されるのが通例で，この副委員長により会議は主宰される。その他の委員には法律的な識見を有する者および地方行政について識見を有する者が任命されるのが通例である。

 2015 年 5 月 7 日の総選挙に向けて 2013 年 10 月までに区割り案が作成される予定であったが，2013 年選挙登録及び選挙管理法により 5 年間延期された。定数削減も同様に延期されている。背景として，自民党が重要課題としていた上院改革を保守党がつぶしたことへの対抗措置として，区割り見直し案について党として反対したことが挙げられる（2013 年法は連立与党の自民党と野党の労働党の主導によるものである。佐藤 2013b：6-8）。

⑿**選挙無効の争いなど**

 選挙および当選無効の裁判は，選挙裁判所によって行われる（EC（選挙委員会）や選挙管理事務総長（Returning Officer）が担うものではない）。

選挙裁判所に関しては，1983年国民代表法（Representation of the People Act 1983）により規定されている。国会議員選挙に関する選挙無効の争いを裁く選挙裁判所は，高等法院（High Court）（ロンドン）の女王座部の中から2名が選挙裁判官として選出され（1983年法第123条）彼らが裁判を担う。また，地方議員選挙に関する選挙裁判所は，15年以上のキャリアを有するBarrister（法廷弁護士）の中から毎年5名以内が高等法院の選挙裁判官により任命される（1983年法第130条）。いずれの場合も訴訟の提起された選挙区が審理場所となる。

訴訟申立権者は，国会議員選挙の場合は，選挙人，被選挙人，これらの資格を有すると申し立てる者であり，地方議員選挙の場合は，選挙人4人以上，被選挙人などである。被告としては，国会議員選挙の場合は，選挙あるいは当選の効力が争われている者であり，選挙管理事務総長（Returning Officer）の行為に関する訴訟の場合は選挙管理事務総長が被告となる。地方議員選挙の場合は，選挙あるいは当選の効力が争われている者，または選挙管理事務総長が被告となる。

（中央）選挙委員会（The Electoral Commission：EC）（2000年設立）
(1)設立までの経緯

イギリスは基本的に政府モデルで選挙が行われてきた。政府モデルの中でも，各自治体に法的な権限と責任がある。選挙管理事務総長（Returning Officer）が常に独立した者としてとらえられ，法廷にも出る存在として機能してきた。

イギリスにおいては，従来，選挙がどのように行われるかについての法的な規定はなかった。法律として存在したのは，1872年投票法，1883年腐敗及び違法行為防止法など19世紀末の法律だけであり，これらは腐敗行為防止など選挙不正を取り締まるものだった。

その他の法律の不存在で問題だったのは，政党の登録に関する規則がなかったことである。たとえば，1992年欧州議会選挙ではRichard Huggett（下線筆者。以下同）という立候補が趣味の泡沫候補が「Literal Democrat Party」と名乗って選挙活動もせずに1万203票獲得した（落選）。同じ選挙区で立候補していた自民党（Liberal Democrat Party）公認の候補者Adrian Sandersは700票差で次点に泣いた。投票用紙には候補者名が姓のアルファベット順に並んでお

り，最初に目にする Huggett を Literal Democrat ではなく Liberal Democrat（自民党）の候補者と勘違いした有権者が丸を付けてしまった可能性が大いにあった。この点は，大きく報じられたが，選挙結果が覆るものではなかった。[10]

当時は 300 以上の政党が勝手に名乗っており，選挙登録に関して何の規制もなかったため，有権者には大きな誤解を与えていた。これらの事件が発生したこともあり，政党の登録制度の必要性が強く認識され，2000 年政党，選挙及び国民投票法（PPERA）制定の起動因となった。そして政党登録は，2000 年発足した選挙委員会の重要業務となった。

もう 1 つの問題は，政党資金に関するものだった。政党がどこから資金を得てくるかということに関して，それまでは規制はなくまた透明性もなかった。外国から資金を得ていると言われる政党（保守党）も出てきて問題が顕在化することとなった。

これらの政党登録の問題と，政治資金の流れの実態を明らかにすることという目的から，選挙委員会が設立されることとなった[11]。選挙委員会の設立までは，政党登録に関する規制はまったくなく，また，政治資金に関するものも 100 年以上前の 1883 年腐敗及び違法行為防止法しかなく，いずれも事実上無規制であった。

そこで，政党登録に関する機能を持つとともに，政治資金供給の適正化および透明化を図るために，PPERA が制定された。これは，全 10 章からなり，第 1 章で選挙委員会についての規定，第 2 章で政党登録，第 3 章で登録政党の財政状況の公開，第 4 章で登録政党およびその所属議員への寄付に関する規制，第 5 章で選挙運動費用に関する規制，第 6 章で第三者による下院総選挙の際のキャンペーン活動に関する規制，第 7 章で国民投票，第 8 章で選挙運動および手続き，第 9 章で企業による寄付および支出が規定されており，第 10 章は補則となっている。

(2) **委員会の組織および権能**
【委員会設置と委員の任命】

PPERA により議長委員会（Speaker's Committee on Electoral Commission）が設立された。議長委員会は，庶民院議長が委員長を務めることが法律で規定されており，その他 8 人の庶民院議員から構成されている。

議長委員会は，選挙委員会を監視し，中期計画を評価し，会計報告を受理し，

第Ⅱ部　選挙ガバナンスの形成・展開

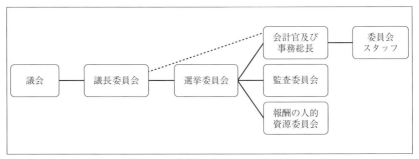

図5-1　イギリス選挙委員会関連図

表5-3　イギリス選挙委員会委員の構成

委員長	常勤	委員長は常勤職で、年10万ポンドが支給されている。ジェニー・ワトソンは2009年1月に委員長に就任。以前は平等機会委員会の委員長、NPO団体など。女性権を永年主張してきている。
地域代表委員(4)		
イングランド	非常勤	地方団体を代表するものとして任命。Englandの3つの自治体の事務総長（兼選挙管理事務総長）を歴任してきた人物。England & wales自治体選挙区割委員長を兼ねる。
ウェールズ	非常勤	非公的部門出身。海外の醸造会社（ギネス）出身。
北アイルランド	非常勤	元BBC役員。
スコットランド	非常勤	元BBCスコットランド局長。
政党代表委員(4)		
保守党	非常勤	
自民党	非常勤	
労働党	非常勤	
スコットランド党	非常勤	
その他の委員	非常勤	民間銀行出身者。

そして、少なくとも年に1回以上、庶民院に対して選挙委員会の果たした機能について報告する義務がある。

委員長をはじめ選挙委員はこの議長委員会により任命される。つまり、政府からは独立し、国会に任命される委員会となっている。

選挙委員会の委員は当初、地域代表など6人で構成されていたが、その後、2010年に政党代表として4人が追加された（2009年法）。2013年2月時点の委員は、表5-3の通りである。委員会は、委員長のほかに、地域代表委員4人、

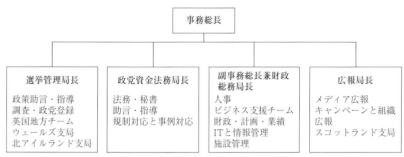

図5-2　イギリス選挙委員会事務局組織図

民間銀行出身者1人，政党代表4人の合計10人で構成されている。委員長以外は非常勤で，選挙委員会の開催頻度は，6週間に1回程度である。[12]

なお，事務局は選挙管理局，政党選挙資金法務局，財政総務局，広報局からなっており（図5-2参照），職員数は約140名である。[13]

【選挙委員会の所掌事務・権能】

選挙委員会は次のような業務を行い，また権能を有している。

①政党関係業務

政党登録，登録政党の財政状況の公開，登録政党およびその所属議員への寄付に対する規制を行う。

②選挙啓発業務

2004年欧州議会・地方選挙法（European Parliamentary and Local Elections (Pilots) Act 2004），2009年政党・選挙法（Political Parties and Elections Act 2009）の制定により，徐々に，全国各地の選挙管理事務総長（Returning Officer）への教育やマニュアル発出などの選挙啓発業務も増えている。また，各法律の中で「Returning Officerや選挙登録官が選挙委員会の発出する○○に従わなければならない」と規定されることもあり，法的な面でも選挙委員会が選挙の中心的存在になりつつある。[14]

しかし，上述のように全体の事務局職員が140人弱と少なく，選挙管理事務の大部分は，自治体に依存しているのが実情である。また，連立政権の行政改革方針により，選挙委員会事務局予算も削減されており，事務局の場所はホワイトホールに近い場所から，家賃の安い離れた場所への転居を余儀なくされている。

③選挙関連制度の改正提案機能

様々な調査やレポートを通じて，選挙関連制度の改正を提案しており，それらが法律改正等に繋がる場合も多い。たとえば，被選挙年齢の引き下げ，個人別登録制度の開始など，近年の改革の多くは，選挙委員会の報告書（Electoral Commission 2003 など）が議論の出発点になっていることが多い。庶民院→議長委員会→選挙委員会という正統性を持った委員会の報告であるため，議会の方でも尊重する傾向がある。

④政治資金規制に関する機能

(i)監督機能―PPERA の規制対象者に対して立ち入り検査などを行う権限を有している。拒否に対しては，治安判事に捜査令状を発するよう求めることができる。

(ii)調査機能―誰に対しても調査を行い得る。要求に応じない場合は，高等法院に文書提出命令・情報開示命令を発するよう求めることができる。

(iii)制裁―2009 年法改正により選挙委員会が新たな民事的制裁を課すことができるようになった（それまでは，警察や訴追機関の関与が不可欠な刑事罰が主なものだった）。これには，定額の制裁金，裁量的命令，変動額の制裁金，法令遵守通知，回復通知，差止通知，履行の約定などがある。

⑤レファレンダム

レファレンダム（Referendums，国民投票など。地域のもの，国家全体のものを含む）に際しては，選挙委員会は，主任投票管理責任者（Chief Counting Officer）を任命し，全体の投票事務等を管理することとなった。選挙ガバナンスの独立モデルとして機能していることになる（Greenwood 2006：80）。

2011 年選挙制度改革に関する国民投票（2011 年 5 月 5 日）のレファレンダムは，現行の小選挙区制（FPTP）を選択投票制（AV）にすることについての可否を問うものであった（結果は，賛成 32.1％，反対 67.9％）。この時は選挙委員会委員長（Jenny Watson）が，主任投票管理責任者（CCO）に任命された。CCO は全国で 11 人の Regional Counting Officers を任命し，440 の地区に 440 人の Counting Officers（各地区の Returning Officer が兼ねることになる）が置かれた（The Electoral Commission, 2011b, 8, 15-16）。

2016 年 6 月 23 日に行われた国民投票は，イギリスの欧州連合からの離脱の是非を問うレファレンダムであり，結果は，残留が 48.1％，離脱が 51.9％で

あった。この時も，選挙委員会委員長（Jenny Watson）が主任投票管理責任者（CCO）に任命され，CCO は全国で 12 人の Regional Counting Officers を任命した。また 382 の地区に 382 人の Counting Officers（各地区の Returning Officer が兼ねる）が置かれた（The Electoral Commission 2016b：55-58）。

⑥小括

2000 年の PPERA に基づき設立された選挙委員会は，レファレンダムについては地方政府型から国会に置かれた独立機関型へ移行した。国政選挙や地方選挙に関しては一部機能（政党登録，政治資金）に限って中央独立機関型としてスタートしているが，その後，拡大した機能（啓発業務）もある。委員会の発行する様々な提言報告書が国会審議に影響を与え，法律改正に繋がって選挙制度の様々な改革に寄与してきているといえる。

2 オーストラリア

概　観

国際比較をした場合，オーストラリアの選挙制度は種々の特徴を有している。義務投票制（強制投票制）がその代表だが，秘密投票制，普通選挙制度，婦人参政権などの今日の選挙制度の基本が他国に先駆けて導入されており，ある意味では，「選挙制度の実験場」ともいえる。

18 世紀後半（1770 年）にジェームズ・クックがオーストラリアに上陸し，英国領有宣言をしたのち，各地に植民地が建設されていったが，1825 年にはタスマニア，1834 年には南オーストラリア，1851 年にはヴィクトリア，そして 1859 年にはクイーンズランドの各植民地が分離し，現在のオーストラリア連邦の原型が形成されていった。

1855 年，ニューサウスウェールズ，タスマニア，ヴィクトリアで憲法法が制定された。その翌 1856 年には南オーストラリアでも憲法法が制定され，同植民地において初めて男子普通選挙制度がスタートした（ヴィクトリアも 1856 年，ニューサウスウェールズは 1858 年）。この年，南オーストラリア，ヴィクトリアにおいては秘密投票制度（無記名投票制度）がとられており，イギリス（1872）に先駆けた秘密投票制度の導入となった。秘密投票制度はニューサウスウェールズやタスマニアでも 1858 年から導入されている。

表5-4 オーストラリア略年表

15世紀	ヨーロッパ探検団が海岸に到達。
1770年	ジェームズクックがボタニ湾に上陸し英国領有宣言。
1788年	最初の英国船団が到着し，ニューサウスウェールズ（NSW）植民地を建設。
1825～1859年	1825年にタスマニア，1834年に南オーストラリア，1851年にヴィクトリア，1859年にクイーンズランドの各植民地が分離。1829年には大陸の西半分に西オーストラリア植民地。→現在のオーストラリア連邦の原型が形成される。
1855年	NSW，タスマニア，ヴィクトリアで，1856年南オーストラリアで，憲法法制定。
1856年	南オーストラリアで男子普通選挙制度（ヴィクトリア1856年，NSWは1858年）。
	南オーストラリア，ヴィクトリアで秘密投票制。NSW，タスマニア，1858年。
1894年	南オーストラリアで婦人参政権実現。NSW1902年，タスマニア1903年。
	NSWで重複投票制廃止。
1900年	オーストラリア連邦憲法公布。
1901年	第1回連邦議会選挙。
1902年	1902連邦参政権法（Franchise Act 1902），婦人参政権。21歳以上の国民。（1973年 21歳→18歳）
	1902連邦選挙法（Commonwealth Electoral Act 1902）下院は選挙区間有権者数格差20％以内の小選挙区制，FPP。上院は大選挙区制。連邦選挙庁設置。内務省の下部機関。（1916年から内務・特別地域省，32年から内務省，72年からサービス・財産省）
1906年	郵便投票制度の導入。
1911年	1911年連邦選挙法。名簿への義務登録制度，投票日は土曜日に。
1914年	選挙制度に関する王立委員会（15年答申）→義務投票制，優先順位付連記制。
1918年	1918年連邦選挙法（現行）。下院で優先順位付連記投票制導入。
1924年	連邦で義務投票制の導入（選挙は25年）。クイーンズランドは1915年に導入。
1949年	連邦上院選挙に以上式比例代表制を導入。
1973年	下院選挙区間の有権者数格差20％→10％に。
	連邦選挙庁法（Australian Electoral Office Act1973）連邦選挙庁を設立（サービス・財産大臣所轄するものの同省とは独立）。1975～83年所轄は行政大臣，1983年特別国務大臣。
1983年	連邦選挙法（Commonwealth Electoral Legislation Amendment Act 1983）。
1984年	連邦選挙管理委員会を設置。
	上院選挙にグループ・チケット投票方式併用，政党登録制度，選挙費用の公的補助制度，政治献金および選挙費用の公開制度などを導入。投票締め切り時間20時→18時。
1998年	上院選挙の開票点検にコンピュータ・システムを導入。

1894年には南オーストラリアで婦人参政権が実現している（ニューサウスウェールズ1902年，タスマニア1903年と続く）。1893年のニュージーランドにおける世界初の婦人参政権の実現に続くものである（イギリスは1918年）。

1900年に公布されたオーストラリア連邦憲法は当面の連邦議員選挙に関して各州法を適用する旨定めていたため，1901年の第1回連邦議会議員選挙は各州法に基づいて施行された。1902年に制定された参政権法（Franchise Act 1902）は，各州で認められてきた秘密投票制，普通選挙制，婦人参政権を取り入れ，21歳以上の成人による普通選挙を規定した。イギリスにおいて同様の普通選挙制度となったのは1928年の第5回選挙法改正なので，イギリスよりも四半世紀早く普通選挙制度がスタートしていることになる。

また同じく1902年に制定された1902年連邦選挙法（Commonwealth Electoral Act 1902）は，下院の選挙区の間の有権者数の格差は20％以内とする小選挙区制をとり，上院については大選挙区制をとることを規定した。1911年には選挙人名簿への義務登録制度が，また1924年には義務投票制度がそれぞれ始まっている。

選挙管理機関についてみると，1902年法により政府（当初は内務省）の下部機関として連邦選挙庁が設置されている。1973年には所管大臣からやや独立した政府機関とされたが，1984年にはその独立性をさらに高めるため，連邦選挙庁を廃止して3名の委員からなる独立政府機関である連邦選挙委員会を設置している。つまり1984年に政府モデルから独立モデルへと移行しているのである。

基礎的な事項
(1)**連邦選挙制度**

オーストラリアは連邦制度をとっており，連邦議会は上下2院制度をとっている。

下院の選挙では全国の小選挙区から1名ずつ，合計150人の議員を選出する。（連邦憲法で，上院定数の2倍と規定されている）。任期は3年である。投票では優先順位付連記投票をとっている。具体的には有権者はすべての候補者に優先順位をつけて投票用紙に数字を記入する。最初の開票は，1を記入された票が各候補者の得票になる。50％を超える票を獲得した候補者はただちに当選する。

もし過半数獲得候補者がいなかった場合は，得票の最も少なかった候補者が除外され，その票に記入された2番目の優先順位に従って残りの候補者に再配分される。この手続きが，過半数獲得候補者が出るまで続けられることになる。この方法は，1918年以来とられている（1902年法ではFPPをとっていたが，1918年法で変更された）。票の再配分には何日も，時には何週間もかかることがあるという。

上院議員は，人口に関係なく，各州から同数の上院議員を選出することになっている。各州から12人ずつで72人，これに北部準州から2人，首都特別地域から2人で，合計76議席となっている。任期は6年で，3年ごとに半数が改選される（例外として，Double Dissolution Election）。

任期終了前の1年間に選挙を行う必要がある。上院議員選挙でも優先順位付連記投票制をとっているが，下院議員選挙と異なり，上院議員の選挙では委譲式比例代表制が用いられている。当選要件は，過半数得票獲得ではなく，当選基数以上の票を獲得することである。各州を1選挙区にして複数の議員を選ぶ大選挙区で，投票者数から割り出した基数（quota）を候補者は得票しなければならない。

(2)**選挙権**

満18歳以上のオーストラリア国民は，選挙人名簿への登録が義務づけられ，連邦の選挙と憲法改正の国民投票に投票しなければならない。1902年の連邦選挙法では満21歳以上の男女と定められていたが，1973年の改正で18歳に引き下げられた（選挙法第93条）。

オーストラリア国籍が必要だが，1984年1月26日時点で選挙人名簿に登録されていたイギリス国民も選挙権が与えられている。また，1949年に特定のアボリジニに与えられた選挙権は，1962年にすべての先住民に自発的な登録と投票が認められ，1984年には登録および投票の義務制となった。

なお，過去3年以内に出国して海外に住むオーストラリア人で，かつ出国後6年以内に帰国する意志のある者も投票できる。世界各国のオーストラリア政府公館などに投票所が設けられ，毎回，7万人ほどが在外投票を行っている。

(3)**囚人の選挙権**

囚人の選挙権については制限がある。1902年から1983年までの約80年間は「1年以上の拘置の刑」によって罰せられることのある罪により有罪判決を

受けて刑に服している（あるいは服さなければならない）者からは選挙権が剥奪されていた。

1983年の改正でこれは「5年以上」の刑に変更され，制限が緩和された。つまり，5年未満の刑ならば囚人に選挙権があった。しかし2004年に「3年以上」とやや厳しくなり，さらに2006年には期間を問わなくする厳格化がなされた。つまり，囚人の選挙権は完全になくなった。

この変更が憲法違反であるとの訴訟が提起され，2007年8月30日にオーストラリア連邦高等法院は「ローチvs連邦選挙管理委員長事件判決」において当該規定は違憲無効であるとの判決を下した。これを受けてその後2011年5月に2011年選挙・国民投票改正法が制定され，「3年以上の拘置の刑」の者は選挙権を剥奪することとし，2004年改正の状態に戻されている。2010年の国会においても，この問題は大きな政治的イシューとなったという[17]。結局，現状は3年未満の刑に処せられている囚人であれば，刑務所において投票ができることとなっている。

(4) 被選挙権

上院または下院の議員の被選挙権は，満18歳以上のオーストラリア国民である。当初満21歳以上だった被選挙年齢は，1973年の改正で満18歳以上に引き下げられた（憲法第34条，選挙法第163条）。登録された政党や団体，または50人以上の有権者の推薦を得て立候補できる。

立候補に際しての供託金は，上院は1000オーストラリアドル（2016年12月現在，1Aus$ = 85円），下院は500オーストラリアドルで，日本円に換算するとそれぞれ約8万5000円，約4万2500円と，日本における供託金（300万円）と比べて少額である。また，開票の結果，候補者が第1優先順位の総投票数の4％以上を獲得すれば供託金は返還される。金銭的にみる限り日本に比べて立候補へのハードルは相当低い。

(5) 秘密投票制

19世紀半ば（1856年）に植民時代のヴィクトリア（現・ヴィクトリア州）および南オーストラリアで無記名投票が始まっている。それまでのオーストラリアの選挙では，有権者が自分の選択する候補者名を口頭で伝え，これを係員が記入する方法で行われており，投票の秘密が守れなかった。秘密投票制は，その後イギリスなど世界各国に波及していくことになる。

表5-5 2010年選挙の際の選挙日程

7月17日	ギラード首相が8月21日投票と発表。
7月19日	選挙命令【(下院に関して)総督→連邦選挙管理委員会委員長,(上院に関して)州総督→選挙管理委員会州支局長】 新規選挙人登録終了(修正の終了は選挙命令3日目の22日)。
7月29日	立候補届け出の締め切り。
7月30日	立候補者の公示(立候補の締め切り24時間後に公示され,投票用紙などへの立候補者名の記載順序は抽選で決められる)。
8月21日	投票日(土曜日と決まっている)午前8時から午後6時まで。
9月17日	選挙結果の報告(上院は, 9月10〜17日)。

(6)選挙登録および投票の義務制

有権者登録の義務制は,1911年に連邦の選挙制度に導入されている。

投票の義務制については,「選挙制度に関する王立委員会」の1915年の答申に書かれている。その後,1924年に連邦で義務的投票制度に関する法律改正が成立し,翌1925年の選挙から実施されている。直前の選挙(1922年)では上院57.95%,下院59.38%の投票率であったが,義務的投票制になった1925年の選挙では上院91.31%,下院91.38%と大幅に上昇した。それ以来,連邦選挙や国民投票の投票率はおおむね95%前後の高い率を維持してきている。

選挙人名簿への登録を怠ったり,正当な理由なく投票を怠ったりした場合は,登録に関しては50オーストラリアドル(連邦選挙法第101条),投票に関しては20オーストラリアドル(同第245条)の罰金が科せられることになっている。

なお,選挙名簿締め切りは,選挙命令発出後3日目となっている(おおむね,投票日の1カ月前くらいとなる)。

(7)投票日程および投票手続き

投票日程の流れは,表5-5のようになっている。まず,首相が投票日を発表し,総督による選挙命令が発出される。そのほぼ1カ月後が投票日となる。

通常の投票は,投票日(土曜日)の午前8時から午後6時の間に行われる。有権者が連邦選挙人名簿に登録した選挙区内であれば,どの投票所においても投票することができる(上院議員選挙の場合は自分の属する州内のどの投票所でも可能)。

選挙立会人は,各候補者が自分の個人的な代表として指名した者を,各投票所と開票所で1人ずつ立ち会わせることができる。

(8)投票の種類

①通常投票——大部分の有権者（85％程度）は，決められた投票日に選挙区の投票所で投票する。全国におよそ7800の投票所が設けられる。

②宣誓投票——不在者投票，仮投票，郵便投票（事前投票）は，有権者が宣誓署名して投票用紙を受け取り投票するので，宣誓投票と呼ばれる。全国におよそ300の事前投票センターが設けられる。なお，宣誓投票の投票者には，身元を証明するIDの提示が必要である。

不在者投票は，投票日に選挙区にいないが同じ州内にいる場合に，どこの投票所でも投票できる制度のことをいう。同じ選挙区内でなくてもよい。

仮投票は，有権者の名前が選挙人名簿に見当たらなかったり，既投票扱いになってしまったりしている場合に行われる。その後詳細の調査がなされ集計対象となる。

郵便投票（事前投票）は，投票日に州内のどの投票所にもいけないことが分かっている者が，選挙区の管理委員会に一般郵便投票者として登録して事前に郵送（または選挙区の事務所に赴いて）で投票できるものである。郵便投票できる者には，最寄りの投票所まで8キロ以上ある者などが含まれる。

移動投票——郵便投票以外にも，選挙事務係員が訪れて投票を受け付ける移動投票の制度がある。自動車だけでなく，航空機，ヘリコプター，船舶なども動員されて，病院や高齢者施設，遠隔地などを訪れる。

(9)選挙区割り

下院選挙区の再区画に関して，連邦選挙管理委員会事務総長は，毎月，各州にそれぞれの各選挙区間での平均有権者数を確認し，これと各選挙区有権者数との乖離の程度を確認する必要がある（選挙法第58条）。

州内の3分の1を超える選挙区で選挙区あたりの平均有権者数から10％を超える乖離を生じているとき（不当区画，malapportioned）や，直近の再区画の実施から7年が経過しているときには，連邦選挙管理委員会事務総長は，当該州の再区画の開始を指示する。これは国会とは関係なく行われる。

州再区画委員会は，連邦選挙管理委員会事務総長，当該州の選挙長（Australian Electoral Officer。連邦選挙管理委員会の州支局長），州測量長（State Surveyor-General）または相当職，州会計検査長（Auditor-General for the State）（就任が難しいときは連邦上級公務員）の4人からなり，定足数は3人である。再区

画に関する提言を公募し,提言に関する意見を公募する必要がある。これらをも踏まえつつ,再区画案(3.5％以上の格差があってはならない(連邦選挙法第66条))を作成し,公表することになる。

再区画案に関して異議を有する者は,連邦選挙管理委員会へその旨文書で申し出る。異議が出た場合には,その異議を検討するために,拡大選挙委員会を設置する。これは,連邦選挙管理委員会事務総長以外の2名の連邦選挙管理委員,上述の再区画委員会のメンバーから連邦選挙管理委員会事務総長を除いた者の5人からなり,定足数は4人である。

これらのプロセスを経て60日以内に境界が決定される。なお,拡大選挙委員会の決定は最終的なものであり,訴訟等の対象とはならない(同法第77条)(1983年法改正前は,議会の承認が必要だったが,それは不要となった)。

(10)選挙をめぐる争訟

選挙または当選の訴えは,選挙結果争訟裁判所(the Court of Disputed Returns)に起こすこととされており,この裁判所のみが管轄権を有している(Commonwealthe Electoral Act 1918(連邦選挙法)第353条)。訴えが起こされた場合,連邦最高裁判所(The High Court of Australia, 1901年設置)は,自らが選挙結果争訟裁判所になるか,訴えのあった州の州最高裁判所に移管するかを選択することができる(同法第354条)。訴えを起こすことができるのは,立候補者または選挙人,連邦選挙管理委員会である。

連邦選挙管理委員会(Australian Electoral Commission:AEC)(1984年設立)

(1)設立までの経緯

1902年に連邦選挙管理庁(Commonwealth Electoral Office)が内務省(Department of Home Affairs)の一部局として設立された(政府モデル)。世界初の常設の選挙管理事務局とその職員の配置であり,常時登録方式の選挙人名簿を採用していた。選挙管理庁はその後約70年間,省の名前の変遷はあったものの,常に内務関連省の一部局として位置づけられてきた(政府モデル)。

1973年にオーストラリア連邦選挙庁(Australian Electoral Officer)が設置される。庁の地位向上のため,省から独立したものとして設置されたが,依然として大臣(行政サービス大臣)の所轄下にあった。ただ,一般事務の遂行に関しては独立的な地位を有する法令設置機関(statutory body)となり若干の独立性も

有していた。選挙庁長官，副長官，各州選挙管理局長の計8人の法令職がいたが，他の一般職員は連邦公務員法の適用を受ける一般行政職員であった（政府型またはやや混合型に近い型）。

1983年3月労働党のホーク政権が誕生してすぐに，彼は，選挙制度改革を主要任務とする特別国務大臣を設置し，有力議員のヤングを任命した。5月に連邦議会内に設置された選挙制度改革上下両院合同委員会（Joint Select Committee on Electoral Management）は9月に報告を出す。この報告を全面的に尊重する形で，11月に法案が提出され，12月に可決された。オーストラリア連邦選挙庁よりもさらに独立性を高めた連邦選挙管理委員会は翌84年2月に設置されている。委員会は大臣に報告を行うこととされているものの，大臣の指揮下には置かれない（独立型）。

1983年11月の選挙法改正および代表法改正は，独立した連邦選挙管理委員会の設立，上院議員定数拡大と下院総定数拡大，政治献金・選挙費用の公開義務づけ，移動式投票所の導入などを盛り込んだ大きな改正であった。上院議員の各州選出数を10人から12人に増加させて定数を72人とし，（憲法で上院議員数の2倍と定められている）下院の総定数をそれまでの125人から148人に拡大した。

ホーク政権のこの早い動きのきっかけは1980年総選挙に遡る。この時，ヘイドン党首で選挙に臨んだ労働党は全国得票率では48％を獲得したものの，獲得議席数は51（与党は71）にとどまった。そこで労働党は選挙制度改革を主要な政策に掲げ，比例代表制にする（または小選挙区制にとどまるにしても一票の格差をその時の10％以下から，5％以下に縮める）などの検討を党内で進めており，次の総選挙でホーク労働党政権が誕生してもこの政策は変わらなかった。

ホーク政権は，当初は比例代表制よりも現実的な格差許容限度の縮小を目指したが，これにも頻繁な選挙区画再編を行う必要があるという技術的制約と，保守連合（自由党，国民党）の抵抗とがあった。労働党案で押し切ることは党利での選挙制度改革との印象を選挙民に与えかねないということを懸念したホーク政権は，代替案として下院総定数の拡大という戦略を選択したと推測されている。保守連合のうちの国民党は，定数拡大により基盤である過疎地での議席が保障されることから賛成に回った。

議員定数の大幅拡大は，選挙区画の再編が必要となるため，それを従来の政

表5-6 オーストラリア連邦選挙管理委員会の委員構成

委員長(Chairperson)	非常勤	ピーター・ヒーリー閣下	委員長は，連邦裁判所長官（Chief Justice of the Federal Court of Australia）が推薦する3人の適格裁判官（eligible Judges）のリストの中から任命される。
委員兼事務総長 (Electoral Commissioner)	常勤	エド・キルスタイン	事務局の主席行政職員（chief executive officer），数多くの権限を有する。
			Killesteyn は職業公務員で，国税局，移民・多文化・先住民省，Repatriation 委員会（送還委員会）に勤務したのち，2009年から委員兼事務局長（5年任期）となっている。
委員(one other member)	非常勤	ブライアン・ピンク	3人目の委員は非司法分野出身者が任命される。Pink は2007年以来連邦政府統計局長官を務めている。有権者のカウント，選挙区割りなど統計が重要な役割を占めていることから，統計局長官が任命されているという。

府のコントロール下にある連邦選挙庁が決定することは好ましくないという判断が上下両院合同委員会にはあった。そこで，独立第三者機関たる連邦選挙管理委員会を設立するとともに，選挙区画の再編は連邦選挙管理委員会に設置された州再区画委員会，拡大選挙委員会で専権的に決定することとなった。

このように，1983年改正法のきっかけは，選挙制度改正を目指したものであり，また，その議論の過程から議員定数の2割増がもたらされた。議員定数が拡大するため選挙区画の再編が不可欠となったが，それは現政権から独立した委員会で行うことが好ましいと国会の上下両院合同委員会が判断したことから，独立モデルに移行した。独立モデルに移行するきっかけが，世界的な潮流などといったものではなく，選挙制度改革の議論の中から，いわば瓢箪から駒の形で出てきたことが分かる。

(2) **委員会の組織および権能**

【連邦選挙管理委員会の構成】

連邦選挙管理委員会（AEC）は3人の委員（委員長＝裁判官，委員兼事務総長［行政官出身］，委員＝非司法分野）で構成される。委員兼事務総長のみが常勤である。連邦総督（Governor-General）が7年以内の任期で任命する（再任可能）。2013年時点の委員は表5-6の通りである。

委員会は選挙管理に関する最高意思決定機関であり，委員長が必要に応じて招集するが，実際の招集は年に10回程度となっている[18]。委員会は選挙区の再区画等の一部の事項を除き，その権限を委譲することも可能である。

【連邦選挙管理委員会事務局】

連邦選挙管理委員会は，全国事務局，各州支局，下院150選挙区ごとの選挙区支部があり，総計で約800人が勤務している。

全国事務局（national office）は首都キャンベラに置かれ，トップは委員兼事務総長の Electoral Commissioner。連邦政府の格付けでは，事務次官に相当する。彼を補佐するものとして，副事務総長（Deputy Electoral Commissioner）がおかれている。

各州には州支局（state office）（7つ）が置かれており，州支局長（Australian Electoral Officer for a State）が任命されている。支局長は各州における連邦選挙管理委員会の活動（連邦議会選挙やレファレンダムの運営を含む）の管理について責任を負っている。

事務総長，副事務総長，州支局長は選挙事務官（Electoral Officers）と称され，選挙法によって直接設置された常勤の官職である。選挙事務官は，連邦総督から任命され，任期は最大7年（再任可能）で，定年は65歳である。

選挙事務官以外の事務局員は，連邦公務員法の適用を受ける一般行政職員である。したがって，キャンベラの本部のスタッフも，事務総長と副事務総長を除くほとんどの職員は連邦の一般行政職員である。本部では，連邦選挙管理委員会全体の政策や手続きに関与する。選挙，選挙人名簿管理，選挙啓発，企画，情報技術，人事，法務，財務等の部署からなる240人が勤務している。

連邦議会下院の150選挙区ごとに選挙区支部（divisional offices）があり，選挙区選挙管理官（Divisional Returning Officer）が置かれ，当該選挙区内での選挙の運営，選挙人名簿の管理および一般公衆への周知について責任を負う。選挙区選挙管理官は連邦選挙管理委員会事務総長，連邦選挙管理委員会州支局長の指揮に従う。

なお，連邦選挙管理委員会は，各州が行う州上下院議員選挙やその他の投票，地方レベルの選挙等にはまったく携わらない。また逆に，連邦議員選挙や国民投票の際に，州レベルの選挙管理委員会や，地方自治体を利用するということもまったくない。連邦選管と州・地方とは完全に分離独立している（日本の地

方自治体が国政選挙を法定受託事務として請け負う融合型をとっているのに対して，オーストラリアの場合は完全な分離型である。この点，カナダにおける選挙管理制度に類似している）。ただし，選挙人登録名簿は，連邦選挙管理委員会と州選挙管理委員会とで共有されている。

連邦選挙管理委員会は主な所掌事務として，(1)選挙人名簿の管理，(2)選挙の執行およびレファレンダムの実施，(3)選挙に関する教育および情報提供，(4)選挙に関する事項についての調査，助言，および支援，(5)海外の選挙およびレファレンダムの支援，(6)政党登録，公費補助，財政公開の運営，(7)選挙区の再区画を担っている。

(6)の業務としては，事務局の法務・法令遵守部の資金・公開課が，政治資金の監督に関する事務を担っている。また，政党登録，公費補助および財政公開に関する事務を行う。

財政公開に関する事務としては，政党および候補者等から提出された資金の収支等に関する報告書の公開事務に加え，報告書の監査や調査に関する事務がある。

なお連邦選挙管理委員会の発出する報告書としては，年次報告書と選挙報告書がある。

州レベル，地方レベルの選挙――ニューサウスウェールズ州の場合

州議会議員選挙および地方自治体の選挙は，州政府の選挙管理委員会（連邦選挙管理委員会の州支局とは無関係）が執行する。2012年からは，各自治体が独自に選挙事務を執り行うことができることとなったが，独自に行うことに移行した自治体はまだ少なく，ニューサウスウェールズ（NSW）州全体でも152自治体のうち14自治体だけにとどまっている。[19]

実際はNSW州選挙管理委員会の事務局の規模は大きくないので，選挙の都度，選挙管理官（Returning Officer）を任命する。NSW州全州レベルの選挙（州議会上院議員選挙や下院議員選挙など）では，93の選挙区に93人の選挙管理官を任命している。

地方選挙では，2012年選挙の場合，152の自治体があるが，63の選挙管理官を任命し，1人の選挙管理官に2つ以上の自治体を担当させている。

選挙管理官や投開票事務を含む選挙事務を行う職員は，原則として，この選

挙のために公募され，採用される。当該自治体の職員は採用されない。採用されるものは，学校の教師や元公務員など多様であり，選挙事務の経験は必ずしも求められない。

地方自治体選挙に関する費用は，NSW 州選挙管理委員会が各自治体に請求し，各自治体がそれを支払う。

3　ニュージーランド

概　観

1840 年にイギリスの植民地となったニュージーランドは，1852 年に憲法法（Constitutional Act）を制定し，国民代表議会の創設と選挙区を定めることを規定した。そこでは，選挙結果に関する争訟の裁決権を国会に与えた。1853 年に初の選挙が実施され，選挙人登録制度がスタートしている。1854 年に初の議会が開催された。1870 年には秘密投票制が導入され，1879 年に 21 歳以上のすべての男子に選挙権が付与され，1893 年には世界で初めて女性参政権が付与された。このように世界の選挙の現在のスタンダードについて，ニュージーランドにおいては 19 世紀末までに実現している。

さらに，1880 年に選挙結果に関する争訟の裁決権を最高裁判所に移し，また，1887 年には区割り権限を政治の影響から切り離すため非党派の Representation Commission を創設し，区割りに関して政治が操作できないようにするなど，19 世紀後半には，選挙区割りや選挙結果の争訟に関して国会の関与を排除している。区割委員会を政治から切り離すのは，カナダでは 1964 年，オーストラリアでも 1983 年になって初めてなされたことに鑑みると，まな板の上の鯉に包丁を握らせないという当たり前だが今日でも多くの国で成功していないことについて，ニュージーランドでは 19 世紀末までに成し遂げていることが特筆される。

1924 年には強制選挙登録制が開始している。その後，1996 年には投票方式が，FPP から MMP へ移行している。そして，選挙管理機関について，2010 年選挙管理修正法で中央選挙管理委員会への統合がなされ，2010 年 10 月 1 日，新生選挙管理委員会（NZEC）が発足している。さらに，2011 年選挙管理修正法により，2012 年 7 月 1 日に選挙登録官を新 EC へ統合することにより，独

表5-7　ニュージーランド略年表

年	
1769年	ジェームズクックによる発見・上陸（1642年にタスマンによる陸地確認）。
1840年	先住民マオリ族との間にワイタンギ条約成立（英国植民地）→欧州から移民本格化。
1852年	Constitutional Act　国民代表議会の創設と選挙区を定めること規定。選挙結果に関する争訟の裁決権は国会に与える。
1853年	初の選挙，選挙人登録制度の開始。
1854年	初の議会。
1870年	秘密投票制。
1879年	21歳以上のすべての男子に選挙権。
1880年	選挙結果に関する争訟の裁決権を最高裁判所に移す。
1887年	区割り権限を政治の影響から切り離し。非党派の Representation Commission を創設（区割りは政治が操作不可）。
1889年	財産の多寡による複数投票制の廃止。
1893年	女性参政権付与（世界で初）。選挙権付与年齢の変遷（1969年20歳以上，1974年18歳以上）。
1924年	強制選挙登録制の開始。
1947年	英連邦自治領から独立。
1951年	一院制に移行。
1974年	選挙権・被選挙権を18歳以上に引下げ。
1996年	投票方式，FPP から MMP へ移行。
2010年	選挙管理修正法→中央選挙管理委員会への統合　2010年10月1日　新 EC。
2011年	選挙管理修正法→2012年7月1日，選挙登録官を新 EC へ統合。11月26日，国民投票（MMP の是非：57％が現行制度維持を選択）。

立の選挙管理委員会が完成した。

基礎的な事項
(1)選挙制度

　ニュージーランドは一院制をとっており，議員定数は120人である（選挙区70人程度で比例区（全国1区）は120人から選挙区の数を引いた数となっている）。南島の定数を16と定め，北島はそれの人口比で定められ現在47，他にマオリ選挙区7があり，全部で70となる（南島と北島の人口比が変われば，北島の定数が増減し，その分，比例区の定数が減る）。

　1993年までは FPP（First Past the Post）をとっていたが，1993年法改正により MMP（Mixed Member Proportional. 小選挙区比例代表併用制）に代わり，1996

年総選挙から MMP による総選挙となった。

なお，比例区における5％条項というものがある。これは，比例区の議席配分にあたって，比例区得票率が5％未満又は小選挙区で1議席も獲得できなかった政党には配分しないというものである。

(2)選挙権

18歳以上でニュージーランドに1年以上居住経験あるニュージーランド永住権保持者に選挙権がある。ニュージーランド国民に限定されておらず，永住権を有した外国人にも選挙権がある。そのため，選挙啓発のパンフレット類（「総選挙」早わかりガイド，有権者登録なんでもＱ＆Ａなど）もマオリ言語，サモア語などはもちろんのこと，フランス語，スペイン語，中国語，ヒンディー語，日本語など，24言語で用意されており，投票手続きなどを英語ではなく母国語で知ることができるように配慮されている。

1924年以来，強制登録制度をとっており，法律上登録が義務づけられていて，違反者には罰則（初犯100NZ＄，再犯200NZ＄）が科せられることになっているが，ヒアリングによると，過去にこの罰則が適用された例はないとのことである。登録率は2011年のデータで，94％となっている。登録は，投票日の前日まで可能である。

登録欠格条項として，国外居住の国民で過去3年間ニュージーランド滞在のない者，国外居住の永住権保持者で過去12カ月ニュージーランドに滞在のない者が挙げられる。

(3)被選挙権

被選挙権は，選挙権を有する18歳以上の者でかつニュージーランド国民でなければならない。ただし，1975年8月22日以前から選挙登録をしている者であれば，この限定は受けない。つまり，それ以前から登録していて選挙権を有しているものは，ニュージーランド国民でなくても被選挙権を有する（McRobie 2001：190-191）。

立候補に際しての供託金は300ニュージーランドドル（1NZ＄＝81円，2016年12月現在），日本円で2万4300円程度であり，日本の場合（300万円）の100分の1以下である。選挙区に立候補する場合，当該選挙区の総投票数の5％を得票できなければ供託金は没収される。1999年の選挙において67選挙区に678人が立候補したが，457人（67％）は供託金を没収されている。

表5-8 2011年選挙の際の選挙日程

2月2日	首相による日程アナウンス。
10月20日	国会解散。
10月25日	総督から選挙管理委員会に対して,選挙実施命令が出される。
11月1日	期日前投票開始。
11月18日	この日までに,EasyVote Pack が送付されてくる。投票管理票(EasyVote カード。住所氏名プリント済み,投票所リスト,期日前投票所リスト,政党リストが入っている。
11月26日	選挙日(土曜日)。選挙日は常に土曜日と定められている。この日に,選挙管理官(Returning Officer)による予備開票結果が発表される。
11月29日	この日までに再カウントの申し込み。→地方裁判所裁判官による再カウント→正式再カウント結果の報告。

(4)選挙区割り

5年に1度の国勢調査をもとに,区割り委員会(Representation Commission)が決定する。各小選挙区の人口は,南島,北島,マオリのそれぞれの議員1人当たり人口の上下5%未満としなければならない(1993年選挙法第36条,45条7項)。

区割り委員会(Representation Commission)は,(1)Surveyor-General(国土地理院長),(2)Government Statistician(主任統計官),(3)Chief Electoral Officer(選挙管理事務局長),(4)Local Government Commission(地方政府委員会)の議長と,(5)政府を代表する者,野党を代表する者の2人の合計6人で構成される。なお,マオリ選挙区を決定するに際してはマオリ省事務次官,マオリの子孫で政府と野党が推薦する者各1人の合計3人を追加する。

直近の区割りは2013年10月に開始され11月に提案がなされ,2014年4月に最終提言が出された。2014年,2017年総選挙はこの区割りで行われる。

(5)選挙日程および選挙実施

投票日程の流れは,表5-8のようになっている。

まず,首相が日程をアナウンスし,通例はその日程に沿う形で国会を解散し,総督が選挙実施命令を発する。

期日前投票は,投票日の17日前から250の期日前投票所で行われる。2011年総選挙の例では14.7%が利用している。期日前投票が利用できるのは,選挙当日に投票所へ行けないか,または,選挙区を離れる人である。

郵便投票は,事前申請(紙,FAX,e-mail,電話)の上,可能である。選挙権

を有する郵便投票者からの郵便が投票日の午後7時までに選挙管理事務所に返ってくることが必要条件となっている。

投票の8日前にEasyVote Packが送付されてくる。ここには，EasyVoteカード（住所氏名プリント済み），投票所リスト，期日前投票所リスト，政党リストが封入されている。9割近くがEasyVoteカードを使って投票しているという。

選挙当日は，最寄りの投票所を利用可能で，決められた投票所というものはない。また，事前申請をしておけば，（選挙区外を含む）国内のどの投票所でも投票が可能である。

投票困難者（老人ホーム入居者，入院患者）には選挙管理官が投票立会人を派遣して，当該場所において投票が行われる。

投票日の午前0時までに，候補者はすべてのポスター等のサインを取り外す必要がある。

全国で2655の投票所が設けられる。投票所として使われるのは，学校や公民館などが多い。

投票時間は，9時から19時までで，19時から開票が行われる。2011年選挙の場合，投票日には約2万人のスタッフが雇用されていた。

無効投票はきわめて少ない。また，split voting（比例と選挙区で別の政党を支持）が3割を超える。なお，投票率は2011年で74％であり，前回比5％ダウンとなっている。

(6) 在外投票

国外在住者の在外投票の方法は多様である。(1)期日前投票を利用する，(2)投票用紙をダウンロードしてFAXで送付する，(3)不在者投票申請を利用する，(4)在外公館にて投票する。(2)にあるように，FAXによる投票が認められている点が他国ではあまり見られない点である。

(7) 開票作業

まず，19時に投票を締め切ってすぐに，暫定開票が各投票所において行われる。この際，候補者や政党の立会人は開票に立会うことが可能である。

2011年選挙の場合，期日前投票等の結果は，20時30分までに96％が発表され，投票所投票の93％が22時前に発表されている。最終結果は23時58分に発表された。

翌日以降，公式開票が選挙区ごとに置かれた選挙管理官事務所にて行われる。立会人の立会，Justice of the Peace（総督が任命する「良き市民」）の立会がある。その後，再カウントの要求があれば，地方裁判所判事の監視のもとでの再カウントが行われる（McRobie 2001：192）。1999年総選挙で2つの選挙区で行われた。裁判官による再カウントの結果は，最終決定となる。

なお，首席選挙管理官による公式結果報告は，選挙2週間後の土曜日午後2時に行われる。

選挙管理委員会（New Zealand Electoral Commission：NZEC）（2012年設立）
(1)設立までの経緯

概観の項で触れたように，ニュージーランドでは選挙ガバナンスをつかさどる独立の選挙管理委員会が2012年拡大して再スタートしているが，それまでは3つの組織が選挙管理を担当していた。

まず第1に，主任選挙管理者（Chief Electoral Officer）およびその事務局である。国政選挙，補選，国民投票に関しての責任を有する機関で，司法省の一部門であった。国政選挙の年には70の選挙区に選挙管理官を任命し，選挙を執行する。候補者から寄付支出等の会計帳簿の提出を受ける。また，候補者，有権者，政党に選挙に関する情報提供を行うなど，広範囲の機能を担っていた。この制度ができたのは1970年代から1980年初頭で，それ以降CEOが選挙の責任者となってきた。

第2に，1993年選挙法改正でMMPに移行する際，国民に啓発が必要ということで，旧選挙管理委員会（Electoral Commission 1993-2010）が設立された。この組織は，(1)政党登録，(2)放送料の配分，(3)政党資金の監視，(4)市民啓発教育を担当していた。のちに創設された選挙管理委員会に比べて機能ははるかに小さい。

委員会の委員は4人で，議長，事務局長，司法省長官，マオリ土地裁判所首席判事から構成されていた（なお，以前は(2)放送料の配分の協議に際し，政府側，野党側から各1人が加わっていたが，小政党からの批判が強く，2007年選挙財政法により廃止されている）。

第3に，Electoral Enrolment Centre（選挙登録センター）がある。これは独立した組織で，司法大臣と契約を結んだニュージーランドポストの独立部門が

選挙登録事務をつかさどっていた

　以上の3つの組織が並立しており，多数のエージェンシーがあることは国民に混乱を来していた。これらの組織を1つにまとめるべきだという議論は常にあった(Norm Kelly 2007も参照)[20]。そこで，2010年法，2011年法により，新しい選挙管理委員会(NZEC)が創設されることとなった。

　新しい選挙管理委員会は，2010年選挙管理修正法(The Electoral (Administration) Amendment Act 2010)，同2011年修正法に基づき設立された。2012年7月に完成している。法律に基づく義務や機能，権限を発揮するに際して独立した機関とすることが好ましいということで政府から独立した選挙管理組織(EMB)として創設されたという[21]。また，オーストラリアやカナダ，イギリスの選挙管理機関との定期的な情報交換(ここ10年ほど，年に1度，4カ国の選挙事務局長が集まって情報交換を行うとともに，より下位のレベルで日常的な情報交換をしている)[22]から，他国での経験もその際の参考にされている。

　ニュージーランドの公的部門改革は1984年のロンギ労働党政権に遡るが，それ以来，NPM(ニューパブリックマネジメント)型の行政改革を進めてきた。民営化やエージェンシー化，各省庁事務総長と大臣が業績契約を結ぶ形態など，様々な改革を進めてきたが，1990年代以降になると，エージェンシーなどの行き過ぎた分散化により政府の総合性確保が難しくなるという課題が色々指摘されるようになってきた。1999年末に誕生したクラーク政権においては，マニフェストに掲げた国家部門の断片化の問題に取り組み，政府組織の再編統合へと舵を切り始めた(Gregory 2007)。選挙関連部門を統合再編して新しい選挙管理委員会が発足した背景には，このようなポストNPM時代における「政府の総合性の確保」への流れを汲むものとも理解できる。

(2)委員会の組織および権能
【委員会の構成】

　委員は，国会の推薦に基づき，総督が任免する。ただ，実質的には法務大臣が推薦しそれを国会がオーソライズする形となっている[23]。

　2013年3月時点の委員会の構成は表5-9の通りである。委員会は，1カ月に1回程度開催される。

　選挙管理委員会事務局は首都ウエリントンにのみ存在する。常勤換算24名のスタッフとこぢんまりとした組織である。地域組織は通常時はもたないが，

表5-9　ニュージーランド中央選挙管理委員会の委員構成

議長 (Chairperson)	非常勤	ヒュー・ウィリアムズ卿	元高裁所長，元高裁判事
委員兼事務局長 (Chief Electoral Officer)	常勤	ロバート・ピーデン	公務員出身。選挙管理分野に15年以上従事してきた経験がある。
副議長	非常勤	ジェイン・ユリア	会社役員，多数の政府審議委員を務めている。

次に述べるように，総選挙の前に任期付職員を段階的に増やしていく。

【選挙事務を支える人の調達――地域スタッフ（任期付き職員）】

2011年総選挙に関しては，2009年に5人の地域マネジャーを「2009～11年総選挙まで」の期間限定職員として雇用した。2010年末に70選挙区の選挙管理官を2011年総選挙までの期間限定職員として雇用した。そして，2011年初めに，その70人の選挙管理官が，選挙管理マネジャーと人的資源マネジャーを同年総選挙までの期間限定職員として雇用している。

2011年中ごろには，3カ月期限の事務所職員6299人を雇用した。そして，選挙日には1万9866人の臨時職員を雇用し，彼らが投票管理，開票に従事している。

結局，2011年総選挙のために，計2万3225人の職員を雇用した。

事務所職員は元公務員など様々である。投票日が土曜日のため，選挙日の臨時職員として雇用するのは学校教師が多い。[24]

【業務内容および権能】

選挙管理委員会は次のように，選挙管理に関して広範な業務を行う。

・総選挙，補選，レファレンダムの準備および実施。
・放送用の政府資金の政党間への割り当て。
・教育や情報を通じての選挙啓発。
・委員会へ付託された選挙関連事項に関し，大臣や国会に対しアドバイスをする。
・委員会により管理される選挙事項についての法的義務等に関し，政党，候補者，第三者に情報提供。
・選挙登録事務（2012年7月1日から）。ただし，ニュージーランドポストに委託契約をしている。

地方選挙

ニュージーランドには，広域自治体と地域自治体，統合自治体をあわせて86の自治体が存在する。ただ，地方における歳出は，政府全体の歳出の1割程度を占めるにすぎず，地方自治体の活動量は日本などに比べるとはるかに小さい。国家全体の規模が静岡県程度だということを考えると，地方自治体に移譲せずとも国が自ら行える規模といえる。自治体の業務はきわめて限定的であり，選挙事務に関しても，国政選挙はもちろんのこと，自治体議員や市長の選挙も，自治体の仕事ではなく，すべて選挙管理委員会（NZEC）事務局が行っている。

地方議員選挙，市長選挙等は，すべて郵便投票により行われる。3年に1度，10月の第2土曜日に行われることが決まっている。2013年，2016年に行われた。

通常，市長，市議会議員，広域自治体議員，地域保健委員会委員など，数種類の投票が同時に行われる。多数の郵便投票用紙が送られてきて，それに投票をして送り返すことになる。

選挙権は，住民だけでなく，当該自治体内に不動産を所有している者にも与えられている。

4　英連邦3カ国の比較

以上，3カ国における選挙事務の実態についてみてきた。最後に，これら3カ国を比較する形で見てみよう（表5-10）。

これら3カ国はいずれも立憲君主制をとっており，国王は現在クイーンエリザベス2世である。オーストラリアやニュージーランドの場合は，国王が常駐していないため，総督がその職務を行っている。国会について見ると，イギリスは二院制だが選挙が行われるのは庶民院のみ，オーストラリア連邦は二院制で上下両院とも選挙を行う。ニュージーランドは一院制である。

選挙区割りはニュージーランドが19世紀末以降非党派の区割り委員会を設けており，また，オーストラリアは1984年の連邦選挙管理委員会創設時から同様の非党派の区割り委員会を設けている。いずれも，国勢調査に基づき定期的な選挙区割り再編が行われている。これに対して，イギリスの場合はイング

表5-10 3カ国の選挙制度等の比較

	イギリス		オーストラリア		ニュージーランド
政体	立憲君主制		立憲君主制		立憲君主制
国会	二院制		二院制		一院制
	貴族院	庶民院	上院	下院	
議員定数	807人	650人	76	150	120
選出方法	非公選	単純小選挙区制	大選挙区制（州で1区）	小選挙区制	MMP
		FTPT	優先順位付連記投票・委譲式	優先順位付連記投票	小選挙区比例代表併用制
選挙区割り		E, S, W, NIの4つの選挙画委員会（各4人構成）で見直し案を上呈。各委員会の委員長は下院議員が兼務するが出席はしない。各副委員長は判事で、会議を主宰。他の2人は、法律的な識見を有する者、地方行政について識見を有する者。650人から600人への定数削減に伴い見直しが、5年間延期された。	州再区画委員会が作成、公表。異議がある者は連邦選挙管理委員会に申し立て。異議を検討する拡大選挙委員会。州再区画委員会の構成は、連邦選挙管理委員会事務総長、州支局長、州測量長、州会計検査長の4人。拡大選挙委員会は、州再区画委員会メンバーから連邦選挙管理委員会の事務総長が抜け、かわりに他の2人の委員が入った5人。		非党派の区割り委員会（representation Commission）が行う（1887年以降）。メンバーは、国土地理院長、主任統計官、選挙管理委員会事務局長、地方政府委員会議長、政府を代表する者、野党を代表する者の6人。5年に1度の国勢調査の結果をもとに、各小選挙区の人口の差は平均の5％未満にする必要あり。
選挙権	18歳以上の英国市民、英連邦国等で英国内居住（1969年に21歳から引き下げ）（2003年、16歳への引き下げを検討するも消極的な結論。）		18歳以上のオーストラリア国民。1973年に21歳から18歳に引き下げ。		18歳以上でニュージーランドに1年以上居住経験のあるニュージーランド永住権保持者（ニュージーランド国民に限定されない）。1974年に21歳から引き下げ。
被選挙権	18歳以上で法定欠格条項等除く。2006年に21歳から18歳に引き下げ。		18歳以上のオーストラリア国民。1973年に21歳から18歳に引き下げ。		選挙権を有している者でニュージーランド国籍を有している18歳以上の者。1974年に21歳から引き下げ。
供託金	500ポンド		1000Aus$	500Aus$	300NZ$
囚人の選挙権	なし。（しかし、欧州人権裁判所の判決をきっかけに大論争。英国最高裁は認めず、下院の報告書は緩和を推奨。）		3年未満の刑の囚人は選挙権あり。2006年以降選挙権を剥奪していたが、判決で違憲と判断され、2011年に法改正。		なし。
義務制の有無	選挙人登録	任意（世帯別から個人別登録への変更）	義務的		義務的
	投票	任意	義務的		任意
中央選挙管理機関	選挙管理機関	国政選挙 各自治体（選挙課） / レファレンダム 中央選挙管理委員会	連邦選挙管理委員会		選挙管理委員会
	設立	19世紀 / 2000年	1984年		2012年
	選挙管理責任者	Returning Officer（各自治体の事務総長が多い） / Chief Counting Officer（中央選挙委員会事務局長が就任するのが通例）	選挙管理委員会州支局長	連邦選挙管理委員会委員長	選挙管理委員長
	委員会の構成	10人。委員長を除き非常勤。地域代表4人、政党代表4人、その他1人。	3人。委員長は裁判官で非常勤。委員兼事務総長は行政官自身で常勤。もう一人の委員は非常勤で非司法分野から、現在は統計局長官。		議長は元高裁所長で非常勤。委員兼事務局長は常勤で公務員出身。もう一人の委員は非常勤の副議長で民間出身。
	事務局	140人	800人		24人
選挙管理機関（地方自治体議員等選挙）	各地方自治体（ただし、ごく一部の機能については中央選挙管理委員会も）		州議会議員選挙 各州の選挙管理委員会	市議会議員選挙 州選挙管理委員会。ただし、一部の市は自ら選挙管理（NSW州の場合）。	（中央）選挙管理委員会
選挙に関する争訟	選挙裁判所の管轄。高等法院の女王座部から2人の判事が選挙裁判官として選出される。地方議員選挙の場合は、法廷弁護士経験15年以上の者の中から5人以内が選挙裁判官により任命される。		選挙結果裁判所が管轄する。これは連邦最高裁判所が自らなるか、または、訴えが起こされた州最高裁に移管するかを選択する。		最高裁判所が判断（1880年以降）。

ランド，ウェールズ，スコットランド，北アイルランドのそれぞれの選挙区画委員会は，すべて庶民院議長が議長を兼ねている。2015年時点で650ある選挙区の一票の格差は5倍を超えており定数を600人に削減して選挙区割りを抜本的に見直すとした法律も施行が延期されている。

選挙権，被選挙権はいずれも18歳以上となっており，ニュージーランドの場合は選挙権には国籍要件が課されていない。イギリスは選挙権について英連邦市民で英国内居住者に付与している。

供託金はいずれも10万円未満となっており，日本の300万円に比べるとはるかに少額であって立候補へのハードルは低い。

囚人の選挙権に関してみると，オーストラリアは歴史的に1年以内の受刑者には認めてきたが，2006年にこれをまったく認めなくした。しかし，連邦高等法院の違憲判決が出たため，2011年以降3年未満の受刑者には認めることとしている。ニュージーランド，イギリスにおいては認めていないが，イギリスの場合は，国内で大きな論争を呼んでいる。

選挙人登録および投票の義務制について見ると，オーストラリアはいずれも義務を課して違反者には罰金を課す。ニュージーランドは登録は義務的だが投票は任意，イギリスはいずれも任意である。

選挙に関する争訟は，いずれも裁判所の管轄となっており，中央選挙管理機関は判断に関わらない。

選挙管理機関について見ると，オーストラリア連邦およびニュージーランドにおいて選挙管理委員会が設立され，中央選挙管理機関としての機能を果たしている。イギリスにおいては，伝統的に政府モデルの選挙管理が地方自治体政府を中心に行われてきた。しかし，2000年に選挙委員会が設立され，レファレンダムに関する中央選挙管理機関としての役割と，議員選挙に関しての一定の機能とを果たしている（混合モデル）。

最後に，冒頭の問いに対する答えを検討してみよう。近時，これら3国において，独立型の選挙管理機関が創設されているのはどういう理由からか，という問いであった。

これら3国のうちで独立型の選挙管理機関が設けられたのは，オーストラリアの連邦選挙管理委員会が1984年で最も古い。その設置根拠となった1983年選挙法改正は，選挙制度改正が端緒となっており，その議論の過程で議員定数

の拡大が決定し，そこから全国的に選挙区画を再編する必要が出てきた。その区画再編については，政府から独立した委員会で行うことが望ましいと国会の上下合同委員会が判断したことから，区画再編機能を有する予定の委員会全体が独立型として設置された。

次に設立されたのはイギリスの選挙委員会であり2000年PPERAに基づく。その背景としては，政党登録機関の必要性があったこと，政党資金の透明性を確保するという2つの目的があった。イギリスの場合，選挙管理事務自体は地方自治体に完全に依拠しており，混合モデルということができる。ただし，レファレンダムについては独立型モデルである。

最も新しいものは，2012年に設立されたニュージーランドの中央選挙管理委員会である。それまで3つに分かれていた政府型の機構を1つに統合し，独立型とした。ポストNPMの流れの中で政府機関の再編統合が進められる中での統合再編であった。独立型とした理由には様々な考慮があったとされるが，他国の動きが情報として参照された側面があったこと（政策波及）も否定しきれない。

注

(1) イズリントン市選挙事務局選挙・登録課長，Andrew Smith 氏（Head of Registration & Electoral Services, Islington Council）に対するインタビューより。2013年2月28日。

(2) 主たる改正法は次の通り。

2000年国民代表法（Representation of the people Act 2000）
・選挙人登録簿として，本来の登録簿と商業用登録簿の2つを作成。
　以前から選挙人登録簿が有償で販売されていた。→個人情報保護の観点から2種類作成。
・選挙登録事務の改善：年1回だったのを通年化した。

2006年選挙管理法（Electoral Administration Act 2006）
・被選挙年齢の引き下げ（21→18）。
・選挙人オンライン登録制度（CORE）の確立を目指す。
・郵便投票に個人認証標識（署名・生年月日）の記入が必要に。
・不在者投票（多くは郵便投票）に関連する多くの犯罪行為，選挙違反行為を規定。
・投票所に子供を連れていくことが可能に，外部の者の見学が可能に（途上国への選挙監視団派遣との関連で）。

2013 年選挙人登録及び選挙管理法（Electoral Registration and Administration Act 2013）2013 年 1 月
　・世帯ごとではなく個人単位による選挙人登録の導入。
　・下院の選挙期間を 17 日から 25 日に延長。
⑶　執筆時点ではまだ法律改正はされていないが，EU 離脱の決定により当然この点については変化があると推測される。
⑷　2009 年 10 月 1 日設立。2003 年上院の現代化を唱えるブレア首相が改革に着手し，2005 年の憲法改革法（Constitutional Reform Act 2005）に基づき，貴族院の常任上訴貴族の司法機能と枢密院司法委員会の機能の一部移管とにより設立された。
⑸　*The Guardian*, Oct. 16. 2013 'Prisoners' right-to-vote appeal rejected by supreme court: David Cameron describes dismissal of claims that EU law gives prisoners right to vote as 'great victory for common sense"
⑹　ヒアリングした選挙委員会の選挙管理局長も，囚人の選挙権についてはきわめて敏感で日本や他国における状況について逆に質問攻めにあった。
⑺　自治体でヒアリングした際には，どの自治体においても，従来の選挙事務局ではとても人員的に足らないと悲鳴をあげていた。
⑻　判事の Richard Mawrey は，「バナナ共和国のようで不名誉である」と発言している（Wilks-Heeg 2008：17）（*The Guardian*, Apr. 04, 2005 'Judge slates 'banana republic' postal voting system'）。
⑼　以下，この項の多くは，イギリス選挙委員会（EC）選挙管理局長へのインタビューによる。Andrew Scallan, Director of Electoral Administration，2013 年 2 月 27 日。
⑽　*BBC*, Jan. 15, 1999, 'UK Politics Registering the difference' *The Independent*, Jun. 14, 1994, 'The European Elections: Party Officials find literal truth is hard to take'.
⑾　上掲，Andrew Scallan 氏へのインタビューによる。
⑿　同上。
⒀　Electoral Commission（2016a），p. 27, 32, 46.
⒁　地方選挙事務局へのインタビュー。リッチモンド・アポン・テームズ市選挙事務局選挙課長 Angela Holden 氏（Electoral Services manager, London Borough of Richmond upon Thames），2013 年 2 月 28 日，および，英国選挙管理者協会理事長 George Cooper 氏（Chairman, Association of Electoral Administrators）へのインタビュー，2013 年 2 月 27 日などに基づく。なお，George Cooper 氏はハリンゲー市の選挙事務局長（Head of Electoral Services, London Borough of Haringey）を兼ねている。
⒂　オーストラリア連邦政府中央選挙管理委員会（AEC）へのヒアリングによる。

2013 年 3 月 12 日，（Australia Electoral Commission, Anna Robinson, Director of Elections ほか 2 名）。
(16)　下院で議決された法案が上院で可決されない状態が 3 か月以上続いたり，2 度否決されたりした場合，首相は総督に同時解散を申し出ることができる。この場合，総督は両院を解散し，同時選挙が行われる。この同時解散で選出された上院議員は，半分が 3 年任期となる。同時解散の例は多くなく，これまでに，1914 年，1951 年，1974 年，1975 年，1983 年，1987 年でそれ以来なかったが，2016 年に行われた。
(17)　倉田，2009，2011。
(18)　オーストラリア連邦政府選挙管理委員会（AEC）選挙局長らへのヒアリングによる。2013 年 3 月 12 日（Australia Electoral Commission, Anna Robinson, Director of Elections ほか 2 名）。
(19)　ニューサウスウェールズ州選挙管理委員会（NSW EC）委員長へのヒアリングに基づく。2013 年 3 月 13 日，Colin Barry, Electoral Commissioner。
(20)　ニュージーランド選挙管理委員会へのヒアリングによる。2013 年 3 月 15 日。NZ EC, Communication & Education Advisor, Richard Thornton。
(21)　同上，Richard Thornton 氏ヒアリング。
(22)　この点は，オーストラリア連邦選挙管理委員会，英国選挙委員会のヒアリングでも確認できた。
(23)　前掲，Richard Thornton 氏ヒアリング。
(24)　同上ヒアリングに基づく。

参考文献

（イギリス）
木村志穂（2011）「英国の政治資金制度」『レファランス』平成 23 年 12 月号。
小松由季（2011）「英国議会下院改革及び選挙制度改革等の動き」『立法と調査』321 号。
佐藤令（2013a）「諸外国における選挙区割りの見直し」『調査と情報—Issue Brief』782 号，2013.4.4。
佐藤令（2013b）「イギリスのインターネット選挙運動」『調査と情報—Issue Brief』805 号，2013.10.24。
自治体国際化協会（2011）「コラム：選挙事務の実際」『英国の地方自治（概要版）2011 年改訂版』44-48。
Association of Electoral Administrators, homepage,（http://www.aea-elections.co.uk/）
Association of Electoral Administrators, *Business Plan 2010 to 2014*, Association of Electoral Administrators.
Association of Electoral Administrators, *Code of Conduct for Officers and Employees of*

the Association, Association of Electoral Administrators.

Ballinger, Chris (2002) "The Local Battle, the Cyber Battle," David Butler & Dennis Kavanagh, *The British General Election of 2001*, Palgrave.

Blackburn, Robert (1995) *The Electoral System in Britain*, St. Martin's Press, ch.3.

Carter, Elisabeth, and David M. Farrell (2010) "Electoral Systems and Election Management," in Lawrence LeDuc, Richard G. Niemi and Pippa Norris eds., *Comparing Democracies 3 : Elections and Voting in the 21st*, Sage Publications.

Electoral Commission, the (2003) *How old is old enough? The minimum age of voting and candidacy in UK elections, Consultation paper*, July 2003,

Electoral Commission, the (2011a) *Annual report & resource accounts 2010/11* [HC 1395], The Electoral Commission.

Electoral Commission, the (2011b) *Referendum on the voting system for UK parliamentary elections : Report on the May 2011 referendum*, Oct 2011. The Electoral Commission.

Electoral Commission, the (2012) *Annual report & resource accounts 2011/12* [HC 489], The Electoral Commission.

Electoral Commission, the (2013) *Annual report & resource accounts 2012/13* [HC 382], The Electoral Commission.

Electoral Commission, the (2016a) *Annual report & resources accounts 2015/16* [HC 524], The Electoral Commission.

Electoral Commission, the (2016b) *The 2016 EU referendum-Report on the 23 June 2016 referendum on the UK's membership of the European Union*, The Electoral Commission.

Farrell, David M. (2011) *Electoral Systems : A Comparative Introduction-2nd edition*, Palgrave Macmillan.

Gay, Oonagh (2010) *Responsibilities of Returning Officers*, House of Commons Library, SN/PC/05302, 28/Jan/2010.

Greenwood, Ellie (2006) "The United Kingdom : Electoral Modernization," in Alan Wall et al, *Electoral Management Design: The International IDEA Handbook*, IDEA.

Kavanagh, Denis & David Butler (2006) *The British General Election of 2005*, Palgrave.

Rosenblatt, Gamma, Phil Thompson and Davide Tiberti, on behalf of the Electoral Commission (2012) "The Quality of the Electoral registers in Great Britain and the Future of Electoral Registration," *Parliamentary Affairs*, 65.

White, Isobel and Charley Coleman (2011) *Postal Voting & Electoral Fraud*, House of Commons Library, SN/PC/3667, 22/Jun/2011

White, Isobel (2014) *Prisoners' voting rights*, House of Commons Library, SN/PC/1764, 15/Jan/2014

Wilks-Heeg, Stuart (2008) *Purity of Elections in the UK : Causes for Concern*, The Joseph Rowntree Reform Trust Ltd.

(オーストラリア)

木村志穂「オーストラリア選挙委員会の政治資金監督機能」『レファランス』2010年2月号。

久保信保・宮崎正寿『オーストラリアの政治と行政』ぎょうせい, 1990年。

倉田玲「自由刑と選挙権(上)(下)――オーストラリア選挙法の新局面」『立命館法学』2008年5・6号(2009年3月)。2011年3号(2011年10月)。

Australian Electoral Commission (AEC) (http://www.aec.gov.au/)

Australian Electoral Commission (2009) *Annual Report 2008-09*, 2009.

Australian Electoral Commission (2011) *Annual Report 2010-11*, 2011.

Bennett S. and Lundie R. (2007) *Australian electoral systems* (Parliamentary Library Research Paper) Parliament of Australia.

Farrell, David and Ian McAllister (2005), *the Australian Electoral System : Origins, Variations and Consequences*, New South Wales University Printing Ltd

Kelly, Norm (2007) The Independence of Electoral Management Bodies : the Australian Experience, *Political Science*, 59 :2, Dec 2007.

Maley, Michael (2001) The Australian electoral commission : Balancing independence and accountability, *Representation*, 38 : 1, 2001.

McAllister, Ian (2009) 'Elections and Electoral Behaviour', in R.A.W.Rhodes ed., *The Australian Study of Politics*, Palgrave Macmillan.

Orr, G (2004) "Australian Electoral Systems : How Well Do They Serve Political Equality?" *Democratic Audit of Australia Political Science Program Report No. 2*

(ニュージーランド)

安田隆子(2012)「ニュージーランドの選挙制度に関する2011年国民投票」『レファレンス』2012年5月号。

Electoral Commission (2005) *Briefing to the Incoming Minister 2005.*

Electoral Commission (2013) (http://www.elections.org.nz/) *Annual Report of the Electoral Commission 2012.*

Gregory, Robert (2007) "Theoretical Faith and Practical Works : De-autonomizing and Joining-up in New Zealand State Sector," in Tom Christensen and Per Lægreid eds, *Autonomy and Regulation*, Edward Elger.

McRobie, Alan (2001) "Elections and the Electoral System," in Raymond Miller ed., *New*

Zealand Government and Politics, Oxford University Press.
Ministry of Justice 選挙のページ http://www.justice.govt.nz/electoral
Norm Kelly (2007), 'The Independence of Electoral Management Bodies : the Australian Experience,' *Political Science*, Vol. 59, No. 2, Dec.
Royal Commission on the Electoral System (1986) *Report of the Royal Commission on the Electoral System : Towards a Better Democracy*, Government Printer, 1986.

ヒアリング先一覧
(イギリス)
イギリス選挙委員会 (EC) 選挙管理局長：2013年2月27日　午前9時25分～10時50分
　Andrew Scallan, Director of Electoral Administration
イギリス選挙管理者協会理事長：2013年2月27日　午前11時50分～13時10分
　George Cooper, Head of Electoral Services, London Borough of Haringey
　Chairman, Association of Electoral Administrators
イズリントン市選挙事務局選挙・登録課長　2013年2月28日　午前10時～12時
　Andrew Smith, Head of Registration & Electoral Services, Islington Council
リッチモンド・アポン・テームズ市選挙事務局選挙課長ほか1名　2013年2月28日　午後2時～3時45分
　Angela Holden, Electoral Services manager, London Borough of Richmond upon Thames
　Stephanie, Assistant Electoral Services manager, London Borough of Richmond upon Thames
(オーストラリア)
オーストラリア連邦選挙管理委員会 (AEC) 選挙局長ほか2名　2013年3月12日，9時50分～11時20分　Australia Electoral Commission,
　Anna Robinson, Director of Elections
　Dr.Male Damon Muller, Assistant Director of Research
　Bronwyn Shelley, Director of International Services
ニューサウスウェールズ州選挙管理委員会 (NSW　EC) 委員長　2013年3月13日，10時～11時55分
　Colin Barry, Electoral Commissioner
オーストラリア国立大学　Uhr教授　2013年3月12日，14時～15時
　ANU, Professor John Uhr, Director, Center for the study of Australian Politics
(ニュージーランド)

ニュージーランド選挙管理委員会（NZEC）広報研修アドバイザー　2013年3月15日，10時〜11時50分
New Zealand Electoral Commission, Communication & Education Advisor, Richard Thornton

第6章　アメリカ連邦レベルの選挙管理
───アメリカ投票支援法（HAVA）から10年───

松 本 俊 太

1　連邦政府による選挙管理とその限界

　アメリカ合衆国（以下，アメリカと略記）においては，選挙を行うルールは州憲法を中心とする州法によって定められ，その実施も州政府がその任を担う。連邦の公職者を選ぶ選挙においてもそれは例外ではない。このことによって，州や地方によってその実施の実態に統一性がないことによって問題が生じたり，選挙管理に問題のある州や地方が選挙結果全般に影響したりといった，様々な弊害が生じうる。そして，そのような問題が一気に顕在化したのが，2000年大統領選挙の開票結果をめぐる一連の混乱であった。

　これを受けて，2002年に連邦議会においてアメリカ投票支援法（Help America Vote Act：以下，HAVAと略記）が成立し，それを実施するために，連邦選挙支援委員会（Election Assistance Commission：以下EACと略記）が設置された。ところが，本章を脱稿した2016年9月下旬の時点において，EACが当初期待された機能を十分に果たしていないことはもちろん，EACの廃止を定める立法が議会において行われるまでに至っている。ここで生じる問いは，なぜその必要性が広く認識されて設けられた行政組織が，その意図どおりに機能していないのか，である。

　本章は，この問いに答えるべく，以下の通り議論をすすめる。第2節では，EMBを中心としたアメリカの選挙管理の制度に関する基礎的な知識と，2000年大統領選挙までの制度改革の歴史を簡単に紹介する。第3節と第4節は，HAVAの制定とEACの設置の経緯から本章を脱稿した2016年9月時点までのEACをめぐる経緯を記述する。そして第5節において，EACの活動をめぐる問題と，その原因の説明を試みる。ここでの筆者の結論は，「選挙管理が党派的な争点へと変化していること」であり，その根本は，「元来アメリカの

選挙管理が党派的に行われていること」である。第6節で，今後のアメリカの選挙管理とこの分野の研究に関する展望を述べることで，本章の議論を締め括る。

2　HAVA 制定以前の状況

連邦制と合衆国憲法

　EMB を中心としたアメリカの選挙管理については，アメリカの研究者による文献こそ，この 10 年ほどの間に増加しているが[1]，日本語による紹介はそれほど多くない。そこでまず，アメリカの連邦レベルの選挙管理に関する基礎的な知識を，主にアメリカの初学者向けに書かれた概説書（たとえば，Fife 2010, Shea 2013）に基づいて概観する[2]。

　アメリカの選挙管理について論じるための出発点は，アメリカが連邦制を採用している（正確に言えば，連邦よりも先に州が成立している）ことを理解することである[3]。選挙管理についても連邦制の理念が大きく反映されている。合衆国憲法第 1 条第 4 節は，「上院議員および下院議員の選挙を行う日時，場所，方法は，各々の州においてその立法部が定める」ことを，同第 2 条第 1 節において，大統領の選出について，「各々の州は，その立法部が定める方法により，その州から連邦議会に選出することのできる上院議員および下院議員の総数と同数の選挙人を任命する[4]」ことを，それぞれ規定している。つまり，連邦の公職者（連邦議員および大統領）を選ぶ選挙を含めて，選挙管理のルールを規定するのは，州憲法を頂点とする州の法律であり，さらに州法によって与えられる行政の裁量なのである。選挙の実施や有権者教育といった現場レベルの選挙管理もまた，州の出先機関である郡（county）や，法人格を与えられている地方自治体（municipality）が担う（以下，郡と地方自治体をまとめて「地方政府」と表記する）。こうした地方政府レベルの EMB が与えられる裁量の幅も，州憲法以下の州の法律や，州の EMB の指導によって決まる。以上より，アメリカの選挙管理の仕組みは，州政府ごと，あるいは地方政府ごとにきわめてバリエーションが大きいものになっている。これがアメリカの選挙管理の基本である。

　とはいえ，アメリカの法体系は，州の法（憲法を含む）が連邦の法に抵触する場合は，連邦の法が優先するのであり，選挙管理についても例外ではない。

合衆国憲法第 1 条第 4 節は,「連邦議会は何時でも,（中略），法律によりかかる規則を制定し,または変更することができる」と定めている。現に,第二次世界大戦後の連邦レベルの選挙管理の歴史は,これもあらゆる連邦と州の関係と同様,連邦の権限が拡大する歴史といってよい（たとえば,Fife 2010, Chapter 1)。

連邦レベルの改革の歴史

 その具体的な改革の方向性は 2 つである。1 つは,形式・実質両面における投票権の保障を志向する改革である。その代表は,連邦による選挙管理の権限拡大の契機となり,現在でも連邦と州の関係の根幹を規定している,1965 年投票権法（Voting Rights Act of 1965）である（詳細は,安藤（2000））。同法は,1950 年代より始まった公民権運動を締め括るものとして,リンドン・ジョンソン（Lyndon B. Johnson）政権において成立したものであり,読み書きテストをはじめとする,人種等に基づく投票権の侵害の禁止の実効性を担保させることが,最も重要な事柄である。EMB を論じる本書全体の関心からすれば,その手段として,司法長官や連邦の査察官（examinee）が,州政府にかわって有権者登録を行うことや,指定された地域で選挙制度が変更される際には連邦司法省の事前承認が必要であることを定めた点が重要である。これまでは,州の選挙管理が連邦の法に抵触する場合は,もっぱら司法によって解決が図られていたのが,それに加えて,連邦の行政部が日常的に州政府に関与するようになったのである。その他にも,1972 年合衆国憲法修正 26 条によって選挙権を獲得できる年齢として各州が設定できる上限を 18 歳に引き下げたことや,1986 年軍務及び海外在住市民不在者投票法（UOCAVA：Uniformed and Overseas Citizens Absentee Voting Act）によって,いわゆる在外投票（overseas voting）を可能にする制度を各州に義務づけたことが,この系譜の改革として位置づけられる。

 もう 1 つの改革は,投票率の向上を試みるものである。1993 年に成立した,通称,「モーター・ヴォーター法」と呼ばれる,「全米有権者登録法」（National Voter Registration Act of 1993）がこれにあたる。アメリカでは,選挙に先立って,有権者本人が選挙人としての登録手続を行うことが投票の要件とされる。この有権者登録制度は,19 世紀後半以降,不正投票や投票日の混乱を避ける

べく，各州で導入されたものである。ところが，この有権者登録に手間がかかることが投票率が低い原因であるという議論が20世紀後半に起こり，その解決策として，州レベルでの改革にとどまらず，連邦の法によって有権者登録手続を簡略化すべく，同法が制定された。これによって，州政府は，自動車免許の取得や更新，あるいは，社会保障番号の登録と同時に有権者登録を行えるようにすることや，郵送による有権者登録を可能にすることが義務づけられたのである。

3 2000年大統領選挙とHAVAの成立

HAVAの立法過程

以上のような改革は行われたにせよ，選挙管理の主体は，依然，連邦ではなく州であり，その実務は州や地方政府のEMBによって担われている。アメリカの政治文化（とくに植民地時代の名残を残す北東部）の1つの特徴として，政治はローカルなところから積み上げてゆくものであるとの考え方がある。少なからぬアメリカ人にとっては，選挙管理に統一的な基準がないことは，むしろ自然なことなのである。

この統一性のなさを問題にし，その改革を目指したのが，戦後第3の主要な改革ともいえる，2002年に成立したHAVAであった。その最初の原動力は，先に見た投票権の保障や投票率の向上という理念の延長よりもむしろ，突発的な事件，すなわち2000年大統領選挙をめぐる一連の混乱であった。2000年11月7日に行われた大統領選挙をめぐる混乱とは，直接的には，フロリダ州において25人の選挙人を獲得する候補者が共和党ジョージ・W・ブッシュ（George W. Bush）候補と民主党アル・ゴア（Al Gore）候補のいずれであるかただちに確定できず，それに伴って，大統領戦全体の勝者も確定できなかった問題を指す[7]。同年12月12日に，この問題に関わる訴訟（ブッシュ対ゴア事件）について，連邦最高裁判所が，フロリダ州で行われていた票の数えなおしを憲法違反であるとの判決を下すことでブッシュの勝利が確定するまでの1カ月以上の間，票の数えなおし作業や各種の訴訟が行われるなどといった混乱が続いたのである。

この一連の混乱によって明るみになった問題は，主なものに限っても，(1)投

票技術や投票用紙のデザインの問題，(2)投票の方法に関する統一的な基準の欠如，(3)選挙人制度（Electoral College），(4) EMB のトップ（州務長官など）の党派性，(5)裁判官の党派性，(6)投票不正の問題，(7)積極的投票権の侵害の問題と多岐にわたる。くわえて，このブッシュ対ゴア事件において，連邦最高裁判決が「法の平等保護」を定めた修正 14 条を適用したことは，連邦の選挙について何らかの統一的な基準を設けることが必要と裁判所が判断したと解することが可能であった。選挙に関する法を定めることができる唯一の機関である連邦議会が，何らかの対応を行わねばならないことは自明であった。

2001 年 5 月 10 日，下院行政委員会のボブ・ナイ（Bob Ney：共和党・オハイオ州）委員長と，少数党筆頭委員のステイニー・ホイヤー（Stany Hoyer：民主党・メリーランド州）は，超党派で選挙法の改正法案を作成・提出することを表明した。上院でも同じような立法を行うことについて，上院規則行政委員会のクリス・ドッド（Chris Dodd：民主党・コネチカット州）委員長と少数党筆頭委員のミッチ・マッコネル（Mitch McConnel：共和党・ケンタッキー州）を中心とした超党派で合意が得られた。(8) 同じ時期に，議会の外でも，連邦レベルの選挙管理の改革を求める政策提言が，元大統領のジェラルド・フォード（Gerald Ford：共和党）とジミー・カーター（Jimmy Carter：民主党）を中心とした超党派で行われており（National Commission on Federal Election Reform 2001a；2001b），その提言のいくつかは，HAVA においても採用された。

改革案をめぐる最大の対立軸は，党派をクロスするものであった。それは，連邦政府の役割や権限をどの程度まで拡張させるかという問題であった。統一的な基準を連邦が定めることは必要であるとする推進派に対し，反対派は，理念には理解を示しつつも，州政府主体の選挙管理の伝統を覆すのは難しいし，コストも行政機構も選挙管理の事情も多様であり，そういった基準を設けることはできないという立場であった。最も強硬に法案に反対したのは，当然ながら，州政府や地方政府の関係者であり，公聴会において，連邦の役割は補助金の配分とガイドラインの設定にとどめるよう，反対論を展開した。いくつかの州では，2000 年大統領選挙の直後から，独自の選挙法改正に着手・実施しており，これも HAVA の反対論の論拠となった。

下院案 H.R.3295 は 11 月 15 日に下院本会議に提出され，12 月 12 日に下院を通過した（賛成 362 対反対 63；共和党：賛成 196 対反対 20；民主党：賛成 165 対反

対42；無所属：賛成1対反対1）。上院も翌2002年4月11日に下院案を99対1で可決した。下院案と上院案の主な違いは，上院案の方が州に対して厳格な統一的基準を求めることと，上院案の方がより多額の補助金を州に配分することであった。

　さらに両院協議会の過程で，改革案をめぐるもう1つの対立軸が浮上した。それは，有権者登録を厳格化する程度や，それに実効性をもたせるために連邦政府に与える強制力の程度などであった。投票を容易にすることと不正を難しくすることは，どちらも大事であることはすべての議員は承知していたものの，具体的な政策手段となると，投票を容易にするものは不正もまた容易にするものであり，逆もまた然りであった（Shambon 2004：428）。本章の議論にとってより重要なことは，この問題が党派的な対立軸となったことである。民主党は，黒人をはじめとするマイノリティが投票場において投票が認められなかったことなどを問題にし，積極的投票権の保障に力点を置いていた。逆に共和党は不正投票（主になりすましと二重投票）が疑われる事例が発生していた点を重視していた。これは，建前上は，政治参加の権利を重視する民主党と厳正な選挙を重視する共和党とのイデオロギー的な争いであるが，実際は，マイノリティの大多数は民主党に投票するので，これらに関するルールをどう設定するかによって投票結果が変わりうることによるものである。後述するように，この点が，現在のアメリカの選挙管理をめぐる党派的対立の根幹をなしているのである。

　両院協議会は難航したものの，10月になってようやく合意に至り，10月10日に下院が357対48（共和党：賛成172対反対37；民主党：賛成184対反対11；無所属：賛成1-反対0）で，16日に上院が92対2（反対票はいずれも民主党）で，それぞれ両院協議会案を承認し，10月29日，大統領の署名によりHAVAは成立した。ちなみに，Stewart（2014b：85-88）は，下院案と両院協議会案に対する下院議員の投票行動と議員のイデオロギーとの因果関係に関する計量分析(9)を行い，リベラルな民主党議員と保守的な共和党議員ほど，法案に反対票を投じる傾向にあったことや，元の下院案と連邦により大きな権限を与える両院協議会案との比較で言えば，民主党議員はより両院協議会案に賛成・共和党議員はより反対する傾向にあったことなどを明らかにしている。

第6章 アメリカ連邦レベルの選挙管理

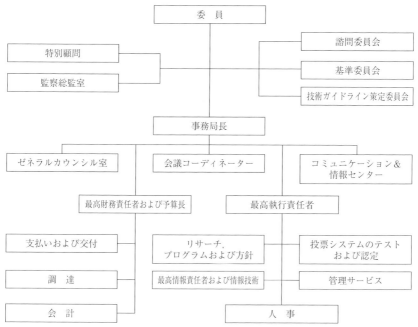

図6-1 EACの組織図
出典：EACウェブサイト（URL：http://www.eac.gov/translations/japanese/）

HAVAの主な内容

さて，HAVAの主な内容は，以下の3つに分けられる[10]。第1に，投票方式や選挙管理事務について，全米に適用されるべき最低限の基準を設定し，州政府の選挙管理を監視し助言することである[11]。投票方式については，パンチ・カード式やレバー式の投票装置を使用しないことや，後述のEACによる認証を経た投票装置を使用することを定めた。その選挙管理事務の基準としては，在外投票・暫定投票（provisional ballot[12]）・障碍者の投票支援を認めることや，州政府による有権者登録データベースの構築などといった，積極的投票権の保障に関わるものと，選挙不正の防止に関わるもの（初回の投票者に対して，有権者登録の過程で写真つきIDの提示を求める。運転免許証を所持していない有権者に対しては社会保障番号の下4桁の提示を求める）の両方が定められた。

第2に，投票装置の整備や投票作業員（poll worker）の訓練等のための補助金（3年間で総額約30億ドル）を配布することである。配布先は州政府であり，

153

使途についてはEACが州政府からの報告を受け取る形で監督するものの，州政府の裁量で地方政府に配分することも可能であるし，州政府が中央集権的に管理したり，州のEMBの人件費に充当したりすることも可能である。

第3に，HAVAを執行する独立行政機関（agency）として，EACが設置された[13]。その主な業務内容は，HAVAを施行するためのガイドラインの提示・州政府に対する連邦補助金の分配と管理・選挙管理の現状やベスト・プラクティス等に関する調査と報告・議会に対する年次報告書の提出とHAVAの進捗状況等の報告などである。HAVAだけでなく，モーター・ヴォーター法の執行状況についても，州政府への指導や調査報告を行うことが定められた。ここで重要なことは，HAVAの執行について，EACには法的拘束力を伴う規制を行う権限がほとんど与えられず[14]，あくまでも支援やアドヴァイスを行う組織として位置づけられたことである。次節以降でみるように，これが，EACが想定された通りに機能していない一因となる。

EACは4名の委員（commissioner）からなり，任期は4年である[15]。3名以上を同じ党から選出することは認められていない。実際には，上下両院の民主・共和両党の推薦に基づいて大統領が指名し，上院の過半数の賛成をもって承認される。委員長（Chair）と副委員長は，委員の互選によって選ばれる（任期1年）。EACの組織図は図6-1の通りである。

以上の規定は，投票不正に関するもののみ2003年1月1日に発効した。それ以外は2004年11月の大統領／連邦議員選挙までに実施されることが求められた（ただし，2006年1月1日まで実施が遅れることは許容された）。

4　HAVAの効果

HAVAの執行状況

では，HAVAの制定やEACの設立は，どのような帰結をもたらしたのか。まず検討されるべき事柄は，HAVAの執行状況である。これについては，HAVAの規定どおり，全米における選挙から，パンチ・カード式やレバー式の投票装置はほぼ姿を消し，光学スキャン式や電子式直接記録投票機（Direct-Recording Electronic voting systems：以下DREと表記）[16]による投開票が主流となった（たとえば，Kropf and Kimball 2012）。表6-1は，2000年から2010

表6-1　各郡で採用されている投票方式の推移　　　（単位：％）

	2000	2002	2004	2006	2008	2010
パンチカード式（Votomatic）	16.4	14.0	10.2	0.4	0.3	0.2
パンチカード式（Datavote）	1.4	0.8	0.5	0.0	0.0	0.0
レバー式	12.8	9.4	7.7	2.2	2.0	0.0
投票用紙式（手集計）	10.6	9.5	9.2	2.5	1.9	1.9
電子式直接記録投票機（DRE）（フルフェイス）	9.7	10.2	9.9	7.7	6.6	4.3
電子式直接記録投票機（DRE）（スクロール）	1.0	7.3	11.5	31.3	28.9	29.2
光学スキャン式（中央でカウント）	30.0	27.7	26.0	12.5	12.1	12.3
光学スキャン式（投票区ごとにカウント）	15.3	18.0	22.4	42.0	42.4	46.2
2種類以上の方式の併用	2.7	3.2	2.7	1.4	5.9	5.9

N=3,123
出典：Kropf and Kimball 2012, 29（日本語訳は筆者）

年にかけて，各郡で採用されている投票方式の変遷である。少なくともこの点においてHAVAは適切に執行されたと言ってよい。

これに対して，HAVAがそもそも意図していた，エラーの減少，積極的投票権の保障，不正投票の減少といった，選挙管理のパフォーマンスの向上は，評価が難しい。近年になって，選挙管理のパフォーマンスを定量的・客観的に測定し評価する試みがいくつか行われている。Gerken (2013) によるElection Performance Index (EPI) や，Caltech-MIT Voting Technology Projectを中心に行われているElection Administration and Voting Survey (EAVS) などである (Alvarez and Grofman 2014 ; Burden and Stewart eds. 2014。Pew Charitable Trust 2013も参照)。EACも地方政府のEMBを対象にしたサーヴェイである，Election Administration and Voting Survey (EAVS) を行っている[17]。このような試みは始まったばかりであり，現段階では実証に基づいた議論を行うことは難しい。とくに投票不正の有無はその存在からして水掛け論になりがちであるし，政治的にもセンシティヴなために，実証的な研究のハードルが高い[18]。

こういった留保をおいてもなお確実性の高い知見として，複数の先行研究が提示しているのは，投票装置の質の向上である[19]。一般に用いられる指標は，票の過不足（residual vote）の割合（residual vote rate）であり[20]，この値がHAVAの施行後減少している（Stewart 2014a。Damschroder 2013：196-198も参照）。その原因は，光学スキャン式の投票方式はパンチ・カード式よりもresidual vote rateが低いこと（Ansolabehere and Stewart 2005も参照）から，光学式やDRE

の普及によるものと言ってよいであろう。[21]

HAVA の意図せざる帰結

しかしながら，HAVA は，「制度の設計者が意図した通り」の帰結をもたらしたとまでは言い切れない。意図されていなかった（しかもそのいくつかは悪い）帰結を HAVA はもたらしたからである。

第 1 に，客観的・数量的には選挙管理の質は向上しているのかもしれないが，主観的には，選挙管理への不満がより噴出するようになったことである。これは主には，2000 年大統領戦以降，選挙管理に対する関心が高まったことが原因であろうが，それを改善するための HAVA が逆に引き金となっている面も否定できない。その典型が，投票装置や不正投票の有無に関する論争が再燃したことである（Stewart 2014b：94-97）。これはとくに，DRE を新たに採用するケースでみられた。最も問題になったのは，2004 年のオハイオ州での大統領選挙や，2006 年のフロリダ州サラソタ郡（第 13 区）での連邦下院議員選挙で発生した，DRE の不具合をめぐる事例である。また，DRE は，データの傍受や改竄といったハッキングが行われる危険性が，複数の研究機関や政府機関から指摘されている（梅田 2007：155-156）。[22]さらに悪いことに，投票装置を供給するのは民間企業であり，その市場の寡占化が進んでいる（Coleman and Fisher 2014：2-3）。

第 2 に，選挙管理をめぐる連邦と州や，州と地方政府との力関係に変化が生じていることである（Damschroder 2003：199-200）。連邦に対しても地方政府に対しても，州の EMB の権限が強くなったのである。これまでは，州政府は，州議会が選挙に関する法律や規則を定めることで地方政府を監督する形が基本であり，州議会は州の EMB に裁量を与えることに懐疑的であった（Montjoy 2008：789）。しかし，HAVA が導入されたことによって，HAVA の補助金が，連邦から州の EMB へと配分されるようになった。これに伴って，これまでは地方政府が行っていた投票方式に関する意思決定を州の EMB が行うようになった。問題は，その州の EMB のトップ（大半は州務長官）は，大半の州において，選挙によって選ばれる，あるいは知事に政治的に任命されることである。州務長官はいずれかの党に所属する政治家であり，選挙法や選挙管理に関する専門性によってこのポストに就く場合も多いが，中にはその上のポストを目指

すために州務長官を務めるケースもあり，その場合は業務の中立性に疑問が呈される。2000年大統領選挙におけるフロリダ州のキャスリン・ハリス（Katherine Harris）や，2004年のオハイオ州のケネス・ブラックウェル（Kenneth Blackwell）がその典型例である。

　第3に，州レベルでの選挙管理の改革が活発化していることである。州政府は民主主義の実験室（laboratories of democracy）であるとの自負は選挙管理についても例外ではなく，連邦ではなく州こそが良い選挙管理を行えることを示すために，自ら改革に乗り出すのもまた，他の政策と同様である。連邦による介入を拡大させたHAVAが，皮肉にも州の改革の火をつけた格好である。ところが問題は，この改革をめぐる議論がきわめて党派的なものになっていることである。近年各州で導入され，あるいは導入をめぐって最も争いが起こっているのは，投票場において資格確認を行う制度（多くの場合，事前に投票権を有することを示す，顔写真つきのIDカードを支給する方式）の導入である。資格確認の問題は，HAVAの立法過程において大きな争点となったものであり，連邦レベルで実現しなかったものが州レベルで党派的な争点になったのである。この制度は，低コストで投票不正の防止を図る有効な方法であるとしてこれを推進する共和党に対して，民主党は，ID取得に伴う証明書の取得や費用の支出が困難な有権者（若年層やマイノリティ）の投票権を侵害するものとして反発している。

　第4に，HAVA以降，選挙管理のコストが増大していることである。その最大の要因は，新たに導入された投票システムの維持費である（Damschroder 2013：198-199）。HAVAは直接的には，2003会計年度から2005会計年度までの3年間についてEACに資金を供給するものであったが，それ以降も年間1000万ドル以上の額が配分され続けている（Coleman and Fischer 2014：9-15）。新たな問題は，HAVAによって新たに導入された投票装置の老朽化が進んでおり，機械のメンテナンスだけではなく交換まで伴うとなれば，さらにコストを押し上げる要因となることである。連邦政府の財政状況は後述のように厳しく，投票装置の更改のための十分な補助金が提供されない場合は，財政能力をもたない地方政府ではHAVAの基準を満たすことができなくなることが懸念される。

EAC の機能不全

このように，HAVA が意図通りの帰結を生んでいない1つの側面として，HAVA を執行する組織である EAC の機能不全を位置づけることができる。EAC は，そのスタートから大きく躓いた（Montjoy and Chapin 2005）。まず，EAC が活動を開始する 2004 年の以前やその直後は，人員も予算も不足しており仕事が回らなかった。4人の委員の任命も遅れた。さらには，法の解釈をめぐって，連邦司法省の選挙部門（Voting Section）と権限が重複し，州政府は司法省に尋ねる事態になったのである。

EAC の存在意義は，発足当初から州政府によって疑念が呈されてきた。とくに州の EMB の政治的な意思決定を司るトップは，EAC に対して一貫して敵対的である。州務長官の団体である全米州務長官協会（NASS：National Association of Secretary of State）は，2005 年 2 月に，翌年 11 月の中間選挙の後に EAC の廃止を求める決議を行っており，2010 年 7 月と 2015 年 7 月にもこの決議の更新にあたるものとして，連邦議会に対して EAC に予算を配分しないよう求める決議を行っている[24]。

そしてついに EAC は，2010 年ごろから，組織存続の危機にさらされるようになっている。1つは，これも組織の脆弱さによるものである（Martinez 2013）。元々，委員会の意思決定は，議決に委員 3 人以上の賛成が必要であったため，民主・共和両党から 2 名ずつ代表される委員構成の下では議論が膠着する傾向にあった。さらに委員の補充人事が上手く進まなくなり，2010 年 12 月からは委員会の定足数（3人）が満たされなくなった。2011 年 12 月には残る 2 人も辞め，2014 年 12 月に 3 人の委員が上院で承認されるまでの間，委員がすべて空席であった。委員の定足数が満たされない間は，EAC の政策立案機能は完全に停止していた[25]。事務方のトップである事務部長（Executive Director）も 2011 年 11 月から 2015 年 11 月まで空席となっていた。このように補充人事が行われなかった理由は，議会共和党が人事を進めることに消極的なことである。後述するように，共和党は EAC を廃止する方向でまとまりつつある。職員の数も，2010 年の段階では 44 人であったのが，次第に減少している。

もう1つの危機は，2010 年中間選挙の結果を受けて，下院の多数党が 2011 年に共和党に交代してから，EAC を廃止することを目指す立法が行われるようになったことである。共和党は，下院管理委員会選挙小委員会（House Admi-

第6章　アメリカ連邦レベルの選挙管理

nistration Committee, Subcommittee on Elections）の小委員長グレッグ・ハーパー（Gregg Harper：共和党・ミシシッピ州）を中心に，EAC の廃止と連邦選挙委員会（FEC：以下 Federal Election Commission と略記）との吸収合併を定める法案を，2011 年に提出した。選挙管理を所管する小委員会の長が法案を提出することは，この法案が議会共和党全体の意思であることを示すものである。現にこの法案は，共和党主導の下院で可決し，次の会期でも 2013 年に同様の法案が下院に提出され，委員会を通過し本会議に報告されている（審議されず廃案）。2015 年 1 月に始まった第 114 議会でも，開会早々に同様の立法が提出された。

5　なぜ EAC はその意図通りに機能していないのか

　以上の歴史的経緯や先行研究を踏まえ，本章冒頭に提示した，「なぜ EAC はその意図通りに機能していないのか」という問いに対して説明を試みる。結論を先に要約すれば，第 1 に，2000 年大統領選挙は，選挙管理の制度や運用によって選挙結果が変わりうることを強く認識させるものであり，これによって開いてはいけない箱が開いてしまった。これに拍車をかけているのが，他ならぬ HAVA や EAC の制度設計であり，選挙管理の質の向上に意識的になろうとすればするほど，選挙管理をめぐる党派的対立を深めることになってしまうという悪循環が生じている。第 2 に，さらに 2000 年代後半以降，移民問題や財政や連邦制といった別の党派的な争点と関連づけられることで，EAC という組織自体が，それを廃止するか強化するかをめぐって，党派的な対立の種になっている。第 3 に，逆に党派的な EMB がなくならない理由は，アメリカの政治文化に求められることである。

理由 1：EAC の制度設計
　前述の通り，EAC は元々強い権限をもたない組織として設計された。EAC 設立時に委員を務めた Martinez（2013）によれば，他の連邦のエージェンシーとは異なり，EAC は規制を行う権限をほぼ有しない。州や地方の選挙管理に対して EAC が影響を及ぼすには，選挙管理に関する情報センター（clearinghouse）の役割を果たすことで，間接的に改善を促す他にない。そのような制度設計になった理由は，HAVA の立法過程において，厳格な選挙管理を求め

る（主に）共和党からの主張と積極的投票権の拡大を求める（主に）民主党からの主張との綱引きの結果である。両者の落としどころとして，両方についてある程度のことを定めはしたものの，あまり具体的な基準を法律上は定めず，後の裁量に委ねたのである。第3節でみたように，HAVAの立法過程は会期末直前まで膠着した。このことから分かるように，これが最大限の妥協であったのである。

　このような微温的な改革によって成立したHAVAとEACは，結果，法解釈やその運用について，党派的な対立の余地を残してしまった。具体的には，第1に，連邦が統一的な基準を定めるにせよ，そこに厳正な選挙管理と積極的投票権の保障のどちらを重視するかという問題が生じている。HAVA成立後，具体的なガイドライン（たとえば暫定投票を認める基準）の設定の段階で，EACは両者からの圧力にさらされているのである。第2に，EACは州政府に対する強制力がないがゆえに，先述のような選挙管理の制度や運用をめぐる党派的対立が州で生じるようになったことである。

　Kropf and Kimball（2012）は，HAVAはアメリカの選挙管理の問題を投票技術に矮小化してしまったものであり，そこに大きな問題が生じていると論じている。それは第1に，投票技術に起因する無効票以外の原因で訴訟が多発していることである。主には，HAVAによって導入が定められた暫定投票や不在者投票（absentee ballot）などの問題である。これは地方レベルのEMBがある程度の裁量をもっていることによる。第2に，したがって，アメリカの選挙管理の真の問題は，HAVAが触れなかった，EMBの党派性の問題である。すなわち，いくら客観的な指標からみた選挙管理のエラーが減ったとしても，主観的には，とくに党派性の強い有権者や各種団体は満足しなくなったのである。

理由2：2000年代後半の変化と，EAC改廃をめぐる党派的な争い

　以上のような状況に加えて，2000年代後半から，共和党のEAC廃止論の新たな原動力となる，アメリカ政治全般に関わる変化が2つ生じている。これらによって，共和党はEACを廃止する方向で固まりつつあるのである。

　1つの変化は，合法・不法移民（とくにヒスパニック）の増加と，それに対する共和党支持者の反発である。まず移民の問題自体が，バラク・オバマ（Barack Obama）大統領が推進する包括的移民制度改革法（既にアメリカ国内に居

住する不法移民に市民権を与えることを柱とした移民法の改革法案）が 2014 年に廃案になったり，その後オバマ大統領が行政命令（executive order）で対応したことに共和党が反発したりと，きわめて党派的な争点になっている。移民問題をめぐる党派的対立の先鋭化は，選挙管理の党派的対立の原因でもあり結果でもある。ヒスパニックの大半は民主党の支持層であり，ヒスパニックの合法・不法移民投票を促す制度変更を行うことは，共和党にとっては選挙の勝敗に直結する問題であるが故に，共和党は厳格な選挙管理と厳格な移民政策をともに志向するのである。

もう1つの変化は連邦政府の財政状況と，これと密接に関わる「ティー・パーティー運動」（Tea Party movement）との関係である。ティー・パーティー運動とは，2009 年春ごろより始まり，2010 年中間選挙をピークとする社会運動であり，ほぼ経済争点のみに関して保守的な変革を主張するものである。[26] 選挙管理との関連では，財政再建と州権の強化の2点において，EAC の存続に反対している。つまり，連邦の財政が逼迫している中で，本来州の仕事である選挙管理に対して連邦政府が州政府に補助金を出したり口を出したりすることは，どちらも正しくない，という立場である。ティー・パーティー運動のピークは，2010 年中間選挙であり，多くの共和党議員がその支持を受けて当選を果たしたことから，ティー・パーティー運動の影響力は無視できない。HAVA が成立した 2000 年代前半は，州権の強化はある程度は党を割る争点だったのが，今ではすっかり共和党の主張になっているのである。

逆に民主党からは，EAC に新たな役割を担わせようとする動きが出てきている。それは，FEC との統合に積極的な意義を見出す議論であったり，EAC の権限強化であったりする。下院行政委員会・少数党筆頭委員のロバート・ブレイディ（Robert Brady：民主党・ペンシルヴェニア州）らは，2013 年に，選挙支援委員会改善法（EAC Improvements Act）を提出した。この法案は，EAC の権限の強化（たとえば，投票場が基準を満たしているかどうか調査することを州政府に義務づけること）を定めたものである。バラク・オバマ（Barack Obama）大統領も，憲法学者として，あるいはかつてシカゴでコミュニティ・オーガナイザーの活動に携わった立場として，EAC の廃止には否定的である。

Carmines and Stimson（1989）は，人種問題を題材に，従来党派をまたがる争点が漸進的に党派的な争点となってゆき，それが定着してゆくという，「争

点の進化」(issue evolution) という概念を提示している。そしてそのメカニズムの1つは，党派横断的な争点が既存の党派的な争点と結び付くことである。選挙管理について言えば，厳格な選挙管理と実質的な投票権の保障のどちらを重視するかという問題の根底には，人種や移民といったかつてより党派的になった争点が関わっていた。そこに2000年代後半になってティー・パーティー運動が登場したことによって，（少なくとも一時的には）財政や連邦制の問題といった問題も，きわめて党派的な争点へと変貌し，これらと関連づけられることによって，選挙管理はさらに党派的な争点になったのである。

理由3：アメリカの政治文化 vs.専門家による改革アイデア

以上のようなEMBの党派性の根本は，アメリカの選挙管理全般の特殊性，もっと言えば，アメリカにおける「法」と「政治」の関係の文化的・規範的な特殊性に起因する。López-Pintor (2000) による，世界のEMBの分類に従えば，アメリカの大半の州や地方政府で採用されているEMBは，「政府モデル」に分類される。しかしその実情は，他国の政府モデルとは大きく異なる。選挙管理に関わる公職者は，有権者から選挙によって選ばれたり，選挙で選ばれた公職者から政治的に任用されたりするのであり，さらにEMBのトップは，ほとんどの場合民主・共和いずれかの党に所属している。そういった政治的・党派的な選挙管理を支えているのは，他の国では政治的に中立な立場に立つ人がジャッジを行うような事柄であっても，それを政治参加の一種として捉え，「素人の叡智」を信頼して尊重する（池上 2009：181）という規範である。これは選挙管理にかぎらない。アメリカは，たとえば州や地方政府の裁判官を選挙で選ぶのが当たり前の国なのである。

ただし筆者は，いわゆる文化決定論に与するものではない。どの程度このような規範が徹底しているかは場所によっても時代によっても異なる。現に，超党派あるいは党派から独立した委員会をEMBのトップに据えている州も10州程度存在している。また，政治学において「アイデア」の役割を重視する理論潮流は，2000年大統領選挙のように，これまでの制度の正統性が揺らぐような変化が生じた場合，その変化への解決策をうまく提示したアイデアが影響力をもつことを論じている。その原動力として重要なアクターが，専門家である（たとえば，Hall ed. 1989；Kingdon 1995；Goldstein and Keohane 1993）。選挙管

理の専門家は，改革を訴えるアドヴォカシーはもちろん（Commission on Federal Election Reform 2005：49-53），法律家の間でも，EMBのトップに党派性をもたせないようにする制度（典型的には超党派のメンバーで構成される選挙管理委員会）への移行が提唱されている（たとえば，Elmendorf 2006）。実証的な政治学もまた，アドヴォカシーや法律家と共同研究を行ったり，改革論の前提となる客観的な知見を提供したりすることによって，少なくとも暗黙のうちにこのようなアイデアにコミットしているといえよう。世論もまた，この形態を最も支持している（Alvarez, Hyde and Llewellyn 2008）。このように，2000年大統領選挙から現在までに至る選挙管理の混乱や党派的な対立は，中立的あるいは専門的な改革の原動力にもなっていることもまた指摘されるべきである。

6　今後の展望と研究課題

　2000年大統領選挙の混乱を受けて超党派で成立したHAVAとそれを執行するためのEACが，十分な機能を果たすことができていない原因は，選挙管理が党派的な争点へと変化していることであり，その根本は，アメリカの選挙管理が党派的に行われていることである。これが本章の結論である。ただし同時に，それがすべてではなく，選挙管理をめぐる議論は，超党派的なEMBの設立を訴える動きも絡んで進んでいるのであり，EACの運営や改革についても，そのようなアイデアがいずれ影響力をもつ可能性はある。

　最後に，連邦レベルの選挙管理と，アメリカの選挙管理の研究のそれぞれについて，今後の展望を述べる。まず，前者について，HAVA自体はまったく無駄であったわけではないし，連邦政府が選挙管理の基準をある程度は設定することは，今後も続くであろう。第5節で論じたEACの廃止については，オバマ大統領はこれに否定的な姿勢を明確に示しているが，次の大統領の方針は現時点では分からない。また，共和党からの改革案も，EACという組織の廃止を盛り込んではいるが，EACの機能を連邦から奪うことまでは，今のところ考えられていない。さらには，HAVAによって導入された投票装置の老朽化がそろそろ始まっている。財源の問題や連邦と州の責任の所在の問題はあるにせよ，今更旧式のレバー式やパンチ・カード式に戻ることは考えられない。

　以上の展望を前提とすれば，アメリカの選挙管理の実証研究への課題は大き

く分けて2つである。1つは，本章中でも紹介した，定量的なデータの整備や分析を中心とした，HAVA の中長期的評価を継続することである。もう1つは，州レベルの研究である。選挙管理の権限を最終的に握るのは依然として州であり，他国との比較の可能性をもつのは州である。とくに今後筆者が研究課題としたいのは，州レベルの EMB の党派性と選挙のパフォーマンスとの関連である。州の EMB の党派性やその程度にも，地方に対する州の EMB の権限の強さにも，大きなバリエーションがある。こういったバリエーションはなぜ存在し，そしてそれはどういった意味をもつのか，先行研究は十分に検討していない。これまでの実証的な研究は，非党派的な EMB の確立の主張と密接に発展してきた。しかし，非党派的な EMB が良い選挙管理を行えるということは，議論の前提としてではなく，それ自体検証されねばならない課題であろう。あるいは，党派的な選挙管理は「悪い」といった規範論に踏み込むにせよ，それが，どういう意味において，どの程度悪いのかを検証することが，実証的な政治学者に与えられた課題であると筆者は考える。

注
(1) その契機は，本章でも紹介している 2000 年 11 月に行われた大統領選挙である。その直後の 2001 年に，カリフォルニア工科大学とマサチューセッツ工科大学によるプロジェクト（Caltech-MIT Voting Technology Project）が発足し，最近になって文献レベルの研究がいくつか出されている（たとえば，Alvarez, Hall and Hyde eds. 2007；Alvarez, Atkeson and Hall 2013；Alvarez and Grofman 2014；Burden and Stewart eds. 2014）。また，法学・政治学・実務にまたがる専門学術誌として，*Election Law Journal* が 2002 年に創刊されている。
(2) 選挙管理の中でも，政党や候補者の選挙資金については，連邦選挙運動法（Federal Election Campaign Act）の制定や，同法の改正に伴って設置された FEC を中心に，選挙管理全般からは独自に運営されている。この選挙資金に関する事柄については日本語でも十分に紹介されているので，本章では省略する。さしあたっては，大曲 (2007) を参照。
(3) したがって，本章の議論は，本書の他の章で採用されている多国間比較の理論枠組とはなじまないことに留意されたい。
(4) 日本語訳は，アメリカンセンター JAPAN のウェブサイト（URL：https://americancenterjapan.com/aboutusa/laws/2566/）記載のものに従った。以下，本章においては，インターネット上の引用はすべて，2016 年 9 月 21 日が最終閲覧の

⑸　具体的には，かつて人種差別的な選挙法を制定していた南部9州と，13の郡や町が指定されていた。1982年に修正された投票権法では，この規定の延長や，差別を招く可能性がある選挙制度が禁じられるとともに，過去10年の間に差別的行為がなかったと判断される場合は適用外（bail out）となることが定められた。

⑹　この修正の背景には，ヴェトナム戦争によって選挙権をもたない年齢の若者が徴兵されたことがある。

⑺　2000年大統領選挙の経過に関する詳細は，松井（2001）およびHasen（2012, Chapter 1）を参照。

⑻　以下，HAVAの立法過程の事実関係については，とくに断わりのない場合，議会専門誌の年鑑である *CQ Almanac* を参照している。HAVAの立法過程の先行研究として，Stewart（2014b：83-88）。

⑼　具体的には，議員の点呼投票の記録を元に作成された，DW-NOMINATEという指標である（たとえば，Poole and Rosenthal 1997）。これは議員の投票行動のパターンを要約したものであり，したがって厳密には，議員のイデオロギーというよりも，議員のイデオロギーと党への忠誠度が混在したものを表す指標として解されるべきものである。詳しくは松本（2017：第3章）。

⑽　さらに詳細な内容は，宮田（2003），Kropf and Kimball（2012：Chapter 1），Coleman and Fischer（2014：1-2）を参照。

⑾　ただし，オレゴン州とワシントン州は，HAVA以前から郵便による投票方式を採用しており，投票装置に関する規定は適用外である。HAVAは，郵便による有権者登録を行う場合の本人確認の基準については定めている。

⑿　暫定投票とは，有権者名簿に記載されていないなどの投票者を投票場で門前払いにするのではなく，暫定的な投票を認めて事後的に投票権の有無を確認するしくみである。

⒀　EACが設置される以前は，FEC内の部局である選挙管理局（Office of Election Administration）において，投票装置のガイドラインの設定やモーター・ヴォーター法の執行に関する業務が行われていた。

⒁　EACに与えられた規制の権限は，モーター・ヴォーター法に定められた，有権者登録の様式に関連する事柄と，商務省が所轄する国立標準技術研究所（NIST：National Institute of Science and Technology）と共同で，投票システムの研究施設を運営することのみである（Montjoy and Shapin 2005：625）。

⒂　最初の委員4人のうち2人のみ，任期2年である。また，1期のみ任期を延長することが認められている。

⒃　光学スキャン式は，有権者がマーク・シートにマークを書き込み，それをスキャ

ンする方式である。DREは，典型的には，タッチ・スクリーンに表示された選択肢を有権者がタッチし，それを集計する方式（要するに，銀行のATMで採用されているものと同じ方式）である。

(17) http://www.eac.gov/research/election_administration_and_voting_survey.aspx。

(18) 不正の有無についても実証的な研究が進んでいるが，見解が分かれている。そもそも不正の定義によってその評価も変わってくる。アメリカの選挙不正に関する最も包括的な研究である，Alvarez, Hall and Hyde (2008) は，単にある特定の場所や時代で法が不正と定めているものを不正と捉えるだけでは不十分であり，多様な地域や時代に共通する定義に基づいて不正を定義し，その定義に基づいて不正を測定可能な指標に置き換え，不正の有無をチェックすることを提唱している。逆に，Minnite (2010) は，意図的な不正があったという証拠を伴った事例は稀であることを論じ，むしろ不正があったとの訴えが党派的に行われるようになっていることを問題視している。

(19) 投票技術とその帰結に関する詳細な研究のリヴューは，Stewart (2011) を参照。

(20) residual vote とは，無効票の一種であり，n 個の選択肢（候補者など）に投票する選挙において n + 1 個以上に投票された票を overvote，n 個未満にしか投票されていない票を undervote という。residual vote rate とは，undervote と overvote の和を，投票者の総数（turnout）で割った値として定義されるものである。すなわち，residual vote rate が低いことは，それだけエラーが少ないことを意味する。

(21) ただし，レバー式については，少なくともニューヨーク州のデータではそのような傾向が見られないことや，従来から光学スキャン式を採用していた投票区でも residual vote rate は減少している（すなわち他の原因によっても質が向上している）などの留保はつく（Stewart 2014b, 89-90）。

(22) オハイオ州の2004年大統領選挙では，エラーではなく意図的な不正が行われた，あるいはそういった疑惑があるという言説が少なくない。しかし，中には陰謀論に類すると思われるものも含まれており，そうでないものとの線引きが難しいため，本章では紹介を控える。

(23) 有権者にIDカードの作成と提出を求めるルールに関する詳細は，西川 (2012) を参照。

(24) その論拠は，HAVAが定めた補助金の配分期間は3年であり，EACはその使命を終えたこと，EACが規制機関にまで発達するとHAVAの趣旨に反すること，そして州のEMBこそが選挙管理の改善に資するという主張である。NASSの決議は，NASSのウェブサイトから閲覧できる（URL: http://www.nass.org/about-nass/nass-resolutions）。

(25) その間，オバマ大統領は，選挙管理に関する大統領諮問委員会（Presidential

Commission on Election Administration）を組織し，政策立案をこの委員会に委ねた。この諮問委員会の報告書である，"The American Voting Experience"は，オンラインでの有権者登録の普及・投票場での待ち時間の短縮・タブレットやPCの利用などを提言している。この報告書はインターネットから入手できる。（URL：https://www.supportthevoter.gov/files/2014/01/Amer-Voting-Exper-final-draft-01-09-14-508.pdf）。

(26) ティー・パーティー運動の詳細は，久保編（2012）を参照。

(27) この改革の動きは，保守―リベラルとは次元が異なるイデオロギー対立である，ジャクソニアン・デモクラシー（Jacksonian Democracy）と革新主義（Progressivism）の対立として理解することが可能かもしれない。

参考文献（インターネット上のものはすべて2016年9月21日最終閲覧）

安藤次男（2000）「1965年投票権法とアメリカ大統領政治」『立命館国際研究』12(3)。
池上彰（2009）『そうだったのか！ アメリカ』集英社文庫。
梅田久枝（2007）「2002年アメリカ投票支援法の実施状況――電子投票制度導入問題を中心に」『外国の立法』231。
大曲薫（2007）「アメリカ連邦選挙委員会（FEC）の組織と機能――政治資金監督機能の強化を中心に」『レファレンス』No. 683。
久保文明編（2012）『ティーパーティ運動の研究――アメリカ保守主義の変容』NTT出版。
西川賢（2012）「有権者ID法は選挙結果に影響を与えるか？」東京財団現代アメリカプロジェクト・アメリカ大統領選挙UPDATE 8（URL：http://www.tkfd.or.jp/research/project/news.php?id=1050）。
松井茂記（2001）『ブッシュ対ゴア――2000年アメリカ大統領選挙と最高裁判所』日本評論社。
松本俊太（2017）『アメリカ大統領は分極化した議会で何ができるか』ミネルヴァ書房。
宮田智之（2003）「2002年選挙改革法」『外国の立法』215。
Alvarez, R. Michael, Thad E. Hall and Susan D. Hyde eds.（2008）*Election Fraud : Detecting and Deterring Electoral Manipulation*, Washington D. C. : Brookings Institution Press.
Alvarez, R. Michael, Thad E. Hall and Morgan Llewellyn（2008）"Who Should Run Elections in the United States?" *Policy Studies Journal*, 36(3).
Alvarez, R. Michael, Lonna Rae Atkeson and Thad E. Hall（2013）*Evaluating Elections : A Handbook of Methods and Standards*, New York : Cambridge University Press.
Alvarez, R. Michael and Bernard M. Grofman（2014）*Election Administration in the*

United States : The State of Reform after Bush v. Gore, New York : Cambridge University Press.

Ansolabehere, Stephen and Charles Stewart III (2005) "Residual Votes Attributable to Technology," *Journal of Politics*, 67(2).

Burden, Barry C. and Charles Stewart III eds. (2014) *The Measure of American Elections*, New York : Cambridge University Press.

Carmines, Edward G. and James A. Stimson (1989) *Issue Evolution : Race and the Transformation of American Politics*, Princeton : Princeton University Press.

Coleman, Kevin J. and Eric A. Fischer (2014) "The Help America Vote Act and Election Administration : Overview and Issues," *CRS Report RS20898*, December 17, 2014.

Commission on Federal Election Reform (2005) *Building Confidence in U. S. Elections : Report of the Commission on Federal Election Reform*.

CQ Almanac Plus : 2001-2002.

Damschroder, Mattew M. (2013) "Of Money, Machines, and Management : Election Administration from am Administrator's Perspective," *Election Law Journal*, 12(2).

Elmendorf, Christopher S. "Election Commissions and Electoral Reform : An Overview," *Election Law Journal*, 5(4).

Felchner, Morgan E. (2008) *Voting in America Volume 3*, Westport : Plaeger Publishers.

Fife, Brian L. (2010) *Reforming the Electoral Process in America : Toward More Democracy in the 21st Century*, Santa Barbara : Praeger.

Gerken, Heather K. (2012) *The Democracy Index : Why Our Election System Is Failing and How to Fix It*, Princeton : Princeton University Press.

Goldstein, Judith and Robert O. Keohane (1993) *Ideas and Foreign Policy : Beliefs, Institutions, and Political Change*, Ithaca : Cornell University Press.

Hall, Peter A. ed. (1989) *The Political Power of Economic Ideas : Keynesianism across Nations*, Princeton : Princeton University Press.

Hasen, Richard L. (2012) *The Voting Wars : From Florida 2000 to the Next Election Meltdown*, New Haven : Yale University Press.

Kingdon, John W. (1995) *Agendas, Alternatives, and Public Policies (Second Edition)*, New York : Longman.

Kropf, Martha and David C. Kimball. (2012) *Helping America Vote : The Limits of Electoral Reform*, New York : Routledge.

López-Pintor, Rafael (2000) *Electoral Management Bodies as Institutions of Governance*, UNDP.

Martinez, Ray III (2013) "Is the Election Assistance Commission Worth Keeping?"

Election Law Journal, 12(2).

Minnite, Lorraine C. (2010) *The Myth of Voter Fraud*, Ithaca : Cornell University Press.

Montjoy, Robert S. (2008) "The Public Administration of Elections," *Public Administration Review*, 68(5).

Montjoy, Robert S. and Douglas M. Chapin (2005) "The U. S. Election Assistance Commission : What Role in the Administration of Elections?" *Publius*, 35(4).

National Commission on Federal Election Reform (2001a) *Task Force Reports to Accompany the Report of the National Commission on Election Reform*, Charlottesville : Miller Center for Public Affairs and the Century Foundation.

National Commission on Federal Election Reform (2001b) *To Assure Pride and Confidence in the Electoral Process*, Charlottesville : Miller Center for Public Affairs and the Century Foundation.

Pew Charitable Trusts (2014) "Elections Performance Index." (URL : http://www.pewtrusts.org/en/multimedia/data-visualizations/2014/elections-performance-index).

Poole, Keith T. and Howard Rosenthal (1997) *Congress : A Political-economic History of Roll Call Voting*, Oxford : Oxford University Press.

Shambon, Leonard M. (2004) "Implementing the Help America Vote Act," *Election Law Journal*, 3(3).

Shea, Daniel M. (2013) *Let's Vote : The Essentials of the American Electoral Process*, Upper Side River : Pearson Education.

Stewart, Charles III (2011) "Voting Technologies," *Annual Review of Political Science*, 14.

Stewart, Charles III (2014a) "The Performance of Election Machines and the Decline of Residual Votes in the United States," In Burden and Stewart eds. 2014.

Stewart, Charles III (2014b) "What Hath HAVA Wrought? : Consequences, Intended and Not, of the Post-*Bush v. Gore* Reforms," In Alvarez and Grofman eds. 2014.

［付記］本章の内容の一部は，日本選挙学会2013年度総会・研究会（5月18～19日於京都大学吉田キャンパス）にて行った報告「アメリカ50州における選挙ガヴァナンス：聞き取り調査に基づく記述と仮説」である。また，本章の執筆の過程で聞き取り調査に御協力いただいた方々に，この場を借りて感謝申し上げる。

第Ⅲ部

選挙ガバナンスのパフォーマンス

第7章　フランス大統領選挙における選挙管理
——公正性をいかに確保しているのか——

玉井亮子

1　有権者と立候補者の権利を保障するために

　選挙を通じて有権者は自分たちの代表者を選出する。有権者は選挙によって政治的不満を表明できる合法的な権限行使の機会を持つことができ，社会のなかの対立を暴力で解決するといった選択を避けることができる。社会の安全弁としての機能を選挙は持ち合わせているのである。よって秘密投票による普通選挙の実施や選挙が実施され，各有権者が平等に扱われることは基本的自由（libertés fondamentales）の保障でもある。そして立候補者や政党にとって選挙とは，政治的な権力を勝ち取るための手法として戦略的な側面を持つ。選挙で当選した者は，新たな政治権力を獲得したり，今ある権力を維持することができる。また自身の持つ権力をさらに強化しようともするだろう。反対に，選挙の結果如何では，保持していた権力を失う者もいる。だからこそ有権者や立候補者の自由や権利の侵害が起こらないよう，選挙の実施・運営には事前準備から事後のチェックに至るまで細心の注意が払われなければならない。投票所の設営，立候補者間の平等の確保，有権者の投票の自由の保障，集会やメディアを通じた選挙活動への規制など選挙管理事務は多種多様である。有権者と立候補者の権利を守るために，それら事務が公正に効率よく行われることもまた選挙が実施されるうえで保障された権利でなくてはならないのである。

　フランスは1848年，国会議員選挙に男子普通選挙を採用し，候補者名簿や選挙人名簿の作成方法，選挙宣伝のあり方など，その歴史の中で選挙制度とともに選挙管理制度も構築してきた。また選挙法典（Code Electoral）の下，選挙制度の改正に挑み続ける国でもある。そこでその選挙管理システムへの検討を通じて，不偏不党性や選挙結果の妥当性を備えた公正性，といったシステムの運用上，重視される価値をどのように満たし，確保しているのかについて検討

する。すなわちフランスの選挙管理事務では公正性をどのように確保し，またそのように促す仕組みとはどのようなものかといった点について示すことを試みる。

そこで選挙管理制度のなかでも大統領選挙に関して取り上げる。大統領選挙以外の国政選挙や地方選挙，欧州選挙といった各種選挙管理の手法は，部分的に同じものもあれば，異なる部分もある為，大統領選挙管理についての検討がフランス選挙管理システム全体の解明にはならない。しかし大統領とは，フランス政治制度の「要石（clé de vote）」とされ，国家元首を選出する手続きがどのように管理運営されているのかを示すことで，そのシステムの特徴を部分的にではあるが示すことはできる。

フランス選挙管理システムをめぐる研究をみてみると，制度説明については日本語文献でも取り上げられてきた[3]。また地域研究の分野では，各国の選挙管理システムに関する比較検討対象国の1つとしてフランスも含まれる研究もある。選挙管理機関と執政府との関係を検討した分析によれば，フランスは実施部門と政策・監視部門の2つの部門から構成される選挙管理機関を持ち，二元的な構造を持つ混合モデルに当てはまると分類される。実施部門は政府部局や地方政府が分担しながら任務にあたり，政策・監視部門は政府から独立した機関が担うとされる[4]。

しかし選挙管理のガバナンスという視点からすれば，大西や曽我の指摘にもあるように，執政府からの独立性に加えて，選挙管理機関の専門性をどのような制度配置によって確保しているのか，またどのように選挙の公正性といった価値の達成が図られているのかを検討する必要性がある[5]。各モデルについて選挙管理ガバナンスについての検討はあるが，フランスについて詳細な考察は行われていない。そこでフランスの大統領選挙管理への検討を通じて，選挙管理の専門性や公正性をフランスはどのような制度を用いて確保し，促しているのかについて検討する。すなわち実施部門，政策・監視部門の党派性是正の鍵をフランスの事例から読み取るとするならば，選挙管理事務に関する複数の専門機関設置とその事務に法律の専門家が多く参加していることといった点に注目したい。これらの仕組みを通じて，選挙管理事務に関する多元的な専門性の確保と法的観点に基づく妥当性を伴った複数回の判断機会の保障が成立していると考える。これらの点を検討するために，大統領選挙に関する実施部門，政

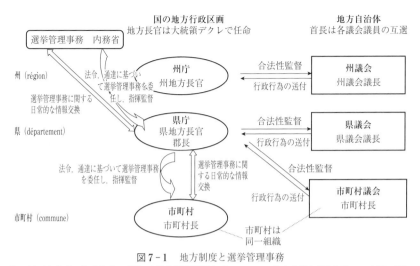

図7-1　地方制度と選挙管理事務

注：以下を参考に筆者作成。(財)自治体国際化協会「フランスの地方自治」『Clair Report』No.375, 2002年，144頁。植村哲「フランスの国の地方出先機関——その理念と最近の改革の動向」『地方自治』第748号，2010年，57頁。

策・監視部門の活動を示し，フランスの選挙管理システムの一端を明らかにすることを試みる。

2　大統領選挙に関する実施部門の活動とその特徴

　1962年11月6日法に基づき，1965年から大統領選挙に直接公選制が採用された。大統領選挙に関する選挙管理事務については，常設の組織や選挙実施の為の期間限定の組織といった複数の組織で業務が分担されている。また国と地方でも地方制度に沿った業務分担がなされている。フランスの地方制度は，州（région），県（département），市町村（commune）といった地方自治体，そしてそれらとは同区画ではあるが自治体組織とは区別された国の行政区画が置かれ，そこにそれぞれ州庁（préfecture régionale），県庁（préfecture de département），上記の庁の補佐組織の郡庁が設置されている。そして州と県にはそれぞれトップに地方長官（préfet）を置く。このように各地域，地方自治体と国の機関がならび立つように配置されているのがフランスの地方制度である（図7-1）。

　そして選挙管理実施部門に関する国の機関は，内務省（Ministère de l'Intérieur）である。大統領選挙管理事務に関しては内務省の選挙・政策研究部局と，県庁，市町村それぞれの選挙部局が実質的な事務部局となる。地方制度上，と町村は自治体であり，それ自身は国とは別の権利主体である。一方，市町村は自治体でありながら国の行政区画にもなっており，民選の市町村長（maire）に，国の代表者として処理する事務が一部課されている。選挙管理事務も国から市町村への委任事務になっており，選挙人名簿の維持管理，選挙の実施等は市町村レベルで事務が実施される。本節では大統領選挙をめぐる選挙管理事務について実施部門の活動を取り上げ，その概要と特徴を記す。(8)

実施部門の活動

　大統領選挙管理事務における市町村の業務については法令や通達（circulaire）で定められている。(9)選挙管理事務に関して市町村長は，国の機関の1つとして扱われ，実施機関として事務を担っているためである。(10)実際，選挙管理事務について市町村には県庁からの技術的助言はあるものの，地方レベルでは市町村と県庁との協力関係の下，選挙管理事務は行われている。たとえば各投票所での掲示物，投票用紙，封筒といった法令で定められた物品について，地方レベルでは県庁から市町村宛てに送付される。(11)くわえて内務省と県庁との協力関係もみられる。集計の暫定結果の情報収集においては，県下の投票所での集計結果は県庁で集約される。(12)その結果が県庁から内務省に送付され，内務省から全国の開票速報が公表される。このように各関係機関の連携の下，事務は実施されている。それでは以下，選挙人名簿管理，開票・集計作業を取り上げ，事務の具体的内容を示したい。

　フランス国籍を持つ18歳以上の者は，その居住地域に沿って選挙人名簿への登録が自動的に行われる。手続き後，市町村から該当者に有権者カード（carte électorale）が交付される。何らかの事情で名簿に登録されていないといった特別な場合を除き，通常，当該選挙が実施される年の前年の12月31日までに自身の居住する市町村において手続きを行うことで名簿に登録されることになっている。このように名簿調製は，市町村レベルで行われる。調製にあたって市町村は，国立統計経済研究所（I. N. S. E. E.）から国勢調査情報を受け取り，投票所ごとにその名簿が作成される。作業は年度ごとに各投票所単位に設置される管理委員会（commission administrative）が担う。複数の投票所を備え

る市町村では，各投票所の管理委員会のまとめ役として中央管理委員会が置かれる。[13]名簿調製に当たる管理委員会は3名で構成され，市町村長又はその代理人1名，地方長官あるいは郡地方長官が指名した行政代表委員1名，始審通常裁判所として一部を除く民事事件を扱う大審裁判所（tribunal de grande instance）により指名された代表委員1名により構成される。[14]市町村によって委員の構成は様々であり，委員会判断に党派性が混ざる可能性は否めない。

　次に開票・集計作業については，各投票所で一般に公開された形で行われている。投票所の構成員には投票所長は通常，市町村長，副市町村長，市町村議会議員が務めるとし，それが適わない場合は市町村長が市町村下の有権者から指名することになっている。[15]また投票所には当該市町村下の有権者のなかから少なくとも2人の補佐役（assesseur）と書記（scrétaire）が置かれるが，各立候補者が県内の有権者のなかから補佐役を指名する権利を持つ。さらに開票・集計作業は，投票所のメンバーの監視下，その場にいる有権者のなかから選ばれた開票立会人（scrutateur）によって公開で行われるが，各候補者は開票立会人を指名することもできる。このように一般的には市町村議会議員が投票所構成員に含まれると共に，その補佐や開票立会人は立候補者の関係者となる。よって党派性を帯びた者が選挙人名簿調製や投票所運営，開票・集計作業といった実施部門の事務に当たっていることになる。

実施部門の特徴

　制度配置という点から実施部門の活動の特徴を3つ記すならば，1つ目は，実際の事務を進めるにあたって，多くの事務作業を行政部局が担っているという点である。具体的に作業を進めているのは，中央では主に内務省，地方レベルでは国の機関である県庁と，自治体であって国の行政区画でもある市町村の選挙部局に所属する公務員たちである。また一連の業務は地方制度に沿って進められており，地方レベルで行われる作業の適正さは，県庁と市町村の関係性のなかで維持されている。この点を2点目として挙げる。大統領選挙管理に限らず市町村が担当している実施部門に関する諸々の選挙管理業務については，日常的に県庁との協力関係の下，処理されている。普段から中央の定めた基準が，地方レベルの機関を通じて全国一定レベル，維持できるような地方制度上の仕組みが，選挙管理事務にも活かされているのである。

そもそも国の総合的な出先機関である県庁のトップとは，一般的に国家公務員のなかから選ばれた地方長官である。第五共和政憲法第72条で「共和国の地方自治体において，国の代表は，政府の各構成員を代表して，国家的利益，行政監督，および法の尊重の責務を負う」と記された地方長官は大統領任命職であり，地方レベルの諸々の行政事務について事後的な合法性監督を行っている。市町村の担う選挙管理事務は，国から市町村への委任事務であるため，自治体活動としての地方議会の議決内容を県庁が判断するといった合法性監督の対象ではない。選挙管理事務は，各種法令に従って市町村が事務を行っているかどうかについて，県庁を通じたチェックが行われる。たとえば選挙人名簿調製作業は上記の管理委員会や市町村部局が担当するが，選挙人名簿の監督者は地方長官である。よって選挙管理事務に関しては，県庁は自身の実施部門の業務に加えて，法令の範囲内で国の行政区画としての市町村の事務を監督している。

しかし市町村は自治体でもあることから，選挙管理事務に限ったことではないが，事務の実施は県庁から市町村への一方的な統制をもって進められるのではなく，県庁と自治体である市町村との日常的な情報交換といった協力関係が基礎となっている。たとえば地域事情を考慮すべき項目は県庁アレテ（arrêté-命令）で定めるのが一般的であるが，選挙管理事務についても県庁から市町村に問い合わせをしつつ，アレテの内容が定められることもある。2012年大統領選挙では投票所が全体で6万5000ほど設置されたが，設置場所は県庁から市町村へ投票所の場所の希望を問い合わせ，市町村の要望を聞きながら決定が行われた[16]。またこのような両者の関係は選挙期間外でもみられる。市町村選挙管理部局は選挙期間外でも何かしらの選挙管理事務を抱えており，不明点について県庁の選挙管理部門担当者に頻繁に問い合わせる。また県庁で分からない事案があれば，県庁から内務省選挙部に問い合わすこともある[17]。つまり選挙管理事務が滞ったり，不正や過失に陥ったりすることが無いよう，県庁は市町村に，また内務省は県庁に，技術的助言を行うことで，地方レベルで効率的に一定水準の事務が維持できる仕組みになっている。よって実施部門の関係機関間で，いわゆる監視機能もみられる。

そして3点目として，事務実施にあたる委員会メンバーの構成と党派性との関係性についてである。先述の選挙人名簿調製にあたる管理委員会や投票所構

成員についても議員職にある者も含まれており，事務実施にあたるメンバーのなかには明らかな党派性を持つ者の存在を指摘できる。しかし事務の実施は行政部局が担っていたり，名簿調製に関する委員会には行政官によって指名された委員が入っている。また投票所構成員には党派の異なる者の混在が見られるなど，事務に携わる者たちの構成からは，党派性の偏向を軽減するような仕組みがみられる。つまり作業の公正性を，委員構成によって確保しようとする仕組みが整えられているのである。

3　政策・監視部門の活動とその特徴

選挙管理の政策・監視部門についてみてみると，実施部門とは区別された組織が各種，設置されている。これらの組織は，監視業務に特化した活動を担うものもあれば，監視機能に加えて政策立案に携わる組織もある。また常設のものもあれば，選挙時のみ設置されるものもあり，なかには県，市町村レベルに地方支部を備えるものもある。くわえて政府から独立した機関として専任の委員から構成される独立行政機関（autorité administrative indépendante）が担う事務もある。

そこで議論を整理する為に，大統領選挙に関する組織を常設の機関と大統領選挙時のみ期間限定で設置される機関とに分けて記す。そして各機関の活動の概要や構成員について記し，特徴の検討へとつなげたい（表7-1）。

常設機関――裁判所

フランスには法律審と事実審が区別しながらも破棄院（Cour de cassation）を頂点に置く司法裁判所の系列と，コンセイユ・デタ（Conseil d'État）を最終審とする行政裁判所の系列が存在する。会計院は会計に関する裁判管轄権を持つ行政例外裁判機関として位置づけられる。また第五共和政憲法では，司法権にも執行権にも属しない憲法院（Conseil constitutionnel）を設置している。大統領選挙に関する紛争は司法手続きに委ねられることがあり，その判断は，各裁判所機関の業務に沿って処理される。

一連の裁判所機関のなかで，大統領選挙管理全般について監視機関として位置づけられ，選挙管理事務についても政府からの諮問に応じて意見を答申する

第Ⅲ部　選挙ガバナンスのパフォーマンス

表7-1　大統領選挙に関して実施部門に対する監視機能を持つ機関

	機関名	大統領選挙に関する監視事務	関係法令
裁判所	憲法院	・大統領選挙全般の監視（特に選挙前後） ・候補者リストの策定 ・公式な投票結果の宣言 ・憲法院管轄の選挙争訟	第五共和政憲法 1962年11月6日法
中央レベル （独立行政機関）	選挙運動監視全国委員会 （期間限定）	・選挙期間中、立候補者の選挙活動が全国同一の条件で行われているかどうかを監視 ・関係機関との連携	2001年3月8日デクレ
	世論調査委員会 （常設）	・世論調査が規定に沿って行われているかどうかを監視	1977年7月19日法
	CNCCFP （常設）	・選挙運動収支報告書の監査	1990年1月15日法
	CSA（常設）	・候補者や政党関係者、その支援者らによるテレビ、ラジオでの発言時間を計測し、偏向報道が行われていないかどうかを監視 ・政見放送の監視	1989年1月17日法 2001年3月8日デクレ
県レベル （県、海外県、海外領土）	選挙運動監視地方委員会 （期間限定）	・県レベルでの選挙運動の監視 ・有権者へ選挙公報と投票用紙を送付する作業の監視 ・市町村役場への投票用紙、封筒送付作業の監視	1962年11月6日法 2001年3月8日デクレ
	投票調査委員会 （期間限定）	・県レベルで集計調書を2部作成し、そのうち1部を憲法院に送付	1962年11月6日法 2001年3月8日デクレ
市町村レベル	投票・開票監視委員会 （期間限定）	・市町村人口20,001人以上の場合に設置 ・投票事務所の設営、投票・開票・集計作業が適正におこなわれているかどうかを監視	選挙法典

註：以下を参考に筆者作成。Conseil constitutionnel [en ligne] *Quelles «commissions» peuvent intervenir pendant le déroulement des opérations électorales ?* n.d.

権限を持つのが憲法院である。そもそも憲法院とは第五共和政憲法によって設置された常設の裁判所であり、憲法裁判所として法律の憲法適合性審査を行い、国会の立法権を審査する機関となっている。それに加えて憲法院は、大統領選挙の一連の過程全般について監視機関として法律的判断を下す責任を負い、確定した投票結果を宣言する唯一の資格をもった機関となっている。

1958年の第五共和政憲法第58条は「憲法院は共和国大統領選挙の合法性（régularité）を監視する。憲法院は投票に関する異議申し立てを調査し，投票結果を公表する。」と記し，大統領選挙に関する監視機能を憲法院に定めた。その後，1962年11月6日法第3条，1976年6月18日組織法（loi organique n° 76-528 du 18 juin 1976）によって，大統領選挙において憲法院が担当する事務が大幅に見直された[19]。そして大統領選挙期間中，後述の選挙運動監視全国委員会（Commission nationale de contrôle de la campagne électorale）が選挙全般について実質的に監視機能の多くを担うこととなった。そして憲法院も，投票前や投票後の監視業務を担っている[20]。

憲法院は，立候補者推薦人の確認と各候補者への各推薦人数通知，候補者リストの策定，地方長官や市町村長といった関係各局への通達，調書や投票用紙のモデルの準備，秘密投票の保障，結果の公表，選挙運動に関する収支報告の監視など，他機関との協力の下，各種事務を担う。また地方での監視機能充実のために，憲法院は司法裁判所あるいは行政裁判所の裁判官のなかから各種委員を任命する[21]。

各種，監視事務を憲法院が担うこととなった背景は，その創設とも関係している。憲法院設置時，法律の合憲性や国会の立法活動に対する異議申し立てを扱う審査機関設置の必要性と共に，国会による国政選挙管理，運営のあり方について問題が浮き彫りになっていた。第五共和政憲法成立以前は，議会中心主義に貫かれた統治構造，立法権と行政権の分離徹底といったフランス政治の特徴を反映し，国政選挙に関する選挙管理の妥当性，各議会による議員の資格確認は国民議会と元老院の各議会が行っていた[22]。しかし政治的介入によって選挙結果の無効や選挙訴訟の不透明さが指摘されるなど，国会議員選挙をめぐるスキャンダルが相次いだ。つまり議会による国政選挙の管理のあり方が問題となり，公正な選挙の実現が課題となっていた[23]。そこで第五共和政憲法では憲法院を創設し，法律の合憲性審査，国民投票の適正な実施監督と共に，政党間の争いが選挙管理に波及することが無いよう，資格確認も含めて国政選挙に関する監視業務を国会から憲法院に移したのである。

一方で，憲法院は大統領選挙に関する訴訟の全てを扱うわけではない。各種裁判所組織の役割分担については，歴史的経緯のなかで整理されている[24]。当選無効，選挙運動費用に関する異議申し立て，事犯に伴う被選挙権の停止の判断，

といった項目を憲法院は担当しており，選挙結果の如何に影響が出るような不正に関する事案を管轄している。他方，民事や刑事の事犯については司法裁判所，行政事犯については行政裁判所で扱われる。たとえば，選挙人名簿への記載をめぐる訴訟について住所や国籍の記載といった民事上の身分や能力といった点が主たる内容の訴訟については通常の民事裁判で扱われるが，名簿を確定する委員会に対しての訴訟は名簿確定手続の適法性の判断となり，行政裁判所の扱いとなっている。

憲法院の評定官は，大統領，国民議会議長，元老院議長によって各3名が任命され，合計9名から構成される。任期は9年で再任はなく，3年ごとに3分の1が改選される。また元大統領は終身の構成員となるが，評定官と議員職は兼職できない。評定官の選出，任命は議員職にある者であり，評定官の政治的帰属が明らかである可能性が高い。実際，評定官には議員経験者が含まれ，議員経験から得た知見といった専門性を憲法院は備える一方で，法律の専門家としての職歴を持つ者もまた評定官となっている。

常設機関——独立行政機関

政策・監視部門を担う中央レベルの常設組織には，政府から独立した独立行政機関も含まれる。そもそも独立行政機関は，行政活動上の高度な専門性の充実が望まれたことと共に，行政自らがその活動に規制をかけることをも目的に設置されたものである。そして独立行政機関は法令の範囲内であるが，意見や勧告を行う権限を有し，違反者を処罰することも可能であり，機関独自で決定を行うことが出来る常設機関である。よって独立行政機関が選挙管理事務に携わっているということは，政策部門としての活動の専門性への期待と共に，対象とする活動を行政機関として監視し，不偏不党性，また公的自由を保障することがそれらの機関に託されていることをも意味するのである。

大統領選挙管理事務に関する独立行政機関には，世論調査委員会（Commission des sondages），選挙運動収支報告及び政治資金全国委員会（Commission nationale des comptes de campagne et des financements politiques-以下，CNCCFP），視聴覚高等評議会（Conseil supérieur de l'audiovisuel-以下，CSA）がある。しかし，これら独立行政機関の業務はいずれも，選挙関連業務に特化していない。上記の委員会全て，選挙関連業務以外の監視業務や，各機関の業務に関する調査，

研究も担っており,政策立案機能を持ち合わせている。その一方で,大統領選挙時には各種,規則違反の判断ができるとされており,その意味で監視機関の役割を果たしている。ただしその判断への不服申し立ては裁判所機関に対して行われる。以下,各独立行政機関の業務をみていこう。

　まずは世論調査委員会についてである。世論調査委員会はマスコミや研究所といった調査機関が規定に沿って選挙世論調査を適切に行っているかどうかを監視し,違反者に対して訂正命令や罰金刑を科すといった活動を行っている。(31)すなわち選挙関連の世論調査を行った機関には,委員会宛に調査目的や調査手法を提出することが義務づけられている。またこの委員会は,選挙の予測報道の調査方法についての研究機関としても活動している。世論調査の客観性や質を維持するための規則を委員会は提案することができ,法令として成立した規則を監督する権限も持つ。委員会設置の背景には1965年の大統領選挙実施以降,世論調査や偏向報道が投票行動に影響を及ぼすだけでなく,ある立候補者の辞退の原因が世論調査の結果を受けたものであるといった指摘がされたことにも由来する。世論調査やそれに基づくマスコミ報道のあり方とその政治的影響力の大きさが明るみに出るようになり,対応が議論されたのである。(32)そこで世論調査やそれに基づく投票予測に関する公表,放送を規制し,選挙の世論調査に関して調査機関が守るべき義務規定を記した1977年7月19日法(loi n° 77-708 du 19 juillet 1977)が制定され,それを受けて世論調査委員会は設置された。委員は閣僚評議会(conseil des ministres)デクレ(décret)により任命され,3年任期で更新不可である。コンセイユ・デタ,会計院,破毀院から各3名が委員として推薦されるが,彼らの多くが行政裁判官(juge administratif)や司法裁判官(magistrat)といった法律の専門官である。(33)それに加えて世論調査に関する有識者の2名も置かれ,合計11名で委員会は構成される。(34)報告書作成にあたって委員会は,世論調査に精通する国家公務員,司法裁判官,行政裁判官を雇用することができる。

　次に選挙運動収支報告及び政治資金全国委員会,すなわちCNCCFPについてである。CNCCFPの活動には大きく分けて2つあり,選挙運動収支報告書の監査と,毎年の政党から提出される年次会計報告書の監査を行っている。(35)いずれもCNCCFPは結果を公表する義務を課されている。また職務遂行に必要な調査については全て,CNCCFPは司法検察官に捜査を依頼することができ

る。そして対審の手続きを経て選挙運動費用収支報告書の却下や訂正，罰金刑を科すといった権限も CNCCFP は持っており，さらには報告書訂正後の選挙運動費限度額超過が明らかであったり，報告書が所定の期限内に提出されなかったりする場合は，選挙訴訟として該当者を提訴することもできる。[36] CNCCFP の判断に対して不服がある場合，立候補者は各種裁判所に提訴することができ，大統領選挙の場合は憲法院にも提訴することもできる。

　CNCCFP の出発点を探ると，1988 年 3 月に政治腐敗防止策の一環として設置された「政治活動の金銭的透明性に関する委員会（Commission pour la transparence financière de la vie politique）」にあたる。[37] その後，政治資金規正法が改正され，立候補者の選挙活動会計報告書を検査する機関として，1990 年 1 月 15 日法（loi n° 90-55 du 15 janvier 1990）に基づき，この委員会から分岐したのが CNCCFP である。一連の政治資金規正法が制定・改正された背景には，大統領や左右両党に対する政治資金疑惑が相次いで報道されたことがある。[38] 1980 年代の地方分権化政策による地方への多くの権限移譲を追いかけるかのように公共事業をめぐる疑惑が次々と報道されたことや，テレビ放送，出版物等を通じた広報活動が増加し，選挙広報費用も増大していったこととも，「政治とカネ」の問題が頻発する背景にあるとも言われた。[39] すなわち政権交代，保革共存政権の成立など政治状況の流動化や政策の変化のなかで，政治資金疑惑がスキャンダルとして報道され，その対応が政権に迫られた。そこで CNCCFP といった政治腐敗防止のための組織整備が行われたのである。[40]

　CNCCFP には 2016 年現在，9 人の専任委員が置かれている。コンセイユ・デタ副院長（Vice-président），破毀院院長（Premier président），会計院院長，の各人が 3 人ずつ委員の推薦を行い，それを受けて首相デクレにより委員が任命される。これら裁判所機関の現役あるいは名誉裁判官，裁判所付き弁護士が委員を務めている。任期は 5 年で更新可能である。委員会は事務局として公務員や契約職員を 30 名程度，常時，雇用している。事務局で勤める公務員の多くは，司法省（ministère de la Justice），財務省（ministère des Finances），内務省を経ての出向者や契約職員である。[41]

　そして視聴覚高等評議会，すなわち CSA についてである。CSA は放送・通信分野のテレビ・ラジオ放送に関する調査・監視機能を有している。検閲業務は行ってはいないが，放送倫理規定の提示，電波監理，フランス語放送保護等

がその任務とされている。違反者には罰金刑を含め、制裁を科すこともできる。CSAの勧告に対する不服申し立てはコンセイユ・デタ宛に行われる。そして大統領選挙に関するCSAの活動には、テレビ・ラジオ放送での政治家、立候補者やその関係者の発言を監視し、発言時間を計測するというものがある。選挙が実施される年の1月1日から3つの期間の区切りを設け、偏向報道になっていないかどうかを定められた基準に従って判断する。また選挙報道や政見放送が規則に沿って行われているかについても監視する。よってCSAは政治の多元主義（pluralisme）尊重すると共に、立候補者間の公平性をその活動を通じて保障する機関とされている。

他機関同様、幾度かの組織再編をCSAも経験している。民間放送局の参入を認めた1982年の放送法によって、国の放送独占原則は廃止された。それに伴い、商業放送の許認可、政治から放送への干渉を監視、規制する機関の必要性から当初、「視聴覚コミュニケーション高等機構（Haute Autorité de la communication audiovisuelle）」が設けられていた。この機関は1986年9月30日法による組織改革によって「コミュニケーションと自由のための国民委員会（Commission nationale de la communication et des libertés）」となり、1989年1月17日法（loi n° 89-25 du 17 janvier 1989）によって現在のCSAとなった。この背景には、表現の自由の保障やプライバシー保護といった公共の秩序を守ったうえでの放送が求められたことや、政治権力と放送の関係性が政治的な争点の1つとなったことがある。また1980年代以降の政権交代や保革共存政権の流れのなかで組織改変が行われ、結果的にCSAは、組織自体の政治色は薄まり、強い権限を持たない組織となっていった。

現在のCSAは、2001年3月8日デクレに基づいてパリに本部を持ち、全国に16の支部を置く。事務局には公務員の出向や契約職員が多く勤務している。CSAは8人の常任委員によって理事会が運営されており、その構成は大統領指名の委員が2名、元老院議長指名が3名、国民議会議長指名が3名であり、大統領デクレにより任命される。委員任期は6年であるが、2年ごとに3分の1ずつ委員は改選され、再任することはできない。委員の職歴は、地方議会議員や国会議員といった議員経験者、憲法院やコンセイユ・デタに在籍した経歴を持つ法律専門官、文化・放送関係の職務経験を持つ国家公務員、議員キャビネでの勤務経験のある者、雑誌・テレビ局の編集者、ジャーナリスト、メディ

ア研究を行う大学教員と様々である。(48)

選挙期間中限定設置の監視機能を持つ委員会

　監視部門の業務を担い，各大統領選挙時にその都度，設置される委員会がある。中央レベルには選挙運動監視全国委員会，県レベルには選挙運動監視地方委員会（commission locale de contrôle de la campagne électorale）と投票調査委員会（commission de recensement des votes），市町村レベルには投票・開票監視委員会（Commission de contrôle des opérations de vote）が置かれる。選挙運動監視全国委員会は独立行政機関であるが，前述の独立行政機関のように常設機関ではない。

　第五共和政下の直接選挙による大統領選挙に関する選挙管理を念頭に，1964年3月14日デクレ（Décret n° 64-231 du 14 mars 1964）によって設置されたのが選挙運動監視全国委員会である。現在は2001年3月8日デクレ（Décret n° 2001-213 du 8 mars 2001）が詳細を定めている。憲法院の活動のうち大統領選挙に関する活動を補佐する機関として，選挙運動監視全国委員会は位置づけられている。1964年の創設当初，選挙運動監視全国委員会は選挙管理上の監視業務の多くを担っていた。特にテレビ，ラジオ放送の影響を考慮して候補者の扱いが平等になるよう監視することが，この委員会の主要な目的であった。しかし大統領選挙が実施されるなかで選挙管理事務に関する専門知識や高度な技術が要請されるようになり，徐々に一部業務が世論調査委員会やCSAといった他の組織に移されていった。(50)

　現在の選挙運動監視全国委員会は，独立行政機関に区分される。大統領選挙に関する選挙人団召集に関するデクレ公布翌日にデクレによって設置され，選挙期間中の監視業務に当たる。この委員会は憲法院，上記の独立行政機関，内務省，選挙運動監視地方委員会と情報交換を行い，立候補者の選挙活動が全国同一の条件で行われているかどうかを概括的に監視している。また各候補者の掲示物や選挙公報といった選挙活動で使用される物品が規則に沿ったものかどうかを確認し，使用許可を出したり，有権者に等しく配布物が届いているかどうか等もその業務に含まれる。しかしこの委員会には制裁の権限はなく，違反の報告に基づいて各種裁判機関や独立行政機関へ提訴することはできる。その構成員は，コンセイユ・デタ副院長，破毀院院長，会計院院長，そして彼ら3名共同で選出したこれら裁判所機関の現役あるいは名誉職員である裁判官2名，

第7章　フランス大統領選挙における選挙管理

の合計5名となっている。また委員会はコンセイユ・デタ，破棄院，会計院の構成員から報告者を付けることも可能であるのに加え，内務省，海外県担当相，外務省それぞれから1人ずつ，合計3人の公務員を補佐役として出席させても良いとされている。[53]

そして選挙運動監視全国委員会は，県，海外県，海外領土に設置される選挙運動監視「地方」委員会と連携してその役割を担う。選挙運動監視地方委員会も当初は，1962年11月6日法に基づく1964年3月14日デクレによって設立された組織であった。各地の県庁アレテによって設置され，投票日前の第4番目の金曜日までに県庁に置かれることが定められている。[54] 選挙運動監視地方委員会では選挙活動が正常に実施されているかどうかを県レベルで監視するが，先述の有権者へ各立候補者の選挙公報と投票用紙の送付，また各市町村へ少なくとも選挙人名簿に記された人数分，各立候補者の投票用紙を送付する作業を地方レベルで監視することもその任務には含まれる。一連の作業は県庁の関連部局と協力しながらの作業となる。[55] 選挙運動監視地方委員会は民事・刑事の第二審裁判所である控訴院（Cour d'appel）院長によって指名された司法裁判官が委員長を務め，地方長官指名の公務員1名，政見の送付を担当する作業員代表者1名から構成される。

そして投票所での集計は，各地の県庁に置かれた投票調査委員会に集約され，集計を確認する工程が設けられている。投票調査委員会もまた1962年11月6日法に基づく1964年3月14日デクレによって置かれた組織である。[56] 投票所は集計調書を2部作成するが，その1部は市町村が管理し，もう1部には欄外署名用名簿，疑問・無効と判断された票と封筒が理由を記されたうえで添付されて各地域の県庁或いは郡庁宛に送付され，投票調査委員会に集められる。[57] 投票調査委員会はその調書と添付書類に基づいて各調書に添付された封筒と票の数が記されているものが一致するかどうかを確認すると共に，無効票の暫定的判断を行う。そして集計結果から総計結果の宣言を担当する。そのためこの委員会は，県レベルでの投票結果の確認作業を担うと共に，投票所から提出された書類に関する監視機能を持つ。また投票調査委員会と県庁との協力関係の下，県庁は投票調査委員会作成の調書に基づいた数字を内務省に開票結果として報告する。しかしこの委員会の出した結果は，暫定的なものとして扱われる。委員会は調書を2部作成し，1部は県庁の文書管理部局で保管し，もう1部を憲

法院宛に送付する。つまり大統領選挙の場合，開票・集計結果については憲法院が無効票の判断も含めて精査し，必要があれば修正等を行うため，憲法院によって公表されたものが公式の選挙結果となる。憲法院での裁定が，投票調査委員会による開票・集計作業での判断に重ねられるのである。投票調査委員会は，投票調査委員会は県庁アレテによって設置され，控訴院院長によって指名された3名の司法裁判官が委員を務め，そのうち1人が委員長を務める。[58]

そして選挙法典によってその設置が定められ，人口2万人以上の市町村が対象となるのが投票・開票監視委員会である。[59]県庁アレテによって第1回投票日の4日前までに各地に置かれるこの委員会は，投票所の説明，投票所での投票，開票・集計作業が適正に行われているかどうか，また選挙人および候補者あるいは候補者名簿がその権利を自由に行使できるように保護されているかどうかについて監視する。そしてこの委員会作成の調書は，憲法院へ送付される先の投票調査委員会調書に添付される。委員については，控訴院院長指名の司法裁判官が委員長を務め，裁判官あるいは裁判官経験者あるいは県の裁判所書記から控訴院によって指名された者が1人，県地方長官によって指名された公務員1人，がそれぞれ務める。[60]

政策・監視部門の特徴

政策・監視部門の特徴について以下3点，みてみよう。1点目は，執政府から独立した組織がその事務にあたるという点である。裁判所機関はもちろん，独立行政機関や各種委員会は政府から独立した組織として，政策・監視業務に当たる。しかし期間限定で設置される委員会の主たる業務は監視業務であり，政策立案には関わらない組織もある。

次に各組織の委員構成の多様性を2点目として記す。CSAのように政治家によって選出された委員が多くを占める組織もあるが，期間限定の委員会委員や世論調査委員，CNCCFP委員には，裁判所や地方長官から推薦を受けた法律の専門家や公務員が任命されるなど，各組織の構成メンバーや委員の職歴は様々である。すなわち各組織が携わる選挙管理事務の妥当性をめぐる判断について，政治家や公務員，各種専門家といった委員の職務経験に委ねるのか，委員の多くを法律家で構成することで法律学的観点に期待するのか，といった見識の違いを，委員構成から読み取ることができる。また各委員会の委員推薦が

複数の機関によって行われており，これも委員構成の多様性を促している。その一方，委員への推薦者が議員である場合は特に，委員の党派性が話題になることがある。たとえば憲法院は，その評定官に議員経験者や法律の専門家が含まれるが，いずれも現職の政治家によって推薦され，政治的任命によって委員に就任する。また就任前に委員の多くが政治的な見解を公にしているという。彼らの政治的な見解が審議に大きな影響を与えることはないと言われながらも，憲法院の党派性が議論になることはある。よって憲法院をはじめとした政策・監視部門の執政府からの独立性の度合いについては，各組織における人事の状況を確認する必要がある。委員の任命方法，委員任期と委員の入れ替わりのあり方など各組織の人事状況から，組織の判断と政権の意向との"距離感"を測ることができるだろう。

　3点目は，専門分化した組織についてである。直接公選制による大統領選挙を実施するために定められた1962年11月6日法に基づくデクレによって選挙運動監視全国委員会，選挙運動監視地方委員会，投票調査委員会は設置された一方で，1970年代，1980年代に世論調査委員会，CNCCFP，CSAは設置された。それら独立行政機関の創設背景や，大統領選挙監視業務に携わるようになった理由はそれぞれ異なる。しかし大統領選挙管理事務に携わる組織の設置過程をみてみると，その事務が組織の創設・機構改編と共に専門分化していったことが分かる。各組織の展開過程を政治的背景から追うことで，専門分化していった要因をより詳細に描くことができるだろう。

4　選挙管理システムへの検討

複数の専門性，複数の監視

　選挙管理システムの3つの分類モデルのうち，フランスは混合モデルに分類される。たしかに，政府から独立した政策・監視組織の設置や政府の一部局と地方政府による事務の実施，そして法律専門家や政党関係者によって構成される組織が政策・監視部門を担うといった混合モデルの特徴と，フランスの選挙管理制度は重なる部分がある。

　そのような指摘も踏まえ，公正性に基づいた選挙管理事務運営を制度上どのように確保しているのかについて改めて検討したい。まずは政策・監視部門に

おいて複数の独立行政機関や委員会が設置されている点についてである。ともすると別の国では１つの機関あるいは部局レベルで対応する活動が，フランスでは専門分化した複数の組織を整備して，政策，監視部門の作業が行われている。また選挙運動監視地方委員会，投票調査委員会，投票・開票監視委員会のように地方レベルに役割ごとに監視組織が配備されている。これは選挙管理事務という事案の技術性に対して，複数の組織を，なかには国と地方の層に合わせて整備することで，各種事務について専門的立場から判断できる仕組みを作り上げているのである。

　また複数機関設置の仕組みは，党派性の傾斜を是正する効果も持ち合わせている。各種委員会といった関係機関の任命権者は現職議員であったり，なかには委員の推薦を現職議員が行うものもある。また選挙管理事務の政策・監視部門のみならず，実施部門の作業に携わる公務員も含めて，公表しているか否かは別として，個人として各自，政治信条はあるだろう。また政党関係者の政治的帰属は明らかである。つまり選挙管理事務を扱うにあたって，個人の内面の政治的帰属を全て排除し，事務を処理することが政治的中立性の確保といった公正性の観点からは望まれるが，それを現実のものとするには困難が伴う。よって実施部門であれ政策・監視部門であれ，選挙管理事務の党派性を完全に封じ込めることは難しい。

　そこから政策・監視機関を複数，置くことの意味がみえてくる。一連の政策・監視部門に関わる作業を複数の組織で担うことで，各組織による複数の専門的視点から調査検討が行われることに加え，複数回の監視を重ねることができるのである。これは一連の事務が実施されるなかで，事務の専門性や合法性の「精度」が高められ，導き出される結果の適正さ，そして選挙管理システムの公正さを充実させている。つまり，政策・監視部門の複数の機関を通じて，複数の専門的な判断が重ねられ，１つの基準に縛られない結論を導き出すという仕組みが，実施部門のみならず，政策・監視部門の党派性をも乗り越える可能性を選挙管理システムに与えているのである。

二重の法的観点

　大統領選挙管理に関する実施部門の活動は，二重の法的観点から監視されているという点が党派性の偏りを是正し，選挙結果の妥当性を確保するさらなる

鍵になっている。党派性が潜在的あるいは顕在的に存在している実施部門の事務は県庁だけでなく，憲法院をはじめとする各種裁判所といった裁判機関と共に，政策・監視部門の複数の組織も監視している。つまり各種委員会委員たちには，裁判所から選出された裁判官や司法官といった法律専門官，また政治家による推薦であっても法律の専門家としてのキャリアを持つ者が多く含まれており，実施部門の事務を裁判機関と委員会委員である法律の専門家という2つの法的観点からチェックしているのである。このように法的チェックを複数，設けることで，選挙管理事務に関する政治的中立性の確保が促される。そもそも政策・監視部門の業務には，法令に従って選挙活動が行われているのかどうかを検査するという活動内容が含まれており，準司法的な役割も請け負っている。各種委員会への法律の専門家の参加には選挙管理機関，特に政策・監視部門が扱う事項に関して，法の持つ「調停」といった社会的役割が，その審議においても反映されることに期待があるのかもしれない。[63]

しかしながら実施部門，政策・監視部門双方の委員に裁判官や司法官といった法律専門官が多く含まれるという状況について，彼ら自身から賛否両論ある。選挙管理関連の事務への参加は形式的なものにすぎない，これらへの参加は通常業務に加えての業務になるので負担が大きい等，一連の参加状況について裁判官から否定的な意見が述べられることもある。他方で選挙の不正に備え，絶えず警戒する姿勢を社会に示すとして，その参加に意義を見出す見解もある。[64]よって各種機関や委員会の活動における法律の専門家たちの参加とは，選挙管理においても立法権からの司法権の独立性を指し示すものであると同時に，選挙管理システムに対する社会からの信頼確保の工夫の1つとも言えるのである。

何よりも大統領選挙以外の選挙も含めて，フランスの選挙管理システム全体についての研究が待たれるところであるが，本章で記したように複数の機関が他の選挙においても参画している状況についてはさらに検討しなければならない。また複数の機関を設置「できた」あるいは設置「しなければならなかった」要因への考察が欠かせない。たとえば上記に記した委員会以外にも大統領選挙管理に関する事項を調査する独立行政機関は存在する。たとえば情報処理及び自由に関する全国委員会（Commission nationale de l'informatique et des libertés-CNIL）は，個人情報保護の観点から設置された委員会であるが，2012年大統領選挙，国民議会選挙に関して，電子メールやSNSといったインター

ネット関係の調査を行った。このように時代の流れのなかで新たな選挙管理事務が社会から必要とされるなか，フランスのように専門分化された機関を新たに設置したり，また既にある機関のなかでどの組織が事務を担うのかが妥当なのかといった役割分担に関する点への考察を通じて，フランスの行政組織の特徴や政治権力のあり方をより明らかにすることができるだろう。なぜなら単なる機能分担からだけでなく，政治と司法の関係性や党派的な対立のなかで選挙管理システムは整備されてきたからである。

注

(1) Vie-publique.fr [en ligne] *Quels sont les principes fondamentaux de la République française ?* le 2 janvier 2014. Disponible sur : http://www.vie-publique.fr/decouverte-institutions/institutions/veme-republique/heritages/quels-sont-principes-fondamentaux-republique-francaise.html　Vie-publique.fr [en ligne] *A quoi sert une élection ?* le 9 octobre 2013. Disponible sur : http://www.vie-publique.fr/decouverte-institutions/citoyen/participation/voter/election/quoi-sert-election.html

(2) フランスの選挙の歴史については以下を参照。永井良和『フランス投票時代の鳴動——近代市民社会の政治参加』芦書房，1999年。永井良和『普通選挙の幕開け——フランスの先駆けと試練』芦書房，2007年。

(3) フランス大統領選挙の選挙管理事務の概要については以下を参照。Bernard Maligner, Christelle de Gaudemont. *Code électoral 2014*. 20e edition. Dalloz. 2013. 大山礼子「フランス大統領選挙における公正確保のシステム」『選挙研究』Vol.12, 1997年，158-168頁。またフランスの選挙管理については以下の文献を参照。(財)自治体国際化協会「フランス地方選挙のあらまし」『クレアレポート』No.105, 1995年。(財)自治体国際化協会「2007年フランス大統領選挙」『クレアレポート』No.304, 2007年。黒瀬敏文「解説フランス選挙法典(一)～(十三)」『選挙時報』41(10), 41(12), 以上1992年，45(6), 45(7), 45(8), 45(9), 45(10), 45(11・12), 以上1996年，46(1), 46(2), 46(3), 46(4), 46(5), 46(6), 以上1997年。

(4) 大西裕「民主主義と選挙管理」大西裕編『選挙管理の政治学——日本の選挙管理と「韓国モデル」の比較研究』有斐閣，2013年，p.20。López-Pintor Rafael. *Electoral management bodies as institutions of governance*. UNDP. 2000. ACE Electoral Knowledge Network [en ligne] Electoral Management. Disponible sur : http://aceproject.org/

(5) 大西裕「民主主義と選挙管理」前掲書，21-24頁。曽我謙悟「選挙ガバナンスに

(6) loi n° 62-1292 du 6 novembre 1962 modifiée relative à l'élection du Président de la République au suffrage universel 1965年の直接公選制になる以前，大統領は議会による間接選挙によって選出されていた。

(7) Décret n° 2001-213 du 8 mars 2001 portant application de la loi n° 62-1292 du 6 novembre 1962 relative à l'élection du Président de la République au suffrage universel

(8) 一連の選挙管理事務作業については以下を参照。interieur.gouv.fr [en ligne] *Elections*. Ministère de l'intérieur．Disponible sur : http://www.interieur.gouv.fr/Elections Conseil constitutionnel [en ligne] *La circulaire du ministre de l'intérieur aux préfets et hauts commissaires-No. NOR/I/OC/A/ 12/02673/C OBJET : Organisation de l'élection du Président de la République*. le 8 fevrier 2012. Disponible sur : http://www.conseil-constitutionnel.fr/conseil-constitutionnel/root/bank_mm/dossiers_thematiques/presidentielle_2012/IOCA1202673C.pdf　La documentation française. *Guide du bureau de vote*. La documentation française. 2014.

(9) たとえば2012年大統領選挙時（地方長官，高等弁務官の責任下の）市町村長宛内務省通達。Conseil constitutionnel [en ligne] *La circulaire du ministre de l'intérieur aux préfets et hauts commissaires-No. NOR/I/OC/A/ 12/02673/C OBJET : Organisation de l'élection du Président de la République. op.cit,*.

(10) Direction générale des collectivités locales et Direction générale des finances publiques [en ligne] *Le Guide du maire*. 2014. Disponible sur : www.collectivites-locales.gouv.fr/files/files/guide_du_maire_entier.pdf

(11) 秘密投票や投票方法に関する選挙法典内の条項を記した掲示物，無効票を記した掲示物，人口3,500人以上の市町村については投票の際に必要な身分証明書についての説明書き等を県庁は市町村に送付するという。

(12) 集計結果は県庁宛に送付され，投票調査委員会に託される。

(13) 人口1万人以上の市町村では，関係市町村議会議員以外から行政代表者は選出される。中央管理委員会委員は市長，地方長官あるいは郡地方長官が指名した行政代表委員1名，大審裁判所により指名された代表委員1名である。中央管理委員会は各管理委員会が作成した選挙人名簿を集めて，市町村の有権者全体の名簿を作成する権限は持つが，各管理委員会の作成した名簿を修正することはできない。

(14) 2012年2月のニーム市選挙部での筆者ヒアリングによると，管理委員会委員への議員や議員職経験者の就任状況は通常，市町村長又はその市町村議会議員1名と

いうのが一般的であるが，地方長官と大審裁判所による指名はそれぞれ，行政官や法律の専門家とは限らず，議員や議員経験者といった者も就いている場合もあり，市町村によって様々だとのことである。

(15) 黒瀬敏文「解説フランス選挙法典(三)」前掲論文，45(6)，1996年，37頁。
(16) 2012年2月，エロー県庁，2013年3月ジロンド県庁での筆者ヒアリング調査。
(17) 2012年2月，内務省での筆者ヒアリング調査。
(18) 滝沢正『フランス法 第4版』三省堂，2010年，209-212頁。中村義孝「フランス憲法院の改革」『立命館法學』2012(2)，2012年，807-839頁。
(19) Conseil constitutionnel [en ligne] *Avril 2012 : Le Conseil constitutionnel et le contrôle des opérations de vote pour l'élection du Président de la République*. 2012. Disponible sur : http://www.conseil-constitutionnel.fr/conseil-constitutionnel/francais/a-la-une/avril-2012-le-conseil-constitutionnel-et-le-controle-des-operations-de-vote-pour-l-election-du-president-de-la-republique.105373.html.
(20) Conseil constitutionnel [en ligne] *Les missions du Conseil constitutionnel pour l'élection présidentielle*. n.d. Disponible sur : http://www.conseil-constitutionnel.fr/conseil-constitutionnel/francais/documentation/dossiers-thematiques/2012-Election-presidentielle/missions-du-conseil/les-missions-du-conseil-constitutionnel-pour-l-election-presidentielle.104279.html
(21) art. 48 de l'ordonnance du 7 novembre 1958. たとえば2012年大統領選挙時は約1600～1700人のこれら委員が全国の投票所に出向き，投票日の一連の投票，集計作業を調査したという。投票所に常時，所長と2名以上の補佐役がいるか，全立候補者の投票用紙がそろっているか，秘密投票が守られているか，有権者署名が行われているかどうか，投票箱が常時，監視されていたか等を委員が調査し，問題がある場合は投票調査委員会調書にその旨記された。Conseil constitutionnel [en ligne] *Avril 2012 : Le Conseil constitutionnel et le contrôle des opérations de vote pour l'élection du Président de la République. op,. cit.* Conseil constitutionnel [en ligne] *Les missions du Conseil constitutionnel pour l'élection présidentielle*. 2012. Disponible sur : http://www.conseil-constitutionnel.fr/conseil-constitutionnel/root/bank/pdf/conseil-constitutionnel-104279.pdf
(22) 第三共和政の1875年7月16日の憲法的法律第10条に「各議会は議員の被選挙権と選挙の適正について判断する」と議会の権限が記され，第四共和政下の1946年10月27日の憲法的法律第8条でこの原則が確認されていた。
(23) 当時，国民議会や元老院選挙に対してなされた異議申し立てについては，委員会で検討された後に，国民議会あるいは元老院が審議のためにその案件を取り上げ，投票によって決着をつけていた。たとえば1956年1月2日の国民議会選挙におい

て53人の当選議員中，11議員が当選無効となった。LAVROFF Dmitri Georges. *Le droit constitutionnel de la Ve République-3e edition*. Dalloz. 1999. pp. 151-152. 只野雅人「フランスにおける選挙争訟と憲法院——議会選挙の適正確保をめぐって」『選挙』62巻1号，2009年，7頁。

(24) 市町村，県，州といった地方議会選挙に関する選挙争訟は行政裁判所が扱う。CAMBY Jean-Pierre. *Le conseil constituionnel-juge électoral-6ᵉ édition*. Dalloz. 2013. pp. 5-9. 滝沢正『フランス法 第4版』前掲書，179-213頁。植野妙美子「憲法院」植野妙美子編『フランス憲法と統治構造』中央大学出版会，2011年，171頁。

(25) 只野雅人「フランスに於ける選挙訴訟と憲法院——議会選挙の適正確保をめぐって」前掲論文，6頁。

(26) Conseil constitutional [en ligne] *Présentation générale*. n.d. [réf du 30 octobre 2014] Disponible sur : http://www.conseil-constitutionnel.fr/conseil-constitutionnel/francais/le-conseil-constitutionnel/presentation-generale/presentation-generale.206.html. Conseil constitutionnel [en ligne] *Quelles «commissions» peuvent intervenir pendant le déroulement des opérations électorales ?* n.d. Disponible sur : http://www.conseil-constitutionnel.fr/conseil-constitutionnel/francais/election-presidentielle-2012/faq/organisation-et-procedures/quelles-commissions-peuvent-intervenir-pendant-le-deroulement-des-operations-electorales.103912.html

(27) Conseil constitutionnel [en ligne] *Liste des membres du Conseil constitutionnel*. n.d. Disponible sur : http://www.conseil-constitutionnel.fr/conseil-constitutionnel/francais/le-conseil-constitutionnel/les-membres-du-conseil/liste-des-membres/liste-des-membres-du-conseil-constitutionnel-*.319.html

(28) 2014年1月現在，独立行政機関は38を数える。

(29) 独立行政機関の法律学的考察については以下の論文を参照。清田雄治「フランスにおける「独立行政機関（les autorites administratives independantes）」の憲法上の位置——CNILの法的性格論への覚書」『立命館法學』5・6号，2008年，1471-1501頁。vie-publique. fr [en ligne] *Les autorités administratives indépendantes*. 2014. Disponible sur : http://www.vie-publique.fr/decouverte-institutions/institutions/administration/organisation/etat/aai/quelles-sont-differentes-autorites-administratives-independantes-aai.html

(30) Conseil constitutionnel [en ligne] *Quelles «commissions» peuvent intervenir pendant le déroulement des opérations électorales ? op..* cit.

(31) 世論調査委員会の判断に対しての不服申し立てはコンセイユ・デタ宛に行うことができる。La commission des sondages [en ligne] *présentation*. n.d. Disponible sur : http://www.commission-des-sondages.fr/presentation/presentation_fonct.htm

(32) 1974年5月の大統領選挙では世論調査の結果を受け、ある候補者が立候補を辞退したとの報道があった。また選挙運動監視全国委員会報告や憲法院報告においても選挙運動期間の世論調査のあり方について問題があることが示されていた。中村睦男「フランスにおける選挙に関する世論調査の規制――1977年7月19日法の制定と運用」『北大法学論集』33(6), 1983年, 143-173頁。友安弘「フランス、一九七七年世論調査法の分析――一九八八年大統領選挙の中で」『新聞学評論』39号, 1990年, 237-252頁。

(33) 行政裁判所の裁判官は司法官には含まれず、公務員に分類されるという。司法裁判官とは司法裁判所裁判官、検察官、司法省幹部職員、司法修習生などを指す。裁判所と会計院の概要については以下を参照。滝沢正『フランス法：第四版』, 前掲書, 179-213頁。

(34) La commission des sondages [en ligne] *Liste des membres.* 2015. Disponible sur : http://www.commission-des-sondages.fr/presentation/presentation_liste.htm

(35) 2006年4月5日組織法（loi organique n° 2006-404 du 5 avril 2006）に基づいて、憲法院による確定作業前の段階で、大統領選挙候補者の選挙運動収支報告書の監査がCNCCFPによって行われることになった。

(36) 選挙運動収支報告書は人口9000人以上の選挙区で行われる直接普通選挙の立候補者から提出される。CNCCFPの監査を経て立候補者には国から一定額の選挙運動費用が償還される。ただし得票数が有効投票の1％未満の者は報告書を提出する義務は課されない。年次会計報告書の監査については、政党国庫補助とも関係している。CNCCFP [en ligne] *Le rôle de la commission - campagnes électorales.* n.d. Disponible sur : http://www.cnccfp.fr/index.php?art=690　服部有希「フランス 選挙運動費用及び政治活動の資金的・金銭的透明性に関する法律」『外国の立法 月刊版』248-2, 2011年8月, 14-15頁。

(37) 政治活動の金銭的透明性に関する委員会は1988年3月11日法（loi n° 88-227 du 11 mars 1988―以下, 1988年法と記載）によって設置された。1988年法はいわゆる政治資金規正法であり、政治家の資産報告の義務化や選挙運動資金の規制が条文として盛り込まれていた。しかし委員会宛に選挙活動会計報告書提出が義務づけられてはいたが、委員会は検査する権限は付されていなかった等、問題点が指摘されていた。

(38) 1983年の地方選挙の際に共和国連合（RPR）の候補者ポスター経費が民間企業によって肩代わりされていたとされる疑惑、協力開発省の外郭団体「開発交流センター」を通じて、アフリカ開発援助の公金が1986年3月の選挙活動資金となったり、当時の協力開発省大臣と官房長によって私的に流用されていたとされる疑惑など、両党から政治資金に絡む暴露話の応酬が相次いだ（『朝日新聞』1986年8月18

日朝刊）。1988年大統領選挙前年の1987年11月には当時大統領で，次の選挙に出馬も表明していたミッテランに関する政治資金疑惑や社会党へのリベート疑惑も報道された（『朝日新聞』1987年11月6日朝刊（東京））。

(39) 1989年のソルマ社事件といった自治体公共事業に絡む左右両党議員の政治資金不正疑惑が報道された。1980，1990年代の政治資金不正疑惑とその背景については以下を参照。成田憲彦「主要国の選挙制度と政治資金制度の現状と課題(22)フランス(3)腐敗と浄化」『選挙』50(12)，1997年，19-22頁。

(40) FAUPIN Hervé. *Le controle du financement de la vie politique, partis et campagnes*. L. G. D. J. 1998. pp. 267-281.

(41) CNCCFPは事務局として公務員や契約職員を30名程度，雇用している（2013年3月，CNCCFPへのヒアリング）。CNCCFPの活動費は内務省への割り当て予算の一部として議会で審議される。CNCCFP[en ligne] *Membres de la commission*. 2015. Disponible sur : http://www.cnccfp.fr/index.php?art=7 CNCCFP[en ligne] *Plaquettes d'information-English*. 2010. Disponible sur : http://www.cnccfp.fr/presse/kit/cnccfp_en.pdf

(42) 2012年大統領選挙時の日程を当てはめるならば，1月1日から3月19日までは公平性原則（principe d'équité：規則の範囲内で候補者に関する報道を行う）の視点から，3月20日から4月8日，そして4月9日から5月4日までは平等性原則（principes d'égalité：候補者全てを等しく扱う）の観点から，立候補者及びその関係者たちの発言時間と放送時間の計測を行った。CSA[en ligne] *Archive : Election présidentielle 2012*. 2012. Disponible sur : http://www.csa.fr/Television/Le-suivi-des-programmes/Le-pluralisme-politique-et-les-campagnes-electorales/Archive-Election-presidentielle-2012 CSA[en ligne] *Décisions et avis du Conseil d'Etat*. n.d. Disponible sur : http://www.csa.fr/Espace-juridique/Decisions-et-avis-du-Conseil-d-Etat

(43) CSA[en ligne] *Le pluralisme politique et les campagnes électorales*. n.d. Disponible sur : http://www.csa.fr/Television/Le-suivi-des-programmes/Le-pluralisme-politique-et-les-campagnes-electorales

(44) CSAについては以下を参照。CSA[en ligne] *Présentation du Conseil*. n.d. Disponible sur : http://www.csa.fr/Le-CSA/Presentation-du-Conseil 高山直也「フランスのテレビ放送と多元主義の原則」『外国の立法』236号，2008年，173-185頁。

(45) 新田哲郎「国際比較研究——放送・通信分野の独立規制機関（第5回）フランスCSA（視聴覚高等評議会）——放送倫理の確立/その方法と特質」『放送研究と調査』60(10)，2010年，76-87頁。井上禎男「フランスにおける「視聴覚コミュニ

ケーションの自由」(1) 1980 年代におけるその形成と展開」(一)(二)『九大法学』No. 82, 2001 年, 330-256 頁, No. 83, 2001 年, 576-532 頁。『朝日新聞』1979 年 8 月 13 日朝刊, 1979 年 8 月 25 日夕刊。

(46) 視聴覚地方委員会 (comités territoriaux de l'audiovisuel) は都市に 12, 県レベルに 4, 置かれており, 地方のテレビ, ラジオ放送の監視を行っている。行政裁判機関のメンバーが委員長を務める。

(47) 2013 年 11 月 15 日法によって 2017 年には 7 名へと委員数が削減されることが予定されている。CSA [en ligne] Le collège. n.d. Disponible sur: http://www.csa.fr/Le-CSA/Presentation-du-Conseil/Le-College

(48) 2016 年 9 月末に確認した情報。CSA [en ligne] Le collège. op., cit.

(49) 1962 年 11 月 6 日法に基づくデクレ。

(50) Rochecorbon, G. 《Le《contrôle》 de la campagne électorale》 *Revue française de science politique*. Vol. 16, Numéro 2. 1966. pp. 256-261. La Commission nationale de contrôle de la campagne électorale [en ligne] *Rapport : Rapport établi par la Commission nationale de contrôle de la campagne électorale en vue de l'élection présidentielle* (scrutins des 22 avril et 6 mai 2012) JORF n°0164 du 17 juillet 2012 page 11666-texte n° 1, NOR : HRUX1228721P. 2012. Disponible sur : http://www.legifrance.gouv.fr/affichTexte.do?cidTexte=JORFTEXT000026194366

(51) 2001 年コンセイユ・デタ調査により, 独立行政機関と分類されている。vie-publique. fr [en ligne] *Les autorités administratives indépendantes*. 2014. op,. cit.

(52) 2012 年大統領選挙時は同年 2 月 25 日に設置された。Décret n° 2012-254 du 22 février 2012 relatif à la composition et au siège de la Commission nationale de contrôle instituée par le décret n° 2001-213 du 8 mars 2001.vie-publique.fr [en ligne] *Campagne présidentielle 2012 : la Commission nationale de contrôle installée*. le 2 mars 2012. Disponible sur : http://www.vie-publique.fr/actualite/alaune/presidentielle-installation-commission-nationale-controle.html

(53) Commission nationale de contrôle de la campagne électorale [en ligne] *Rapport : Rapport établi par la Commission nationale de contrôle de la campagne électorale en vue de l'élection présidentielle* (scrutins des 22 avril et 6 mai 2012). op,. cit.

(54) Décret n° 2001-213 du 8 mars 2001, art. 19.

(55) Conseil constitutionnel [en ligne] *La circulaire du ministre de l'intérieur aux préfets et hauts commissaires-No. NOR/I/OC/A/ 12/02673/C*, op., cit.

(56) 現在は以下のデクレ。Décret n° 2001-213 du 8 mars 2001, art. 25 et 28

(57) 中央投票所には投票所ごとの集計結果が送付され, そこで他の投票所長の立ち会いの下, 投票結果全体の集計を行う。

⑸⁸ Décret n° 2001-213 du 8 mars 2001 portant application de la loi n° 62-1292 du 6 novembre 1962 relative à l'élection du Président de la République au suffrage universel

⑸⁹ art L. 85-1 du Code électoral

⑹⁰ art R. 93-2 du Code électoral

⑹¹ 植野妙美子「憲法院」前掲論文，167頁。

⑹² 大西裕，前掲論文，21-24頁。曽我謙悟，前掲論文，41-43頁。

⑹³ ドニ・サラス「民主主義社会における裁判官の役割」日仏公報セミナー『公共空間における裁判官』有信堂高文社，2007年，123-124頁。

⑹⁴ Senat [en ligne]《*La participation controversée des magistrats aux commissions administratives*》*Sénat. Quels métiers pour quelle justice ? -Rapport d'information 345 (2001-2002)*. 2002. Disponible sur : http://www.senat.fr/rap/r01-345/r01-34517.html

⑹⁵ CNIL は設立当時，政府・行政機関が個人に特定の番号を割り当てるといったいわゆるマイ・ナンバー制度の導入とそれへの危惧から，情報処理制度の実質的な権限を有する第三者機関として設置された。CNIL は情報処理，ファイルおよび自由に関する 1978 年 1 月 6 日法（loi n° 78-17 du 6 janvier 1978）により設置された。清田雄治「フランスにおける個人情報保護法制と第三者機関——CNIL による治安・警察ファイルに対する統制」『立命館法學』2・3 号，2005 年，839-875 頁。清田雄治「フランスにおける個人情報保護法制の現況——2004 年フランス新個人情報保護法の成立と憲法院判決」『社会科学論集』42・43 号，2005 年，277-312 頁。Commission nationale de contrôle de la campagne électorale [en ligne] *JORF n°0164 du 17 juillet 2012- NOR: HRUX1228721P : Rapport établi par la Commission nationale de contrôle de la campagne électorale en vue de l'élection présidentielle (scrutins des 22 avril et 6 mai 2012)*. 2012. Disponible sur : https://www.legifrance.gouv.fr/affichTexte.do?cidTexte=JORFTEXT000026194366 CNIL [en ligne] *Campagnes 2012 : la CNIL en ordre de marche*. le 30 janvier 2012. Disponible sur : http://www.cnil.fr/linstitution/actualite/article/article/observatoire-des-elections-premier-bilan-sur-lutilisation-des-fichiers-pendant-lelection-pre/ CNIL [en ligne] *Observatoire des élections : bilan de l'utilisation des fichiers pendant les campagnes électorales de 2012*. le 7 août 2012. Disponible sur : http://www.cnil.fr/linstitution/actualite/article/article/observatoire-des-elections-bilan-de-lutilisation-des-fichiers-pendant-les-campagnes-electorale/

［付記］本章の HP 参照日は表記のない限り，全て 2016 年 9 月 30 日とする。なお本

章は拙稿「フランスの選挙管理システム――大統領選挙を事例として」『山梨国際研究』第 10 号掲載論文に加筆修正を行ったものである。2012 年 2 月にニーム（Nimes）市選挙部，ガール（Gard）県庁選挙部，ラングドック・ルシヨン（Languedoc Roussillon）州庁，およびエロー（Hérault）県庁選挙部，内務省（Ministère de l'Intérieur）選挙・政策研究部，また 2013 年 3 月に，ジロンド県庁選挙部，ボルドー小審裁判所，CNCCFP にてヒアリング調査を行った。関係者の皆様に感謝の意を表する。

第8章　北欧諸国における選挙ガバナンス
―― なぜ選挙違反が発生しないのか ――

福島淑彦

　スウェーデン，ノルウェー，デンマークの北欧福祉国家は，平等（Equality），公正（Fairness），正義（Justice），社会福祉・保障（Social Welfare），社会的統合（Social Integration）の実現を目指し，社会的厚生水準の最大化を図ってきた国々である。これらの実現のために，北欧諸国は「社会の透明性（Transparency）」を高め，「一票の平等」を実現するために腐心してきた。実際，国際NGOであるトランスペアレンシー・インターナショナル（Transparency International 略称：TI）が毎年発表している公共部門の腐敗・汚職の程度を表す指標である「Corruption Perceptions Index（腐敗認識指数，CPI）」で，同指標が発表され始めた1995年以降2015年の期間で腐敗の程度が最も低い上位10カ国に北欧諸国は常に名を連ねてきた。直近の2015年のランキングでは，167カ国中デンマークが1位，フィンランドが2位，スウェーデンが3位，5位がノルウェーであった。この社会の透明性が高いことは選挙管理についても同様に当てはまる。金品を有権者に贈って投票を依頼したり，票の取りまとめを依頼するような選挙違反はスウェーデン，ノルウェー，デンマークでは少なくとも過去20年間は発生していない。投票数の数え間違いといったミス（集計ミス）は時々発生しているが，金品による買収といった選挙違反は発生していない。

　北欧諸国でなぜ選挙違反が発生しないのかを考察するのが，本章の目的である。特にスウェーデン，ノルウェー，デンマークの3カ国に絞り，3カ国の選挙制度および選挙管理制度を比較・検討することによって，選挙違反が起こらない要因を明らかにしたい。本章では特に国政選挙に焦点を絞り，検証していく。次節では，スウェーデン，ノルウェー，デンマークにおいて国政選挙の選挙制度および選挙管理体制がこれまでどのように変遷してきたのか，について概観する。第2節では，スウェーデン，ノルウェー，デンマークにおける現在の国会議員の選出方法（選挙制度）や選挙管理体制について比較・検証する。

第3節では,北欧3カ国において,選挙の透明性を実現させている仕掛けや要因について論証し,第4節で本章のまとめを行う。

1 北欧3カ国の国政選挙および選挙管理の歴史

スウェーデン

スウェーデンの国会の期限は,1435年の「アルボーガ集会(Arboga möte)」にまで遡るが,現在の国会に相当する「Riksdag」という概念は16世紀半ばから使われるようになった。正式に国会(Riksdag)の形を整えたのが1805年の「四身分会議」である。1866年に「四身分会議」が廃止され,代わって同じ権限を持つ2つの院で構成される議会(二院制議会)が誕生する。その後,1970年に二院制議会から一院制議会に変更された。また1970年の選挙改革で,国政選挙(Riksdag)と地方選挙(Landstingsfullmäktige, Kommunfullmäktige)が同日に選挙を行うこととなり,現在に至っている。

選挙管理については,20世紀前半は内務省の監督のもと,県選挙管理委員(Länsstyrelsen)会及び市町村選挙管理委員(Valnämnden)が中心になって,選挙管理を行っていた。1964年に中央住民登録・徴税委員会(Centrala Folkbokföring och Uppbördsnämnden)が財務省管轄の組織として設立された。同委員会は統計局と中央徴税局から住民登録,徴税,選挙人登録に関する監視役割を引き継いだ。その後,1971年に税務局(Skattverket)が設立され,住民登録,徴税,選挙人登録に関する監視等の職務が税務局に移管された。と同時に,選挙管理を中央集権化し,税務局にその役割を担わせた。この背景には1971年の選挙制度の改革により,国政選挙で「調整議席」という制度が導入されたことがある。つまり,選挙改革の結果,県の選管や市町村の選管に国政選挙の議席配分を執り行わせることが困難となったため,中央集権化された。現在の選挙管理機関の形態(体系),つまり,選挙局(Valmyndigheten),県選挙管理委員会(Länsstyrelsen),市町村選挙管理委員会(Valnämnden),の3層構造になったのは1980年代初めであり,基本的構造はそれ以降,ほとんど変化していない。選挙管理体制が3層構造とすることが明確に法律で規定されたのは1997年の選挙法(Vallag 1997:157, Chapter 1, Section 15, 16, 17)である。その中で3つの選挙管理組織が存在すべきことは明記されているが,それぞれの組織が独立の組

織であるべきか，あるいは，ある行政機関の一部門であるべきかについては明確に規定されていない。

1971年から2001年までの約30年間に渡り，税務局の一部局が選挙管理を行ってきたが，90年代終わりに組織改編の議論が沸き起こった。この議論は，選挙管理を行う職員（税務局の職員）が選挙管理の構造を変えることを目的に始まった議論がきっかけであった。独立した中央選挙管理組織の設立の機運は，選挙管理を税務局内の一部局が行うことに様々な不都合が生じたことに起因している。独立した中央選挙管理組織の設立の背景として，以下の3つの事情が存在する。第1の事情として，選挙管理を行う部局が税務局の一部局であるため，選挙管理を行う部局も税務局の規則に従って行動しなくとならず，機動的に選挙管理の業務を遂行できないということ，がある。第2の事情は，インターネット等の技術の開発・普及も相まって，中央選挙管理組織として，独自の通信回線が必要となった，ということがある。第3の理由としては，税務局が執り行うべき業務と中央選挙管理組織として執り行う業務がまったく異なる性質のものであるため，独立した組織として運営した方が望ましいというもの，である。これらの議論を経て，2001年7月に独立の組織として選挙局（Valmyndigheten）が，設立された。

選挙局（Valmyndigheten）の独立性については，組織体系上，完全に政府から独立した組織ではない。選挙局は法務省（Justitiedepartementet）関連の政府機関（独立行政法人）で，法務省を通して予算申請を行う。したがって，年次報告書を政府（法務省）に提出する義務が存在する。また提出した年次報告書は，会計監査院（Riksrevisionen）の監査を受けなくてはならない。このように選挙局は，確かに財政的には法務省の管轄組織という位置づけではあるが，選挙に関する業務については，法律に則って行われ，政府の干渉を受けない。

ノルウェー

ノルウェーの国会（Storting）は1814年のノルウェー憲法によって設立された。1906年からは直接国会議員を選ぶ直接選挙であるが，それ以前は間接選挙であった。つまり，有権者は国会議員を選ぶ選挙人を投票で選び，選ばれた選挙人が国会議員を選ぶという間接選挙であった。1898年からすべての男性に，1913年からはすべての女性に参政権が付与された。地方選挙については，

既に 1836 年に直接選挙によって地方議会議員が選出されていた。1921 年以降，「複数人区の中選挙制と全国比例代表制」で選挙が行われている。

　選挙管理については，他の公共サービスと同様に公共部門によって行われていた。1985 年までは，県選挙管理委員会（Fylkestingt），市町村選挙管理委員会（Valstyret），中央政府の一省庁が選挙管理を行ってきた。現在，選挙を統括している中央省庁は，地域・近代化省（Kommunal-og moderniseringsdepartementet）である。国政選挙も地方選挙も実質的には市町村選挙管理委員会と地方の行政政府の公務員が中心になって選挙管理が行われてきた。1985 年にそれまであった国政選挙に関する法律と地方選挙に関する法律が統合されて新しい選挙法が施行された。と同時に，1985 年の新しい選挙法によって，初めて中央選挙管理委員会（Riksvalstyret）が設置された。ただし，選挙の透明性を高めるために中央選挙管理委員会が設置されたわけではない。中央選挙管理委員会が設置されることになったのは，新しい選挙法によって導入された調整議席をどのように配分するべきかという必要性からである。実際，中央選挙管理委員会には選挙全体を監視・監督する権限は与えられていない。その後，2002 年の選挙法の改正により，中央選挙管理委員会には，調整議席配分決定の権限に加えて，国政選挙の投票資格に関する以外のすべての異議申し立てに対して判断を下す（処理する）権限が与えられた。

　デンマーク

　デンマークでは 1849 年に初の自由憲法が制定され，国政選挙は 1 人区の小選挙区選挙制度によって行われ始めた。その後，1915 年に憲法が改定され，一種の比例代表制が導入された。しかし，基本的には，1 つの選挙区に 1 人の当選者が割り当てられる 1 人区の選挙であったため，実質的には小選挙区選挙制度であった。しかし，この制度で選挙が行われたのは，1918 年選挙の一回のみであった。1920 年に選挙法が改正され，現在の選挙形態の原型である「複数人区の中選挙制と全国比例代表制」が規定される。1920 年以降，選挙区の区分け変更は行われたが，基本的に 1920 年以降，現在まで同じ選挙方式で国政選挙が行われている。現在も，「複数人区の中選挙制と全国比例代表制」という選挙制度そのものを変更しようという議論は存在しない。政党が調整議席の配分対象となるための条件，たとえば，全国総投票数の 2 ％以上を政党が

獲得すること，などについては時々議論が起こる。この背景には，異なる政治意見や政治的思考を有する有権者にも有権者として等しい権利が与えられるべきであるするデンマークの憲法原則がある。実際，過去に何度も調整議席配分の基準を廃止ないし緩和しようとする法案が国会に提出された。しかし，法案が過半数以上の支持を得て可決されることはなかった。

デンマークにおける選挙管理は，ノルウェーと同様，公共部門によって行われてきた。スウェーデンやノルウェーと異なる点は，中央政府の省庁と市町村選挙管理委員会の2つの組織によって選挙管理が行われてきたことである。現在，選挙を統括しているのは，経済内務省（Økonomi-og indenrigsministeriet）の一部門である法務部門（Jura，選挙管理・地方議会に関する部門）の中の選挙局（Valgmyndigheder）である。現在，選挙局が国政選挙，地方選挙などすべての選挙に関して選挙管理を行っている。経済内務省内の法務部門は地方自治等に関する法務関連の業務を担当している。(1) 選挙時に「中央選挙管理委員会」を立ち上げることはせず，常勤5人の公務員が選挙の計画等を行い，選挙が行われる際には臨時のスタッフが雇用される。選挙に関する異議申し立ては，経済内務省に対して行われ，選挙局がコメントを加えて国会（Folketing）に異議申し立ての文書を提出する。最終的には国会が異議申し立てに対して判断を下す。

2　北欧3カ国の選挙制度

前節では，スウェーデン，ノルウェー，デンマークの選挙制度と選挙管理の歴史的な流れを国政選挙を中心に概観した。本節では，現在の国会議員の選出方法と選挙管理の体制について詳しく見ていく。

議員選出方法

表8-1は北欧3カ国の国政選挙の議員選出の方法をまとめたものである。スウェーデン，ノルウェー，デンマークにおける国政選挙の議員選出方法は，全国をいくつかのブロックに分割した「中選挙区比例代表制」である。県レベル，市町村レベルの議員選出方法も比例代表制である。国政選挙では，有権者数を基礎に選挙区ごとに議員数（選挙区確定議席数）が割り振られており，各選挙区における得票数をもとに各政党へ配分する議席数が決定される。北欧3カ

表8-1 北欧3カ国の選挙制度

	スウェーデン	ノルウェー	デンマーク
議員数	Riksdagen（国会議員） 349議席（選挙区確定議席） 39議席（調整議席） （1971年〜）	Stortinget（国会議員） 169議席（選挙区確定議席） 19議席（調整議席） （1985年〜）	Folketinget（国会議員） 179議席（選挙区確定議席） 40議席（調整議席）
選挙制度	全国をいくつかのブロックに分割した中選挙区比例代表制		
議席割当計算方式（選挙区確定議席）	修正サンラグ方式（Adjusted Odd-Number Method, Modified Saint-Laguë Method） （1, 4, 3, 5, ,） 選挙年の4月30日までに選挙区在住の有権者数に応じて配分（1952年以前は，ドント方式（D'Hondt method）が採用されていた）。		ドント方式 （D'Hondt method） （1, 2, 3, 4, , , ） 選挙年の4月30日までに選挙区在住の有権者数に応じて配分
調整議席計算方法	政党が国全体で獲得した総投票数を基礎に，総議席数のうち各政党へ配分する総議席数（理論値）を決める。各選挙区で配分済みの議席（選挙区確定議席）と理論値の議席数の差を各政党に配分する。		
選挙区確定議席と調整議席の配分決定機関	中央選挙管理委員会		デンマーク統計局が政党への議席配分計算を行い，経済内務省（Økonomi-og indenrigs-ministeriet）内の選挙局（Valgmyndigheder）に報告。選挙局が国会へ選挙結果を報告し，国会が承認する。

国における「調整議席」は，全国を対象にして，政党間，選挙区間の不公平を是正するために配分される議席である。言い換えると，調整議席配分制度は有権者全員の民意が配分議席数に反映されるための議席配分制度である。その決定方法は次の通りである。各政党が国全体で獲得した総得票数を基礎に，総議席数のうち各政党へ理論的に配分される総議席数（理論値）を算出する。各選挙区で配分済みの議席（選挙区確定議席）の合計数と理論値の議席数の差を各政党に配分する。ただし，どの選挙区に何議席を配分するかは，各選挙区におけるいわゆる，議席獲得にいたらかなった「死票」が最も多かったところから順次配分される。この手続きによって，死票数の減少，地域間の一票の格差の縮小，政党の得票数と獲得議席数との乖離の縮小，言い換えると「政党間格差」の是正を行っているのである。

選挙管理体制

　表 8-2 は北欧 3 カ国の国政選挙の選挙管理の体系をまとめたものである。スウェーデン，ノルウェーは，中央選挙管理委員会あるいは中央省庁，県レベルの選挙管理委員会，市町村レベルの選挙管理委員会の 3 層構造である。それに対して，デンマークは県レベルの選挙管理委員会が存在しない，中央省庁と市町村レベルの選挙管理委員会の 2 層構造である。ただし，3 カ国に共通するのは，3 層ないし 2 層の選挙管理組織が階層的（垂直的）な関係にあるのではなく，水平的な関係にあるという点である。中央の組織が地方の組織に指令を出し，それを受けて地方の組織が動くというのではなく，それぞれの選挙管理組織の役割分担が独立している。特にスウェーデンでは，「選挙法」で 3 つの選挙管理組織の担当業務が明確に規定されている。3 カ国とも選挙に関する政策・計画・監視の実務機関は常設機関である。3 カ国の中で，選挙に関する政策・計画・監視の実務機関が政府の機関から独立しているのはスウェーデンのみである。ノルウェーやデンマークの選挙に関する政策・計画・監視の実務機関は中央省庁の一部局である。

　表 8-3 は北欧 3 カ国の選挙実施に対する監視・監督機関をまとめたものである。スウェーデンとノルウェーには中央選挙管理委員会が存在するが，デンマークには存在しない。スウェーデンの中央選挙管理委員会は常設の委員会であるのに対して，ノルウェーの中央選挙管理委員会は選挙時に設置される。スウェーデンの中央選挙管理委員会である Valmyndighetensnämnd は，選挙全般に関する政策・計画・監視の実務機関である選挙局を監視・監督する役割を担っている。それに対して，ノルウェーの中央選挙管理委員会である Riksvalstyret は「調整議席の決定」と「選挙に関する異議申し立て」を処理するのみで，選挙実施に関する監視・監督権限を有していない。

　スウェーデンの中央選挙管理委員会は 5 人（委員長 1 人 + 4 人の委員）から構成されている。委員に就任する候補者は，元政治家や偏った政治的志向を有している者（例：政党の要職に就いていたり，政党キャンペーンに積極的に関与している・いた人）は除外され，政府が指名（閣議決定）する。会議は年 4 回程度の頻度で開催される。ノルウェーの中央選挙管理委員会は　最低 5 人の委員で構成される。委員は国会議員の中から選出され，国王によって指名される。スウェーデンもノルウェーも中央選挙管理委員会の会議は公開で行われる。スウェー

表 8-2 北欧3カ国の選挙管理体系（選挙に関する政策・計画・監視の体系）

		スウェーデン	ノルウェー	デンマーク
選挙管理体系		3層構造 Valmyndighetensnämnd（中央選管） Valmyndigheten（選挙局） Länsstyrelsen（県選管） Valnämnden（市町村選管） 3つの選管の関係は階層的ではなく、それぞれの役割分担が独立（選挙法で3つの選管の担当業務は明確に規定されている）。現在の形態は1980年代初めに構築された。	3層構造 Riksvalstyret（中央選管、中央省庁） Kommunalavdelingen（地方政府局） Fylkestingt（県選管） Valstyret（市町村選管） 1985年の新選挙法により中央選管の設置が規定された。それ以前は、中央選管は存在しない。	2層構造 Valgmyndigheder（中央選管の役割を担う経済内務省内の選挙局） Valgbestyrelsen（市町村選管） 1920年の選挙法改正以降、基本的には変更無し。
設置時期		Valmyndigheten（選挙局）：常設 それ以外の組織：選挙時	すべて選挙時。	すべて選挙時。
予算	中央選管または選挙局	法務省を通じて、財務省に独自予算請求し、支給額決定。	地域・近代化省の予算。	経済内務省の予算。
	県選管	県の予算からの資金 ＋ 中央選管からの資金	県の予算からの資金 ＋ 地域・近代化省からの資金	
	市町村選管	中央選管からの資金（有権者数に応じて支給額決定）	地域・近代化省からの資金（有権者数に応じて支給額決定）	経済内務省からの資金（有権者数に応じて支給額決定）

デンとノルウェーの違いは、スウェーデンは党派性をできるだけ排除するように人選が行われるのに対して、ノルウェーでは党派性のバランスを保つように人選がなされるという違いがある。これは、ノルウェーの中央選挙管理委員会の主たる役割が「調整議席」の決定にあるためである。

表 8-4 は北欧3カ国の選挙に関する政策・計画・監視の実務機関である中央選挙管理組織をまとめたものである。3カ国の中でスウェーデンのみが政府機関から独立した組織である選挙局（Valmyndigheten）が選挙に関する政策・計画・監視の実務を行っている。選挙局は法務省関連の政府機関であり、日本

第8章　北欧諸国における選挙ガバナンス

表8-3　選挙実施に対する監視・監督機関

	スウェーデン	ノルウェー	デンマーク
組織・機関	Valmyndighetensnämnd（中央選挙管理委員会）	Riksvalstyret（中央選挙管理委員会）	中央選挙管理委員会は存在しない。
設立時期	Valmyndigheten（選挙局）が，2001年7月に独立の組織として設立されたのに伴い設置。	1985年の新選挙法により中央選管の設置が規定された（1985年に初めて中央選管が設置された）。	
主たる業務	選挙に関する政策・計画・監視の実務機関であるValmydigheten（選挙局）の監視・監督。	① 調整議席の決定 ② 当選証明書の発行 ③ 選挙に関する異議申し立ての処理（2002年の選挙法改正以降） 選挙の有効性や妥当性については国会がその役割を担う。	
組織形態 組織構成	5人（委員長1人＋4人の委員） ・元政治家や偏った政治的志向を有している者（例：政党の要職に就いていたり，政党キャンペーンに積極的に関与している・いた人）は除外。 ・政府が指名（閣議決定）。 ・約4回／年の頻度で開催。	通常（最低）5人 （委員長1人＋4人の委員） 2013年の国政選挙では7人が指名された。 ・国会議員の中から選出。 ・国王が指名。 ・国政選挙のある年の4月に選出。 ・会議は公開で行われる。	

で言うところの「独立行政法人」である。2001年7月に独立の組織として設立され，2002年の選挙が設立後初の国政選挙であった。2016年9月現在で，17人の常勤専属のスタッフ（公務員）が勤務している。実質的な選挙に関する政策・計画・監視の実務は選挙局の17人で行い，中央選挙管理委員会（Valmyndighetensnämnd）は選挙局の業務が適切に行われているのかを監視・監督するのみである。選挙局は予算（請求）案を法務省に提出し，国会の承認を経て予算の配分を受ける。毎年，年次報告書を提出することが義務づけられており，年次報告書は会計監査院（Riksrevisionen）の監査を受けなくてはならない。予算は法務省を通して配分されるものの，選挙局の業務は選挙法などの法律に従って遂行され，法務省の干渉を受けることはなく，法務省からは完全に独立した存在である。外形的には，法務省の下部組織であるが，実質的には独立し

表8-4 中央選挙管理組織（選挙に関する政策・計画・監視の実務機関）

	スウェーデン	ノルウェー	デンマーク
組織・機関	Valmyndigheten （選挙局） （独立機関）	地域・近代化省 （Kommunal-og moderniseringsdepartementet）の Kommunalavdelingen （地方政府局）	経済内務省（Økonomi- og indenrigsministeriet）の一部門である「法務部門（Jura, 選挙管理・地方議会に関する部門）」の中の，Valgmyndigheder （選挙局）
組織形態 組織構成	常勤17人の専属のスタッフ（公務員）が勤務。 法務省（Justitiedepartementet）関連の政府機関。[5]	地方政府局全体で60人が勤務。その内，約10人が選挙関連の部署に勤務。	常勤5人の専属のスタッフ（公務員） ＋ 臨時のスタッフ
設立時期	選挙局は，2001年7月に独立の組織として設立。 政府の関与無し。（2002年の国政選挙が，設立後初の国政選挙）		
設立の理由	①税務局（Skattverket）の一部局であるため税務局の規則に従い行動しなくてはならず，様々な状況，ニーズの変化に対して自由に，迅速に，かつ柔軟に対応することが困難であったため。 ②インターネット等の技術の開発・普及も相まって，中央選管として，独自の通信回線が必要となったため。 ③税務局が執り行うべき業務と中央選管として執り行う業務がまったく異なる性質のものであるため，独立した組織として運営した方が望ましいという観点から。		
その他	予算（請求）案および年次報告書を法務省に提出。 年次報告書は，会計監査院（Riksrevisionen）の監査を受ける。 ただし，選挙に関する業務は選挙法等の法律に則って行い，法務省からは完全に独立している。		

た組織である。

　一方，ノルウェーおよびデンマークは，中央省庁の一部局が選挙に関する政策・計画・監視の実務を行っている。ノルウェーは地域・近代化省（Kommunal- og moderniseringsdepartementet）の地方政府局（コミューン局）（Kommunalavdelingen）が，デンマークでは経済内務省（Økonomi-og indenrigsministeriet）の一部門である法務部門（Jura）の中の選挙局（Valgmyndigheder）が選挙に関する政策・計画・監視の実務を行っている。ノルウェーは約10人の常勤の公務員が，デンマークは常勤5人の公務員と選挙時に雇う臨時のスタッフで選挙に関する政策・計画・監視の実務を行っている。

　表8-5は北欧3カ国の県選挙管理委員会をまとめた表である。デンマークには県レベルの選挙管理委員会は存在しない。スウェーデン，ノルウェーとも県議会が県選挙管理委員会のメンバーを指名する。スウェーデンでは，委員長は県知事，それ以外のメンバーは公務員が指名される。ノルウェーでは県選挙管理委員会のメンバーは県議会議員の中から選出されることが一般的である。スウェーデン，ノルウェーとも県選挙管理委員会は，国政選挙における投票数の最終検票・集計を行う。ノルウェーに関しては，自ら行った集計結果をもとに県選挙管理委員会がどの党に何議席配分するのかを決定する。

　北欧3カ国の市町村選挙管理委員会をまとめたものが表8-6である。市町村選挙管理委員会のメンバーはスウェーデンでは市町村の公務員から，ノルウェーとデンマークでは市町村議会の議員の中から選出される。北欧3カ国で，実質的に選挙を取り仕切っているのが，市町村選挙管理委員会である。

　表8-7は，選挙に関する異議申し立てを処理する機関をまとめたものである。スウェーデンでは，中央選挙管理委員会とは独立の選挙審査委員会（Valprövningsnämnden）が選挙に関する異議申し立てを処理する。ノルウェーでは，中央選挙管理委員会がその任に当たっている。しかし，申し立て案件を処理するための資料は，地域・近代化省（Kommunal-og moderniseringsdepartementet）が準備する。デンマークでは，異議申し立てを受けて，選挙全般を取り仕切る経済内務省の選挙局（Valgmyndigheder）がコメントを付して，異議申し立てに関する文書を国会（Folketing）に提出する。それを受けて，国会が，選挙に関する異議申し立てに関して最終的に判断する。

　スウェーデン，ノルウェー，デンマークにおける選挙に関する異議申し立て

表8-5　県選挙管理委員会

	スウェーデン	ノルウェー	デンマーク
名称 (総数)	Länstyrelsen（21）	Fylkestyret（19）	存在しない
構成員	15人のメンバーで構成される。委員長（県知事）は政府によって指名され，残りの14人については，Landsting議会（Landstingsfullmäktige，県議会）によって指名される。14人のメンバーは行政府の他の部署からの出向ではなく，専属である。	県選挙管理委員会（国政選挙の時に設置）のメンバーはFylke議会によって選出される。多くの場合，Fylke議会の議員の中から選出。	
主要業務	国政選挙 ① Län内にある投票区投票所が行った選挙日当日の開票結果を集計し，中央選挙管理委員会へ電話で報告。 ②すべての選挙に関する投票数の最終検票・集計（投票日の次の日の月曜日に開始）を行う。 県議会選挙および市町村議会選挙 ① Landstingsfullmäktige（Landsting議会議員）の選挙区を決定。各選挙区は1つないし2つのKommunから成る。 ②最終検票・集計ははじめに，国政選挙の集計，その後，Kommun議会選挙の集計を行い，最後にLandstingn議会選挙の集計を行う。 ③選挙日の約10日後に最終結果（Landsting議会議員の結果）を発表。	国政選挙 ①候補者リストの承認。 ②投票用紙の印刷（国政選挙と県選挙）。 ③地方選挙管理委員会（Valstyret）の最終集計結果をもとに，Fylke割り当ての議席をどの党の誰に配分する（当選したのか）を決定。	

の多くは，選挙区の設定，得票数と議席の配分，期日前投票の再集計，に関するものである。異議申し立てに対して，異議申し立てが正しかったとしても選挙結果（議席の配分）に影響を及ぼすものではなかったという理由から，これまでほとんどの異議申し立ては棄却されてきた。国政選挙に関しては「選挙の無効」ないし「選挙のやり直し」という判断がこれまで下されたことはない。地方選挙に関してはごく稀に「選挙の無効」と「選挙のやり直し」という判断が下されることがある。近年では2010年のスウェーデンの選挙の際に，「選挙の無効」と「選挙のやり直し」という判断が下され，選挙がやり直された。選挙が無効と判断された最大の要因として，投票日前（事前）投票が40％を超え

表8-6　市町村選挙管理委員会

名称 (総数)	スウェーデン	ノルウェー	デンマーク
	Valnämnden (290)	Valstyret (428)	Valgbestyrelsen (68)
構成員	選挙管理委員には地方公務員が任命される。 大都市では専属のケースが多いが、小さな都市では兼任あるいは一時的に任命されることが多い。	Kommun 議会の議員の中から選出。その際に男女間の割合についても加味し、選出する必要あり。 地方選挙管理委員会 (Valstyret) の委員は Kommun 議会の政党の代表者によって構成されることが多い。	Kommun 議会の議員の中から選出。 Kommun の市長（町長）が選挙管理委員会の委員長となる。
主要業務	・投票所のスタッフ（全国で約4万人）のリクルートと教育。 ・投票所のスタッフの指名。 ・投票日前（事前）投票に関するすべての責任を負う。 ・第1回目（投票日夜）および水曜日（投票日前投票の集計）の検票（票の集計）。 ・投票区投票所での集計。集計結果を電話で県選挙管理委員会に報告。 ・すべての選挙に関与。	・実質的に選挙業務を取り仕切る。 ・投票の最終集計。 ・国政選挙については、地方選挙管理委員会 (Valstyret) の最終集計結果をもとに、Fylke 割り当ての議席をどの党の誰に配分する（当選したのか）を決定。 ・すべての選挙に関与。	・担当地域の投票用紙の準備や、開票・集計作業の責任を担う。 ・担当地域の最終集計作業。

たことがある（それ以前は、投票日前（事前）投票の割合は30％程度であった）。くわえて、事前投票した人で当日の投票によって投票の差し替えを行った人が多かったことに伴う「人為的なミス」が発生した。郵便投票や投票日前（事前）投票の票が最終得票数に算入されていなかったり、誤って算入されていたりしたことが原因で、Västra Götaland で Landstingsfullmäktige（Landsting 議会議員）の再選挙、Örebro kommun で Kommunfullmäktige（Komnun 議会議員）の再選挙が行われた。

　以上、概観してきたように、スウェーデン、ノルウェー、デンマークでは、議員の選出方法が比例代表制で共通しているものの、選挙管理の体制は異なる。デンマークには、中央選挙管理委員会、県選挙管理委員会が存在せず、選挙管理は中央省庁と市町村選挙管理委員会によって行われる。スウェーデン、ノルウェーには中央選挙管理組織、県選挙管理委員会が存在するが、両国で中央選

表 8-7 選挙審査委員会（異議申し立て）

	スウェーデン	ノルウェー	デンマーク
受付・対応・処理機関	Valprövningsnämnden（選挙審査委員会）（中央選管とは独立の委員会）	Riksvalstyret（中央選管）	Valgmyndigheder（経済内務省内の選挙局）
内容	・1975年に設立 ・8人で構成、委員長は国会議員ではない裁判官資格者。 ・訴えに対する処理を行う。 ・選挙審査委員会に異議申し立てを行う者は選挙審査委員会に異議申し立てを行う前に警察ないし裁判所に訴える（報告する）義務がある。	・選挙権に関するものであれば国会がそれを処理。それ以外の国政選挙に関する異議申し立ては、Riksvalstyretが処理。 ・地方選挙に関する異議申し立ては、地域・近代化省が選挙に関する異議申し立てを処理する。 ・国政選挙に関する異議申し立て関して判断するための資料等は地域・近代化省（Kommunal- og moderniseringsdepartementet, Ministry of Local Government and Regional Developments）が準備する。	・経済内務省の「Valgmyndigheder（選挙局）」は異議申し立てに関してコメントを加えて国会（Folketing）に提出する。 ・選挙の妥当性や選挙結果に関する異議申立に裁判所はまったく関与しない。 ・憲法に従って、選挙の妥当性は国会（Folketing）によって判断される。

挙管理組織が有する権限は大きく異なる。スウェーデンの中央選挙管理組織は政府から独立な組織で、選挙の計画、監視、監督に関する多くの責任を有している。それに対して、ノルウェーの中央選挙管理組織は、(1)調整議席の配分決定、(2)選挙に対する異議申し立ての処理、に関する権限のみしか付与されていない。スウェーデンもノルウェーも以前はデンマークと同じように政府の中央省庁が選挙に関する計画、監視、監督のすべての業務を行っており、特に中央選挙管理組織は設置されていなかった。先にも記したが、スウェーデンで政府組織から独立の組織として2001年に選挙局が設立されたのも、選挙管理の中立性と透明性を高めるという理由からではなかった。ノルウェーやデンマークでは、国政選挙の選挙管理を行う組織が政府から独立した組織でないが、選挙管理の中立性と透明性は担保されている。

3 北欧3カ国における選挙の透明性実現のための仕掛け

　スウェーデン，ノルウェー，デンマークの選挙法には選挙違反に関する規定が存在しない。したがって，選挙違反による公民権停止という規定も存在しない。しかし，金品を有権者に贈って投票を依頼したり，票の取りまとめを依頼するような選挙違反，言い換えると，警察が乗り出すような選挙違反は，スウェーデン，ノルウェー，デンマークでは少なくとも過去20年間は発生していない。得票数の数え間違いといったミス（集計ミス）は時々発生しているが，金品による票の買収といった選挙違反は発生していない。これまで議論したように，スウェーデン，ノルウェー，デンマークでは選挙管理の体制が異なる。それにもかかわらず，これらの国々で，金品による票の買収といった選挙違反が発生せず，選挙の中立性と透明性が担保されている。つまり，選挙管理体制以外の共通する要因が選挙の中立性と透明性を実現させてきたと考えるのが妥当であろう。選挙の中立性と透明性を担保してきた選挙管理体制以外の要因として，(1)比例代表制という選挙制度，(2)国民背番号制による住民登録制度，(3)オンブズマン制度　(4)情報公開の徹底，(5)高い道徳観，を挙げることができる。本節ではこれら5つの要因について詳しく考察する。

　選挙の中立性と透明性を実現している第1の要因として，候補者の選出方法が，比例代表制であるということ，がある。スウェーデン，ノルウェー，デンマークでは，国，県，市町村のすべての選挙において議員の選出方法は，個人ではなく政党に投票する比例代表制である。つまり，個人がいくら票獲得のために買収活動を行ってもその費用対効果は高くない。つまり，買収活動を行おうというインセンティブが非常に小さい。

　第2の要因として，国民背番号制（個人ID番号）により情報が管理されているということ，がある。北欧諸国では，国民1人ひとりにID番号が付され，個人ID番号をもとに医療サービス，福祉サービス，教育サービスといった公共サービスが提供されている。個人ID番号には住所，所得，納税情報，資産情報などが紐付けされていて，その情報は随時，更新されている。つまり，個人ID番号に個人の情報が集約されているのである。個人ID番号により情報の管理が行われているため，選挙においては，有権者の特定・確定は容易であ

る。投票所では個人ID番号に基づく身分照合が行われるので,「成りすまし投票」を行うことは事実上不可能である。

　第3の要因として,「オンブズマン（Ombudsman）制度」を挙げることができる。スウェーデン,ノルウェー,デンマークでは,個人の権利が犯されない目的で設立された様々なオンブズマン制度が存在する。オンブズマンは,市民の権利を保護する機関である[6]。スウェーデン語のオンブズマンは「代表者,代理人」を意味し,この単語が初めて登場するのが1241年のデンマークの法律文書の中である。その後,アイスランド,ノルウェーで用いられるようになるが,現在世界各国で用いられている意味で使用され始めたのは,1809年にスウェーデンの統治法典（憲法）に明文化された「議会オンブズマン（Justitieombudsmannen）」の設立以降である。統治法典は1974年に全面改正されたが,オンブズマン制度に関しては,引き続き明文化されている。スウェーデンでオンブズマンが憲法に明記されているということは,オンブズマン制度がスウェーデンの国家制度の中でも非常に重要な位置を占めているということを表している。すなわち,19世紀初めから現在に至る約200年間,スウェーデンでは一貫してオンブズマン制度が国家の重要な制度として位置づけられているということである。デンマークでは1953年に憲法でオンブズマンに関する規定が明記された。ノルウェーでは1962年に行政オンブズマンが設置された。政治任命されたオンブズマンは国の行政機関の1つである。スウェーデンの「議会オンブズマン」に代表される行政オンブズマンは,公務員が適切に公共サービスを提供しているかについての苦情処理・訴願・調査機関である。市民は必要であれば行政オンブズマンに苦情を申し立てる。行政オンブズマンはその苦情に関する調査を行うことによって公務員が適正に業務を行っているかを調査し,必要であれば「是正勧告・指導」を行う。こうしたオンブズマン制度が国家の制度に組み込まれていることが,国民の行政に対する信頼の強さに影響を与えていることは想像に難くない。オンブズマン制度はスウェーデン,デンマーク,ノルウェー社会に広く浸透しており,公共サービスが適切に提供されていることに大きく寄与している。言い換えれば,オンブズマン制度は,公務員が不正を行わないような抑止力を有している。選挙においても,多くの公務員が従事する選挙管理業務が適正に行われるように,オンブズマン制度は機能しているのである。

不正のない選挙が北欧3カ国で実現してきた第4の要因として，「情報公開の徹底」がある。北欧諸国は世界でも最も情報公開が進んだ透明性の高い国である。最も情報公開が進んでいるスウェーデンでは，今から200年以上も前の1776年に施行された「出版自由法（Tryckfrihetsförordningen）」で公文書を国民が閲覧することができることが既に規定されている。その後，出版自由法はスウェーデン憲法を構成する4つの基本法の1つとなり，現在に至っている。スウェーデンでは国民がすべての公文書を閲覧できる権利が憲法に明記されており，それが実践されているのである。[7]国会議員の国費による活動費はすべて領収書の提出が義務づけられており，国民の誰もが確認できる。選挙においては，投票所における有権者の投票の様子を誰でも監視することでき，開票作業や集計作業も公開で行われる。つまり，票集計のごまかしといった恣意的な集計の操作は不可能なのである。

　第2から第4の要因，つまり，国民背番号制による住民登録制度，オンブズマン制度，情報公開の徹底，ということから明らかなように，北欧諸国における社会の「透明性（Transparency）」は非常に高い。北欧3カ国の社会の高い透明性を示す1つの指標に，ベルリンに本部がある国際NGO組織トランスペアレンシー・インターナショナル（Transparency International 略称：TI）が毎年発表している「Corruption Perception Index（腐敗認知指数，CPI）」がある。CPIは政府部門の腐敗の程度を表した指標で，世界約180カ国のCPIとランキングが1995年以降発表されている。CPIは0から100の値をとる。最も腐敗度が高く透明性が低い場合にはCPIは0の値を，最も腐敗度が低く透明性が高い場合にはCPIは100の値をとる。表8-8は2010年から2015年のCPIの値をまとめたものである。1995年以降2015年の間で腐敗の程度が最も低い上位10カ国に北欧諸国は常に名を連ねてきた。直近の2015年のランキングでは，167カ国中デンマークが1位，スウェーデンが3位，ノルウェーが5位であった。日本は第18位であった。このランキングからも明らかなように，北欧諸国は政府部門での腐敗度が世界で最も低く，透明性の高い国々であることが分かる。興味深いのは，CPIランキングの上位国には，オンブズマン制度が早い時期から導入されている国々が並んでいることである。北欧諸国の社会の「透明性」が高いことが，公正・公平で中立的な選挙が行われてきた1つの要因であることは明らかである。

表8-8　腐敗認知指数のランキング

国・地域	2015 (167カ国)		2014 (174カ国)		2013 (175カ国)		2012 (174カ国)		2011 (182カ国)		2010 (178カ国)	
	スコア	順位	スコア	順位	スコア	順位	スコア	順位	スコア	順位	スコア	順位
スウェーデン	89	3	87	4	89	3	88	4	93	4	92	4
デンマーク	91	1	92	1	91	1	90	1	94	2	93	1
ノルウェー	87	5	86	5	86	5	85	7	90	6	86	10
フィンランド	90	2	89	3	89	3	90	1	94	2	92	4
ニュージーランド	88	4	91	2	91	1	90	1	95	1	93	1
スイス	86	7	86	5	85	7	86	6	88	8	87	8
シンガポール	85	8	84	7	86	5	87	5	92	5	93	1
オランダ	87	5	83	8	83	8	84	9	89	7	88	7
ルクセンブルク	81	10	82	9	80	11	80	12	85	11	85	11
カナダ	83	9	81	10	81	9	84	9	87	10	89	6
オーストリア	79	13	80	11	81	9	85	7	78	16	87	15
ドイツ	91	10	79	12	78	12	79	13	80	14	79	15
アイスランド	79	13	79	12	78	12	82	11	83	13	85	11
日本	75	18	76	15	74	18	74	17	80	14	78	17
中国	37	83	36	100	40	80	39	80	36	75	35	78
北朝鮮	8	167	8	174	8	175	8	174	10	182	N.A.	N.A.
ソマリア	8	167	8	174	8	175	8	174	10	182	11	178

出所：*Corruption Perceptions Index, CPI, Max = 100, Min = 0*

　不正のない選挙が北欧3カ国で実現してきた第5の要因として，北欧諸国の国民の「高い道徳観」「モラルの高さ」を挙げることができる。公正・公平・中立な選挙を行うように法律で禁止規定や罰則規定を設けても，選挙に関する不正が発生している国は多数存在する。選挙違反に関する規定が選挙法に存在しないにもかかわらず，公正・公平・中立な選挙が行われてきた背景には，北欧諸国の人々の「高い道徳観」「モラルの高さ」が存在しているのではないだろうか。

　世界各国の人々の価値観を調査したものに「World Values Survey（世界価値観調査報告書）」がある。これはオランダの Tilburg 大学に拠点を置く NPO 組織「World Values Survey」が1981年以降5年おきに発表している世界各国の価値観に関する報告書である。「World Values Survey（世界価値観調査報告書）」

第**8**章　北欧諸国における選挙ガバナンス

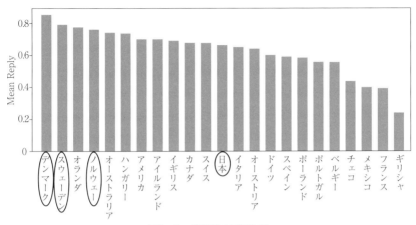

図8-1　道徳観の国際比較
出所：World Values Survey の1980年, 1990年, 2000年の調査を基に作成。

は, 世界の約100カ国の人達に対して, 数百に及ぶ質問からなるアンケート結果をまとめたものである。Algan & Cahuc（2009）では「World Values Survey」の調査結果を用いて, 道徳観・モラルと労働市場の制度について検証している。論文の中で,「World Values Survey」のアンケート調査を整理して各国間の道徳観の比較をしている。図8-1は論文から引用したもので,「公的保険を受給する資格がないのに, 政府に受給申請を行うことが正当化できるか」という質問に対する各国の平均値の国際比較である。上記の質問に対して,「全く正当化できない」と回答した人のスコアを「1」, それ以外の回答をした人のスコアを「0」として平均値を計算している。図8-1の棒グラフの値は各国の平均値である。つまり, 棒グラフの値は「不正受給申請することを良しとしない人の割合」が各国でどの程度存在しているかということを表している。図8-1から明らかなように, スウェーデン, ノルウェー, デンマークでは約8割の人が「不正受給申請は正当化できない」と判断しており, 調査対象国の中で最も高い国々である。一方, 日本では「不正受給申請は正当化できない」と判断した人の割合は7割を切っている。逆に言えば, 3割を超える日本人が「不正受給申請は正当化できる」と判断しているのである。このように, スウェーデン, ノルウェー, デンマークの国民は, 不正行為に対して非常に厳しい姿勢を示す「モラルの高い」「道徳観の高い」国民であるといえる。このこと

が，法令遵守，規則を守る国民性，公正を重視する国民性と結び付いており，公正・公平・中立な選挙が行われてきた理由の1つといえよう。

4　公正・公平・中立な選挙の実現と北欧諸国

　スウェーデン，ノルウェー，デンマークの選挙法には選挙違反に関する規定が存在しない。それにもかかわらず，警察が乗り出すような選挙違反は，北欧3カ国では少なくとも過去20年間は発生していない。スウェーデン，ノルウェー，デンマークにおける議員の選出方法は比例代表制で共通しているが，選挙管理の体制は異なる。選挙管理機関を，政策・監視部門と実施部門に大別したとき，スウェーデンは政策・監視部門が政府から独立した組織，実施部門は地方政府が担当する「混合モデル」である。ノルウェーとデンマークは政策・監視部門と実施部門の両部門が政府の指揮下に属し，中央省庁と地方政府が選挙の政策・監視と実施の両方を行う「政府モデル」である。厳密に言うと，ノルウェーには政府から独立した中央選挙管理委員会が存在するが，ノルウェーの中央選挙管理委員会は単に調整議席の決定と選挙に対する異議申し立てを処理するのみで，選挙そのものの政策・監視を行うものはない。

　スウェーデン，ノルウェー，デンマークで選挙管理の体制が異なるにもかかわらず，3カ国で選挙の中立性と透明性が実現されてきたという事実から，選挙管理体系以外の共通する要因が「不正のない選挙の実現」に寄与してきたと考えるのが妥当であろう。本章ではその要因として，(1)比例代表制という選挙制度，(2)国民背番号制による住民登録制度，(3)オンブズマン制度，(4)情報公開の徹底，(5)高い道徳観，を挙げて考察した。

　個人ではなく政党に投票する比例代表制のもとでは，個人がいくら票獲得のために買収活動を行ってもその費用対効果は高くない。つまり，買収活動を行おうというインセンティブが非常に小さい。また，国民背番号制による個人ID番号による情報の管理は，有権者の特定・確定を容易にし，「成りすまし投票」を行うことを不可能にしている。オンブズマン制度は，公務員が不正を行うことを抑止している。選挙においては，多くの公務員が従事する選挙管理業務が適正に行われることに，オンブズマン制度は有効に作用している。情報公開は徹底しており，投票所における有権者の投票の様子を誰でも監視すること

できるのに加えて，開票作業や集計作業も公開で行われている。そのため，票集計のごまかしといった恣意的な集計の操作は事実上不可能である。また，スウェーデン，ノルウェー，デンマークの国民は，不正行為に対して非常に厳しい姿勢を示す「モラルの高い」「道徳観の高い」国民である。このことが，法令遵守，規則を守る国民性，公正を重視する国民性と結び付いており，公正・公平・中立な選挙が行われてきた最大の理由である。しかしここで注目しなくてはならないのは，平等（Equality），公正（Fairness），正義（Justice）を追求する北欧諸国の「姿勢」が公正・公平・中立な選挙を北欧諸国で実現させてきた最も大きな要因であるということである。

注
(1) 法務省（Justitsministeriet）は別途存在する。
(2) 135議席が国全体の選挙区に配分されるが，人口の少ない地域であるグリーンランド（Greenland）及びフェロー諸島（Faroe Islands）にそれぞれ2議席が配分されている。
(3) 経済内務省（Økonomi-og indenrigsministeriet, Ministry of Economic Affairs and the Interior）の一部門である「法務部門（Jura，選挙管理・地方議会に関する部門）」の中の，「Valgmyndigheder（選挙局）」が選挙の監視・監督と実施を同時に行っている。
(4) 2002年の選挙法の改正によって，選挙に関する異議申し立てを処理する権限が与えられた。
(5) 日本で言うところの「独立行政法人」のような組織。
(6) 北欧諸国の「オンブズマン」は政治任命された行政機関としてのオンブズマンと，政治任命されたものではない自主的なオンブズマン，が存在する。
(7) 公文書へ自由にアクセスできる権利は，スウェーデンではパブリック・アクセスの原理（offentlighetsprincipen）として広く認知されている。
(8) 1つの国の有効サンプル数は少ない国でも1000以上は存在している。

参考文献

(スウェーデン)

岡澤憲芙 (1988)『スウェーデン現代政治』東京大学出版会。

岡澤憲芙 (2009)『スウェーデンの政治』東京大学出版会。

岡澤憲芙・奥島孝康編 (1994)『スウェーデンの政治』早稲田大学出版部。

Hadenius, S. (1994) *Riksdagen : En svensk historia*, Sveriges Riksdag.（＝岡澤憲芙監訳, 木下淑恵・渡辺慎二訳『スウェーデンの議会史』早稲田大学出版会）

Lemon, K. (2005) The Swedish Election Authority-Independence VS. Government Control, European Commission for Democracy Through Law. (http://www.venice.coe.int/webforms/documents/default.aspx?pdffile=CDL-UD(2005)007rep-e)

Svereges Kommuner och Landsting (2010) *Kommunal personal 2009* (http://www.skl.se/web/Kommunal_personal_2009_1.asp).

Valmyndigheten (2010) Avtalsrörelsen och lönebildningen 2009 *Medlingsinstitutets årsrapport* (http://www.mi.se/pdfs/pdfs_2010/MI_arsrapp_feb2010_ori_skm.pdf).

Valmyndigheten (2010) *Handbok 2010-Kommunens uppgifter vid valen*, (http://www.google.co.jp/url?sa=t&rct=j&q=&esrc=s&frm=1&source=web&cd=4&ved=0CEwQFjAD&url=http%3A%2F%2Fwww.val.se%2Ftidigare_val%2Fval2010%2Fvaladministration%2Fhandbok_kommun_med_framsida2010.pdf&ei=HlJVUZ6OJcb1lAXUp4CoBA&usg=AFQjCNGVHBCH1vfbLaPCvuKJJxh5hNn_OA&sig2=MFLpoWxQqAgQpTfNCa66HA&bvm=bv.44442042,d.dGI).

Valmyndigheten (2010) *Val i Sverige*, Valmyndigheten (http://www.val.se/pdf/Val%20i%20 Sverige_reviderad%202011.pdf).

(ノルウェー)

岡澤憲芙・奥島孝康編 (2004)『ノルウェーの政治』早稲田大学出版部。

Kommunal-og regionaldepartementet, 2013, Valhandbuk（選挙ガイドブック, ノルウェー語）, (http://www.regjeringen.no/upload/KRD/Kampanjer/valgportal/valgmedarbeidere/Valghandbok/Valghaandbok_2013_nn.pdf)

OSCE (2013) Norway Parliamentary Election 9 September 2013, *OSCE/ODIHR Election Assessment Mission Final Report*. (http://www.osce.org/odihr/elections/109517?download=true)

(デンマーク)

Indenrigs-og Sundhedsministeriet, 2011 *The Parliamentary Electoral System in Denmark*, (http://elections.oim.dk/media/264044/parliamentary-system-dk.pdf)

(その他)

Algan. Y and P Cahuc (2009) Civic Virtue and Labor Market Institutions, *American*

Economic Journal : Macroeconomics（http://www.aeaweb.org/articles.php?doi=10.1257/mac.1.1.111）

平松毅（2012）『各国オンブズマン制度と運用』成文堂。

参考 URL

（スウェーデン）
Sveriges Riksdag,（http://www.riksdagen.se/sv/）
Lansstyrelserna,（http://www.lansstyrelsen.se/Sv/Pages/default.aspx）
Valmyndigheten,（http://www.val.se/）
（ノルウェー）
Den norske valgordningen i hovedtrekk,（https://www.regjeringen.no/nb/tema/valg-og-demokrati/valgportalen-valg-no/valgordningen1/valgordningen/id456636/）,
Folketinget（http://www.ft.dk/）
（デンマーク）
Organisationsdiagram for Økonomi- og Indenrigsministeriet（http://oim.dk/media/410501/organisationsdiagram-oim-130412.pdf）
Økonomi- og Indenrigsministeriet, Valg og folkeafstemninger（http://valg.oim.dk/）
（その他）
International IDEA（2006）*Electoral Management Design : The International IDEA, Handbook,*（http://www.idea.int/publications/emd/upload/EMD_inlay_final.pdf）
Transparency International,（https://www.transparency.org/）
World Value Survey,（http://www.worldvaluessurvey.org/wvs.jsp）

第9章　南部アフリカの選挙管理機関
―――「埋め込まれた制度」の実態とは―――

遠　藤　　　貢

1　「埋め込まれた制度」としての選挙管理機関への視角

　2016年9月の段階において，アフリカ中部のコンゴ民主共和国（Democratic Republic of Congo；DRC）では本来の予定では9月19日であった大統領選挙公示期限日になっても選挙の実施の予定が立っていない。これに不満を持った野党支持者を中心とした若者が首都キンシャサで抗議行動を起こしたことに端を発した治安部隊との衝突で50名以上の死者が出ている。アフリカではこのように選挙をめぐる混乱や暴力が広く観察されてきた（たとえば，Burchard 2015）。

　本章では，サハラ以南アフリカにおける選挙ガバナンスに関して，これまでの先行研究における知見を改めて整理して提示するとともに，主に南部アフリカ地域を取り上げ，選挙ガバナンスにおいて重要な役割を果たすと考えられている選挙管理機関（Electoral Management Body：EMB）についてその特徴を検討する。その際に，アフロバロメーターでの調査結果を検討し，選挙に対する信頼が，ほとんどの場合，EMBへの信頼度合いを上回る結果をもたらしていることを確認する。

　そして，この傾向に関して，EMBは「選挙暴力」（electoral violence）の研究の系譜上にも浮上してきている「埋め込まれた制度」（embedded institutions）であるという点との連結を図る形で検討する。これはEMBが，それ自体として選挙の質を保障する重要な制度ではあるものの，他の様々な組織や制度と連関する形で機能している点に着目してアフリカにおけるEMBへの信頼を考える必要があることを導出しようとするものである。そして，本章では南アフリカを具体的な事例としてこの特徴を検討する。

2 EMBの独立性・自律性をめぐる諸課題

南部アフリカにおけるEMBの形成

1990年代以降のサハラ以南アフリカにおける複数政党制の再導入は，定期的な選挙実施の機会を設けることになった。この文脈で，1990年以降EMBが導入される動きがみられるようになる。その特徴的としては，特に本節で確認する南部アフリカでは，基本的に独立モデルと呼ばれるタイプのEMBが導入されたことである。ここでは，その導入の背景とともに，導入されたEMBの課題を指摘する。

南部アフリカでは，現在活動しているEMBの法的な設立時期は，1966年憲法に基づいて設立されたボツワナ，1968年憲法に基づいて設立されたモーリシャスや，1977年憲法に基づき設立されたタンザニアなどの例外を除けば，ほとんどの国においては1990年代以降である（なお，西アフリカでは，英国植民地であったガーナなどの地域では独立に向けた過程で選挙管理に関わる機関が創設されているが，フランス植民地では南部アフリカ同様，1990年代以降の設立であったというようにアフリカ域内においても地域差が見られる）。アフリカにおけるEMBに関しては，1998年時点における政府からの独立性（independence）や自律性（autonomy）について多様性がみられることが以下のように示されている。

すなわち，S. モザファー（Shaheen Mozaffar）は独立性のあり方と，自律性に関して，(1)植民地期の制度的遺制（Colonial Institutional Legacy），(2)民族的分裂（Ethno-political Fragmentation），(3)これまでの選挙における政治的競争（Previous Elections Political Competition），(4)EMBの制度的デザインに関わる政治交渉（Political Negotiations over the Institutional Design of EMB），という4つの変数から説明しようとした。結論的にはそれぞれの変数が，（それぞれ別々に）自律性の度合いの異なる選択に繋がることを結論としている（Mozaffar 2002）（図9-1）。

表9-1に示されているように，南部アフリカに関しては，そのすべての国がモザファーの類型における自律モデルである。R. ロペス・ピントール（Rafael López-Piutor）の分類でも南部アフリカのEMBは独立モデルとして，制度的には政府から独立した形をとっている類型に属している（アンゴラ，ボ

図9-1　EMB の自律性の決定要因
出所：Mozaffer 2002：91-93を参照して筆者作成。

表9-1　アフリカにおける選挙管理機関の自律性の度合い（1998年段階）

非自律的（non-autonomous）	準自律的（semi-autonomous）	自律的（autonomous）
カメルーン	ブルキナファソ	アンゴラ
コンゴ	ブルンジ	ベナン
コートディボワール	カーボベルデ	ボツワナ
ギニア	中央アフリカ	ガンビア
ジブチ	チャド	ガーナ
モーリタニア	赤道ギニア	ギニアビサウ
ルワンダ	ガボン	ケニア
セイシェル	マダガスカル	レソト
	ニジェール（1993年）	リベリア
	セネガル	マラウィ
	トーゴ	マリ
		モーリシャス
		モザンビーク
		ナミビア
		ナイジェリア
		サントメプリンシペ
		シエラレオネ
		南アフリカ
		タンザニア
		ザンビア
		ジンバブエ
N=8(20%)	N=12(29%)	N=21(51%)

出所：Mozaffer 2002：94 Table 1

ツワナ，レソト，マラウィ，モーリシャス，モザンビーク，ナミビア，南アフリカ，タンザニア，ザンビア，ジンバブエ）（López-Pintor 2000）。なお，現在の南部アフリカ経済共同体（Southern African Development Communiy：SADC）メンバー国を南部アフリカ諸国として定義した場合には，ここには DRC とセイシェルも含

まれるが，DRCについては，2013年現在独立選挙委員会についての法案が議会を通過していない。また，セイシェルに関しては1993年憲法を下に設立されているが非自律型に分類される状況は変わっていないが，ここではこの2カ国は含めない形で議論を進めることにしたい。

　このように独立モデルのEMBが設立されてきた背景には，南部アフリカでは，他のアフリカの地域に比べてとりわけアパルトヘイト体制が長く継続してきた南アフリカに代表されるように植民地解放が遅れたことが挙げられる。結果的に複数政党制の下での選挙の実施が1990年代に始まった国も多く，EMBの設立時期も選挙の実施と連動してきた。実際，南部アフリカ地域は解放運動の中で共通の連帯意識を涵養してきた背景を持っている（たとえば，ICG 2012：i）。特に1970年代に設立された前線諸国（Frontline States：FLS）（アンゴラ，モザンビーク，ザンビア，マラウィ，タンザニア），ならびにSADCの前身となった南部アフリカ開発調整会議（Southern African Development Coordination Conference：SADCC）(1)（1980年設立）は，南アフリカと対峙する周辺国の地域統合の1つの形を示していた。

　このような植民地解放といった南部アフリカ地域固有ともいえる政治力学が働いている点は重要である，それぞれの国々を個別に扱っているモザファーの検討においてはこの点に対する考慮は漏れている。こうした共通の地域的利益を有する南部アフリカでの特徴としては，選挙実施に関わる様々な指針作成の取り組みを指摘することができる（Matlosa 2006）。現在も一般的にみられる選挙に際の選挙監視に関しては，2001年にSADC-議会フォーラム（SADC-PF）で作成されたSADC地域における選挙監視に関する「規範と基準」に関する文書が包括的な指針を与えている。SADC-PFは，1997年にSADC条約の第9条第2項を根拠として設立された南部アフリカ地域の議会の機能向上を目指した議会の連合組織である。(2)

　そして，選挙管理に関する指針として策定されたのが，SADC諸国の選挙委員会フォーラム（Electoral Commission Form：ECF）と南部アフリカ選挙研究所（Electoral Institute in Southern Africa：EISA）(3)が作成し，2003年11月のECFの会合で採択されたSADC地域における選挙管理，選挙監視に関わる原則（Principles for Election Management, Monitoring and Observation：PEMMO）である（ECF・EISA 2003）。ECFは，SADC地域の選挙監視員会の連合体であり，こ

の下に南部アフリカにおける選挙委員会（Electoral Commissions）の協力を促進するとともに，この地域における自由で公正な選挙の実施に繋がる環境の実現を目指した。1998年7月にSADC地域の選挙管理委員会の代表や関係者が集まった会合で採択されたのが，PEMMOであった。こうした南部アフリカにおける一連の規則やガイドラインの策定は，この地域におけるEMBの組織的な共通性を生み出す上での意義を持ち得た可能性は指摘できるものの，PEMMOの文書や，南部アフリカにおけるEMBの実態についての課題を検討したD. ポッティ（David Pottie）は，南部アフリカにおけるEMBが実際の作業における独立への制約，曖昧な権限，不十分な資源などの課題に加え，選挙管理委員の任命や任期の不透明性に関する問題点を指摘している。したがって，こうした指針の策定やその確定過程自体が独立モデルの伝播には一定の役割を担ったとはいえるものの，自律したEMBの活動には必ずしも繋がっていない課題があることを示してもいる（Pottie 2001：152）。

EMBの独立性・自律性をめぐる研究課題

研究の上でも，独立モデルと分類されるEMBは，それだけでは必ずしも実効的には良好な選挙ガバナンスの実現には資さない可能性が指摘されてきた。そのため，単に制度的に「自律」「独立」しているという分類だけではなく，実効的に「自律」している状況を改めて自律性として評価し直す形で検討を加えようとする研究が現われてきた（Kerr 2009：2011）。この点を検証しようとしたN. ケール（Nicholas Kerr）は，自律性を「EMBを含む制度を管轄する職員が執政府や他の主体の影響力から独立して決定が出来る」という実質的な面を含む概念として再定義している。これに加えて，EMBの能力（capacity）という別の側面について，「EMBの職員がその選好や法的に認められた機能を実現できること」として概念化した（Kerr 2009：8-9）。その上で，EMBの自律性と能力が，一般市民のEMBへの信頼とともに，最終的には一般市民の選挙の質に対する認識にどのような影響を与えるかについてのなんらかの因果の経路を想定できるかの検証を行っている。

具体的な検証としては，EMBの自律性と能力が選挙の質にどのような影響を及ぼすかに関するアフロバロメーターのデータを利用したラージN（18カ国）の計量分析を行うとともに，ナイジェリアの事例分析から，自由で公正な

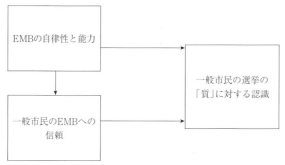

図9-2 アフリカにおける選挙認識へのEMBsの自律性・能力，ならびにEMBへの信頼の影響
出典：Kerr 2009：9。

選挙が実施されるという認識に，EMBへの信頼，EMBの自律性と能力がどのように関わるかに関する包括的な分析を試みている（Kerr 2009）。その経路を示したのが，図9-2である。結論的には，EMBsへの信頼は選挙の質への信頼と正の相関関係にあることが確認できたものの，EMBsの自律性と能力が，選挙の質への信頼に統計的に有意に関係していることは確認できなかったとしている。その理由としては，第1にアフロバロメーターのデータが法律的な制度に偏っているため，EMBsの自律性と能力を測定する指標が，必ずしも実際の運用（パフォーマンス）を反映していない可能性がある点，また第2にEMBの実施能力（自律性と能力）への一般市民の評価が，それぞれの国におけるEMBの実施能力とそれに対する評価との関わり方で決まる可能性が高く，ケールの設定した（国の違いを考慮しない形で）集計された形での実施能力に関するデータとは直接的な関係がないという点を挙げている。後者の問題は，個人レベルでのEMBへの評価に関しては，国によってEMBの実施能力が多様で，市民とEMBとの関係も同質ではないため，ラージNの手法では，こうした点を考慮した分析が出来ていないという限界を示している。

この欠点を補うために，ケール自身が独自のデータ収集を行ったナイジェリアの事例を検証している。そこでは個人レベルでの属性（与党支持，民主主義・市場経済への満足度，政治参加度合，社会属性）を加味した結果として，EMBsへの信頼と選挙の質への認識に強い相関があるとともに，EMBsの自律性と能力が選挙の質への信頼にも繋がることを検証の結果として明らかにしている。

しかし，ケールは，自ら再定義して用いているEMBの実施能力（自律性と能力）の測定がきわめて困難であることが，アフリカにおけるEMB研究における1つの欠点になっていることを指摘している。こうした研究の展開は，EMBの実施能力（自律性と能力）をどのように測定するのかという方法論上の課題を示すものともなっている。

EMBへの信頼と選挙への評価の関係

次に，表9-2は，選挙に対する信頼に関しては2005年以降実施された4回のアフロバロメーターの評価と，EMBへの信頼に関しては1999年以降の6回の調査結果をまとめたものである。選挙への評価が高い割合は質問項目において，「完全に自由で公正である」（Completely free and fair）と「些細な問題はあるがおおむね自由で公正である」（Free and fair, but with minor problems）の比率の合計である。また，EMBへの信頼については，信頼の度合いを聞く質問に対し，「大いに」（a lot）と「ある程度」（somewhat）と回答した比率の合計である。アフリカにおいては全体的に，選挙そのものへの評価の方が，ほとんどのデータにおいてEMBへの信頼度よりも高い傾向が見られる。この結果は，ケールが利用しているラウンド3のデータ（2000～06年）でも見られる傾向であり，選挙への評価の中間値が66％なのに比べ，EMBへの信頼は53％にとどまっている（Kerr 2009：18）。したがって，このデータは選挙の質（への評価）自体は，EMBへの信頼度だけではない要因が影響している可能性を示唆する形になっていると考えられる。

この両者の変数間の関係が逆転しているのはラウンド5の調査の際のコートジボワールとラウンド4と5の時のケニアのケースに限られている（表8-2における囲い字の部分）。これを説明する仮説としては，選挙への評価がきわめて低くなっているのはコートジボワールに関しては2010年，ケニアに関しては2007年の選挙の結果としてそれぞれ選挙後の混乱（コートジボワール）と，「選挙後暴動」（Post-Electoral Violence：PEV）（ケニア）が勃発した経験が選挙全体への評価を著しく下げる結果をもたらしているということであり，他の多くのデータはEMBによる選挙ガバナンス以外の要因が選挙への評価を左右しているという認識が反映されているととらえることが出来る。そこで，次節で見るような「埋め込まれた制度」としてのEMBを想定する形で，選挙とEMBへ

第9章　南部アフリカの選挙管理機関

表9-2　アフロバロメーターの調査結果データ　(％)

	選挙への評価高い割合				EMBへの一定の信頼度				
	ラウンド3 (2005~6年) サンプル数 N=25,086	ラウンド4 (2008年~9年) サンプル数 N=27,713	ラウンド5 (2011年~12年) サンプル数 N=50,404	ラウンド6 (2014年~15年) サンプル数 N=47,941	ラウンド1 (1999~2001年) サンプル数 N=21,530	ラウンド2 (2002~3年) サンプル数 N=24,228	ラウンド3 (2005~6年) サンプル数 N=25,086	ラウンド4 (2008年~9年) サンプル数 N=27,713	ラウンド5 (2011~12年) サンプル数 N=46,804	ラウンド6 (2014~15年) サンプル数 N=47,941
アルジェリア			48	41.7						31.1
ベナン	74	88	74	65.7			37	44	54	40.1
コートジボワール			35	54.8					40	41.3
ボツワナ	84	86	82	77.5	59	27	55	70	61	61.4
ブルキナファソ	68	68	71	64.2				57	61	60.3
ブルンジ			85	80/9					66	73.6
カメルーン			46	56.4					37	42.2
カーボベルデ	56	69	76	56.4		16	44	45	55	45.1
エジプト			45	60.7					35	57.9
ガーナ	77	83	79	46.7	62	49	75	66	59	37.3
ギニア			62	66.5					49	48.3
ケニア	80	20	35	61.0		50	53	25	53	45.7
レソト	79	58	82	74.7	31	46	67	49	52	55.8
リベリア			71	76	52.8				43	33.2
マダガスカル	77	72	53	83.9			49	39		53.1
マラウィ	42	64	69	69.8	49	38	50	66	63	57.4
マリ	64	68	57	83.3	46	46	53	53	41	68.5
モーリシャス			90	91.4					71	67.1
モロッコ			40							
モザンビーク	77	68	64			51	72	65	54	
ナミビア	77	81	75	79.1	65	41	56	63	58	74.5
ニジェール			76	82.8					65	72.8
ナイジェリア	34	31	71	48.0	62	12	20	28	34	32.8
セネガル	78	60	91	86.9		50	49	34	50	57.1
シエラレオネ			67	69.5					56	37.9
南アフリカ	75	72	77	71.7	49	30	56	53	69	56.1
スーダン				30.6						29.3
スワジランド			67	75.2					47	56.8
トーゴ			47	60.9					34	37.0

チュニジア			66	70.8						54.8
ウガンダ	67	50	64	68.6	77	20	65	40	43	54.0
タンザニア	79	90	84	75.7	82	50	87	79	62	64.8
ザンビア	29	46	85	77.8	45	21	33	40	55	48.7
ジンバブエ	35	46	38	55.7		34	29	30	36	46.3
合計	63	63	66	66.0	57	36	53	48	52	50.9

出所：Afrobarometer のデータを加工して作成。

の評価を改めて検討することにしたい。

3 「選挙暴力」と「埋め込まれた制度」としての EMB

アフリカにおける「選挙暴力」の類型

アフリカでは，複数政党制のもとでの選挙の導入により，選挙暴力（electoral violence）と呼ばれるようになる選挙関連の暴力が多発する現象に繋がってきた（たとえば，Bekoe 2012）。これは，「選挙の呪い」と言った形でも表現されるような現象としても理解され（Motsamai 2009），選挙実施が，アフリカにおける民主主義に基づく安定に資するのかという点に関する疑念も喚起してきた。選挙暴力はアフリカに限らずフィリピンやタイなどのアジア諸国にも観察されるが，アフリカにおいても選挙ガバナンス上の課題となってきたのである（Norris 2014：18-9）。選挙暴力は，たとえば，「差し迫った選挙や公表された選挙結果に直接関係する身体に危害が及ぶ暴力や強制力を伴った威嚇」と定義され（Strauss and Taylor 2012：19），通常の紛争や暴力よりも，選挙との関連が注目される形で，限定的に用いられる概念である。さらに，アフリカにおける選挙が，稀少化が進み，国家の管轄下におかれている土地問題とも深く関係していることも指摘されてきた（Boone 2014）。

選挙は，動員を基軸とする社会現象として，その実施過程において，様々な要因の下に暴力を誘発する機会を提供してきた。そのため，選挙暴力はアフリカにおける「民主化」の負の課題として近年になって１つの研究領域を形成してきた。アフリカにおける複数政党制下での選挙に関して包括的な研究を行ったS. I. リンドバーグ（Stephen I. Lindberg）は，その研究対象期間である 1990

年から2003年にアフリカで実施された選挙の中で「平和裏に」行われたものの比率は20％にとどまり，それ以外の選挙では大規模ではないものの何らかの選挙に関する暴力が発生している指摘しているほか（Lindberg 2006：61），S. ストラウス（Scott Strauss）らも1990年から2008年にかけて実施された58％（129件）の選挙において暴力があったことを指摘し，その中の20％（45件）はかなり激しい暴力が観察されたと推定している（Strauss and Taylor 2012：23）。ただし，より詳細な検討を行うと，上記の研究で指摘されているほど，選挙に関して大規模な暴力が発生することは必ずしも常態化しているわけではないという分析も行われている（Goldsimith 2015）。したがって，紛争の測定との類似性を持つ，選挙暴力の規模の測定という点についても，どのような方式が望ましいのか関してはさらなる検討が必要とされている。

　しかし，複数政党制のもとでの選挙に伴う暴力は確かに現象化していたし，それは選挙前（pre-election phase），選挙当日（election day/s），そして選挙後（post-election phase）のそれぞれの局面において発生してきた（Höglund 2009）。ただし，ストラウスらは，アフリカにおいて発生してきた選挙暴力は，ケニアの2007年選挙に象徴されるように結果が発表される選挙後の局面よりも，むしろ南アフリカなどの事例にみられる選挙が実施される前の段階でより発生しやすい傾向を発見している（Strauss and Taylor 2012：28）。したがって，選挙暴力に関しては，その予防に関する研究のほか，選挙暴力の発生の傾向についての研究が実施されてきた。そして，選挙暴力が発生するシナリオとしては，帰納的に次の6の可能性が指摘されてきた（Strauss and Taylor 2012：33-36）。ここには政権側（incumbent）が主導する場合と，挑戦者側（opposition/challenger）が主導する場合，さらに両者が関与する場合が想定されている。第1はハラスメントや路上での口論で，ここには(1)政権側が警察などを使い，挑戦者側の集会を解散させたり，野党候補者を逮捕するなどの行為のほか，(2)政党支持者間の小競り合いといったものが含まれ，一般的に暴力の度合いは低いとされる。第2に，選挙結果の見通しが不透明な場合に，プレイング・フィールドから挑戦者を強制的に除外する組織的な弾圧を行う場合であり，挑戦者側の指導者が殺害されたり，身柄を勾留されるといった事態に発展する。第3に，これも選挙結果が不透明な場合に，その弾圧対象が挑戦者そのものではなく，挑戦者を支持する選挙区の支持者に向かう場合である。第4に選挙期間中に支持を取

り付けるために，支持者に様々な資源の優先配分を約束することに伴うことで資源配分をめぐる対立が誘発される場合であり，大規模な暴力に繋がる可能性を胚胎しているケースである。第5に選挙の際にきわめて限定的な地域の限定的な課題をめぐって発生する暴力で，連邦制を採用しているタンザニアのザンジバルやナイジェリアのケースが挙げられる。そして，第6として（時に票の不正操作の関わる形での）選挙結果の公表に対する抗議運動が大規模な暴力に繋がる場合であり，2007年のケニアの選挙後暴力の事例が典型的とされる。これらの6つのシナリオですべての可能性がつきているについての詳細な検証の必要性はあるが，選挙暴力が派生するメカニズムの1つの類型としての意味は有している。

「選挙暴力」への対応制度としてのEMB

こうした選挙暴力への対応として，一連の選挙過程 (electoral cycle) におけるEMBの役割の重要性も政策的には指摘されてきた（Motsamai 2009：4）。そこでは，EMBの信頼が特に選挙実施後の選挙暴力と関連する可能性が指摘されるほか，選挙過程において生じた紛争予防や暴力の抑止におけるEMBの重要性が指摘されてきたのである（Motsamai 2009：4）。

こうした観点から，定性的な比較分析手法の下で，どのようなタイプのEMBが選挙関連暴力の発生や抑制に資するのかといった研究も現れている。選挙暴力に関しても，選挙の質を高める上でのEMBの役割は，選挙暴力を回避する上で重要と考えられている。たとえば，近年の研究で，C. オピッツ (Christian Oppiz) らは（特に選挙後の）選挙関連暴力の抑止のためにどのようなEMBが望ましいのかについての検討を加えている（Opitz, et al. 2013）。そこでは「EMBの法律的な理解を超え，（選挙）ガバナンスがEMBといった制度を通じてどのように実践されているのか」を問おうとしている（Opitz, et al. 2013：714）。そして，選挙過程への政府の操作に対する不信感を野党側が持ちやすい，「民主化」したとはいえ，準権威主義 (semi-authoritarianism) とここでは定義される政治体制に分類される，マラウィ，ザンジバル，エチオピアの事例を検証し，特に民主化途上にある場合に，より選挙暴力を抑制するためのEMBの組織的特徴を見出す作業が行われている（マラウィとザンジバルは南部アフリカ地域の国，地域である）。この検討の結果だけを述べておけば，諸政党を包括する

形で EMB（inclusive EMB）を設立することが選挙暴力を抑止する上で有効であることを結論づける形になっている。

　また，この研究において指摘されるのは，ケールの計量分析の際にも変数の取り方において触れられていることでもあるが（Kerr 2009：15-16），EMB だけを取り出して，この組織と選挙の質との関係のみに焦点を当てた検証を行う妥当性の問題点である。オピッツらの検証の結果から導かれている論点の1つは，EMB は選挙の質を保障する重要な制度ではあるものの，様々な他の組織や制度と連関する形で機能している「埋め込まれた制度」であるという点である。これは，前節でみたように EMB のみによって選挙の質（あるいは選挙への評価）が担保されているというとらえ方に対する大きな疑念でもあり，また，EMB の制度的な独立性と実際の運用法（*modus operandi*）の違いという，EMBs の自律性と能力をどのように定義するかという論点と重なる課題でもある（Opitz, et al. 2013：725-726）。ここで指摘されるのは，たとえば，EMB の影響力が，政党間の既存の権力関係に強く影響を受けるということである。それゆえに，政党間の合意に基づいて包括的に作られるタイプの EMB が，ここで扱われている準権威主義体制の場合の選挙では有効性を持つという結論に至っているのである。しかし，選挙との関係で「埋め込まれた制度」である EMB は，現政権側の性格にも大きく左右されるところであり，警察への信頼性，司法の信頼性，選挙監視を含む外からの圧力といったきわめて複合的な要因によっても，選挙暴力への影響力が規定されるという議論にも繋がるのである。そして，アフリカにおける選挙ガバナンスという視座から考えた場合には，選挙暴力のあり方が逆に EMB のその後の制度的なあり方を逆に規定するということも，上記3カ国の事例の検証を通じて明らかにされている（Opitz, et al. 2013：726）。その意味では EMB のあり方と選挙暴力とは相互に影響しあう点にも留意する必要があろう。

　ここに示されているのは，1990年代初頭以降，複数政党制のもとでの選挙の実施という民主化の経験が四半世紀ほどにいたる段階にようやく達したアフリカ諸国においては，選挙ガバナンスの射程は自由で公正な選挙の実施に加え，選挙暴力の抑制という別の課題を抱えてきたことを十分に考慮する必要があるということである。実際この点は最近の国連アフリカ経済委員会（United Nations Economic Commistion for Africa：UNECA）の報告書においても重要な問題と

して共有されている(UNECA 2013：Chapter 5)。そして，こうした選挙ガバナンスは，少なくともアフリカの文脈では，EMBを「埋め込まれた制度」として位置づける視座からとらえ直す必要があるということでもあろう。

そこで，次節では，選挙暴力を抑制することを重要な対処課題として設立されたEMBが，時間の経過とともに，「埋め込まれた」性格を示しながら，その役割を変化させていくことを検討するために，アフリカ諸国の中では一般的には最もそのEMBへの信頼の高い傾向を示してきた南アフリカの事例を検討することとしたい。

4 新生南アフリカを事例として

2004年選挙を取り巻く選挙ガバナンスの構築

EMBの「埋め込まれた制度」としての特性や，選挙暴力と選挙ガバナンスをめぐる論点をより実証的に事例を通じて検討するために本節では，南アフリカを扱う。南アフリカにおいては趨勢的に選挙は平和裏に行われるようになり(Booysen and Masterson 2009：416)，また選挙管理に関わる独立選挙委員会(Independent Electoral Commission：IEC)の能力や信頼度も向上してきたと評価されてきた(Struwig et al. 2011：1125)(表9-3)。

南アフリカは，アパルトヘイト体制の負の遺産として「暴力の文化」という形で，多くの政治関連暴力の経験を有してきた。特に1990年代には，特にクワズールーナタール州(KZN)において，アフリカ民族会議(African National Congress：ANC)とこの地域を地盤とするインカタ自由党(Inkatha Freedom Party：IFP)の支持者の間での対立がみられた(表9-4)。ここにはアパルトヘイト期の白人政権との関係をもとにした対立の図式が潜んでいた。ここで顕在化した選挙暴力は，先に挙げた第1のシナリオがかなり大規模化する特徴と第5のシナリオが組み合わさって生じている選挙暴力と理解することが出来るものである。ストラウスらの評価も南アフリカは常に高い選挙暴力が発生する国に類型化されている(Strauss and Taylor 2012：25-27)。特に以下で挙げている1994年と1999年の選挙年は，彼らの分類ではレベル3に分類される最も大規模な選挙暴力が発生した事例に含まれている。表9-4には現われていないが，2004年の選挙についても，ストラウスらはある程度の選挙暴力が発生した事

表9-3 南アフリカにおけるEMBと選挙への信頼の変化（アフロバロメーター）

	EMBへの一定の信頼度	選挙への評価高い割合
ラウンド1（1999-2001）	49	73
ラウンド2（2002-03）	30	n.a.
ラウンド3（2005-06）	56	75
ラウンド4（2008-09）	53	72
ラウンド5（2010-12）	69	77

出所：Afrobarometerのデータより作成。

表9-4 KZNにおける政治暴力による死者数の変化

年	1993	1994	1995	1996	1997	1998	1999
死者数	3,794	2,476	1,044	683	470	356	325

出所：遠藤 2005。

例として挙げており，実際，KZNでは2004年2月上旬には選挙前の段階での暴力の結果6人の死者が出ている。また，この選挙の際には選挙に関わる185件の事件が報告されている（EISA and IEC 2004：7）。しかし，この選挙ではこうした暴力の連鎖的な発生が極力抑えられた点が大きな特徴でもあり，選挙暴力の抑止という観点からは，選挙ガバナンスの一定の成果がみられた事例でもある。

この背景について若干の検討を加えておきたい。ここには政党への支持の変化にも伴う，政党間の権力関係の変容があった。2004年選挙の大きな特徴の1つとして指摘できるのは，1994年，1999年選挙とは異なり，KZNでも与党ANCがこれまでで最大の得票率（46.98）を獲得して，38議席を得て初めて，IFPの得票率（36.82％），ならびに議席数（30）を上回り勝利を収めたことである。獲得票数とすればANCは約12万5000票を上積みしたことになる。この傾向は，南アフリカにおける一党優位体制の形成ということにも繋がっている。

また，選挙ガバナンスに関わるIECの役割が重要性を持っていた。IECは1996年の選挙法に基づいて設立された委員会で独立かつ公正な選挙を実施することを目的として設立されている。委員5名（任期7年）で，そのうち1名は判事で構成される。候補者は最低8名から国会の全政党参加の委員会で指名され，国会での推薦を受け大統領が任命する（Booysen and Masterson 2009：

397)。1999年には，内務省からIECの独立性を脅かす試みが行われたことに不満を持った当時の委員長が辞職する事件があったが，2004年の選挙に向けて選挙の一連の作業に関わる人員の教育や，予算配分の分野においてはよりスムーズな選挙管理に向けた取り組みが実施されてきた（Booysen and Masterson 2009：398-399）。

組織的にみると，IECは1998年の選挙法第5節の規定に基づいて政党協力委員会（Party Liaison Committees：PLC）を全国，州，市町村レベルでそれぞれ設立し，この委員会にすべての政党代表が参加することで，政党間の諸問題を話し合いで解決する枠組みが設置されることになった点で，包括性をその1つの性格としている面を有している。そして，選挙法に定められた選挙に関する行動規範（Electoral Code of Conduct）遵守のための各政党の調印が行われ，制度的には選挙実施の枠組が整備された。そして，IECはEISAと共同で実施した紛争マネージメント・プログラムにおいて，2004年2月上旬には実際の紛争処理に当たるための制度として紛争解決パネリスト（Conflict Resolution Panelists）を設けた。[8] 各州1名のコーディネーターが配置されたほか，紛争の可能性に合わせた数のパネリストが採用され，[9] KZNの場合にはその数は19名であった。IECとEISAはこうしたコーディネーターやパネリストに一定のプログラムに基づいたトレーニングを提供した。2004年選挙の場合，全体で253件の苦情，あるいは問題が寄せられ（IECの州事務局とコーディネーター），そのうち31件に関してパネリストの直接的な介入があった。そのうち24件は政党間の論争に関わるもので，KZNの場合には，政党間の問題が5件あり，そこには同時刻・同場所でANCとIFPの集会が予定されているという内容で，10時間に及ぶ調整の結果解決されている（EISA and IEC 2004：17）。

むろん，IECのみによって，南アにおける選挙暴力の抑制というガバナンスの向上がもたらされたわけではない。南アの文脈で挙げることが出来るのは，表8-5にも現われているようなキリスト教会，あるはNGOなどの取り組みであり，まさに「埋め込まれた制度」としてのIECの役割が顕著に現われているとみることが可能である。ここには様々なレベルでの活動がみられる。たとえば，先に指摘した2004年2月に発生した政治暴力により6名の死者がでた際には，南ア・カウンシル・オブ・チャーチ（South Africa Council of Churches：SACC）がいち早く選挙行動規定を遵守することを求めて，ANCとIFP

間の仲介に乗り出している（*Business Day*, 10 February, 2004）。

また，KZNでは当該州に密着した教会組織やNGOが選挙以前から活発な活動を展開してきた。特に政治的仲介機能を果たしたのがKZNクリスチャン・カウンシル（KZN Christian Council：KZNCC）である。選挙運動期間中には，ANCがIFPの支持基盤であるズールーの中心都市ウルンジで選挙活動を展開した際に，KZNCCの20名の仲介者は南ア警察や軍といった治安部隊が設立した共同作業委員会（Joint Operational Committee）とともに活動を行い，暴力の封じ込めに一定の成果を挙げている。このほかにも，従来からANCとIFP間の対立のあった地域（hot spots）においても同様の監視，ならびに仲介活動が行われた。NGOに関しても，NGOの連合組織であるKZN民主主義・選挙フォーラム（KZN Democracy and Election Forum：KZNDEF）によって，選挙教育，選挙監視，選挙監視ネットワークの構築といった領域の活動が担われた。特に投票日当日は，200名の選挙前監視員に加えて，1800名の選挙監視員が加わり，3600の投票所のうち約2000に選挙監視員を配置した。こうした活動の成果として，投票日当日に目立った選挙妨害や政治暴力に関連する事件の発生はなかった。こうした状況について，KZNDEFのメンバーであり，500名の選挙監視要員を調達した南ア市民社会選挙監視連合（South African Civil Society Observers Coalition：SACSOC）のKZNのコーディネーターは「KZNにおける政治暴力はもはや過去のものだ」とする論評を行っている。また，KZNDEFも暴力はなくなったわけではないが，選挙は管理可能なものになったとする見解を述べている（Piper 2004）。選挙後に関しても，2004年時の不服申し立ては1999年の選挙の件数の2割ほどにとどまった。

ここまでの段階に関しては，南アにおける選挙ガバナンスが，特に紛争管理（conflict management）という点において，1990年代における大きな選挙暴力を教訓として構築されてきたことが示されているのである。

近年の傾向

表9-5は，IECが南アの研究機関である人文科学研究評議会（Human Science Research Council：HSRC）に委託した2013年の投票者の政治参加調査（Voters Participation Survey）の分析結果の中に挙げられていた表を下に作成したものである。調査の中で諸制度への信頼度を質問した中から，強く信頼する，信

表9-5 各種制度に対する信頼

年度／制度・組織	1998	1999	2000	2001	2003	2004	2005
国民政府	47	60	43	52	57	69	64
議　会	n.a.	n.a.	n.a.	n.a.	57	65	59
政　党	30	39	29	27	n.a.	n.a.	42
政治家	n.a.	n.a.	n.a.	n.a.	n.a.	n.a.	n.a.
宗教組織	82	81	74	81	84	81	81
IEC	n.a.	54	49	63	69	65	68
軍	48	n.a.	45	49	62	56	59
裁判所	42	45	37	45	50	58	56
警　察	42	47	39	40	42	46	45

	2006	2007	2008	2009	2010	2011	2012	2013
国民政府	59	52	52	61	52	51	46	44
議　会	55	46	48	56	49	45	44	n.a.
政　党	37	27	29	34	29	29	25	25
政治家	32	22	26	29	24	25	21	22
宗教組織	82	82	83	84	81	79	77	76
IEC	68	n.a.	67	72	71	61	60	63
軍	49	n.a.	56	64	58	57	53	n.a.
裁判所	52	49	50	57	54	50	48	46
警　察	39	39	40	41	41	41	36	35

出所：Roberts et al. 2014：8より作成。

頼するという回答のあった割合を示している。2004年の選挙でも重要な役割を担ったキリスト教会に対する信頼が最も高い傾向を示してきたのに次いで，IEC自体は一定の信頼を得て来たことを示す結果となっている。ただし，2011年以降は宗教組織も含めて，信頼の後退傾向が見られ始めている。

　継続的に調査を行っているHSRCの研究者は，この点について，依然として相対的にはIECへの評価は高い傾向にあるものの，政府や議会，さらには政党といった政治全般への評価が低減する傾向が強まる中で，IECへの評価も低くなる傾向がみられるという見方を示している（Roberts et al. 2014）。実際，2009年に誕生したJ. ズマ（Jacob Zuma）政権以降の時期の南アフリカの民主主義の動態に関しては，同じ調査の中で2011年に肯定的な立場を示す比率（40

%）と否定的な立場を示す比率（41％）が逆転し，それは2013年には肯定側が36％にさらに減少し，否定側は48％にまで上昇している。特に2013年の結果に関しては，2012年8月に北西（North West）州ラステンバーグ近郊に位置するロンミン（Lonmin）社所有のプラチナを産出するマリカナ鉱山で，ストライキに参加した34名の鉱山労働者が警察による発砲で死亡した事件が起きたことが大きく影響しているものと考えられる。したがって，民主主義の質の低下に伴い，様々な制度や組織に関する信頼度も全体的に後退している動きに繋がっているという予測を立てることが出来る。

そして，こうした変化を反映した形で設立されたきわめて急進的な政策（反資本主義，反帝国主義，鉱山や銀行の国有化，賠償金なしの土地改革の実施）を掲げる新政党「経済自由戦士」（Economic Freedom Fighters：EFF）が登場したことにより，2014年5月に行われた総選挙に向けた選挙前の時期には，与党支持者とEFFの対立を反映した選挙関連暴力が少なくとも4件発生した（Bruce 2014：2-3）。2014年の選挙に際しても，IECを中心として選挙暴力の抑止のための取り組みは継続して行われ，KZNでも3月3日に選挙に参加する全政党が集まり，選挙に関する行動規範を遵守する協定に署名する式典が行われるなど，IECが，規律違反に対して厳しい姿勢で臨む姿勢を示したが，暴力事件を完全に封じ込めるまでには至らなかった（Mottier 2014）。

上で挙げた諸制度への信頼の低下傾向は，選挙において実際に投票するか否かにも大きく影響することもHSRCの研究の中で指摘されている。政治的効率性（political efficacy）という概念で表現される選挙における投票の意義への認識が問題となってきていることが指摘されている（Struwig et al. 2011：1135；Roberts et al. 2014）。政治不信とも連動する形で，選挙そのものに対する幻滅が南アフリカでは強まる傾向にあるという現象である。この検討のために，2008年，2010年，2013年のそれぞれの調査の際に，「もし選挙が翌日にあるとして投票に行かない理由があるとすればそれは何か」という質問に対する回答をとっているが，選挙登録していないといった行政上の問題を理由に挙げている回答者の割合が，それぞれの調査年で21％，17％，17％だったのに対し，「関心がない」「投票しても影響がない」「政治に幻滅している」「既存政党に関心を持てない」といった理由を挙げた回答者の比率がそれぞれ71％，65％，71％を占めた（Roberts et al. 2014：25）。

表9-6 南アフリカ国政選挙における選挙人登録数と投票者数の変化

	1999	2004	2009	2014
投票者数	15,977,142	15,863,558	17,919,966	18,654,771
登録者数	18,172,751	20,674,923	23,181,997	25,388,082
投票者数／登録者数	87.9	76.7	77.3	73.5

出所：IECの選挙データより作成。

　こうした新たな傾向の中には，特に新生南アフリカ誕生以降のアパルトヘイト体制を知らない世代の有権者（"free born"と呼ばれる）が増えてきたとと関係があるとみられている。投票への意思を示す回答の中で，最も比率の低かったグループが16〜19歳のグループであった（Roberts et al. 2014：24）。したがって，南アフリカにおける選挙ガバナンスをめぐる課題は，1990年代における選挙暴力への対応という次元から，いかに若い世代の政治不信や政治への関心を失った年齢層が積極的な政治参加をしていくかという問題に，その焦点が移りつつあるとみることも可能である。しかも，南アフリカの政治自体が，国民の信頼を失う方向に向かい，民主主義の質の変質とも連動してきたことは，選挙ガバナンスにおける新たな課題が提起され始めているということにもなろう。表9-6は1999年以降4回の総選挙の際の登録者数と実際の投票者数と，登録者数に対する投票者数の比率を示したものであるが，人口増とともにと登録数者数は増加しているものの，実際に投票しない比率が増加傾向にあることも，上記の調査結果を反映し始めていることを示しているとも考えられる。

5　アフリカにおける選挙ガバナンスの研究の課題

　本章では，アフリカにおけるEMBの選挙実施や民主主義との関係に関し，まず南部アフリカにおけるEMB設立やその伝播の背景と特徴について検討した。そして，アフリカにおけるEMBの自律性と能力が選挙の質に与える影響に関してまとまった検討を行ったケールを参照し，EMBと選挙への評価との関係を検討する際のさらなる課題を提示した。その上で，アフロバロメーターのデータを参照する形で，EMBが「埋め込まれた制度」として機能している点に着目する視点を導出した。そして，次にアフリカにおいて多く現象化してきたと考えられている選挙暴力の問題を扱う中で，「埋め込まれた制度」とし

てのEMBの位置づけを確認し，選挙の質自体，EMBだけではなくきわめて複合的な要因によって左右されうることに加え，選挙暴力が逆にEMBのその後の制度や能力にあり方を決める繋がる可能性を指摘した。

そして，新生南アフリカの事例を扱うことで，南アのEMBであるIECとそれと連動する形で動く諸制度の動向も選挙をめぐる課題としての選挙暴力への対応に関して，おもに2004年選挙の事例を検討した。この段階では，選挙暴力の予防という観点からみれば，「埋め込まれた制度」としてIECが機能する形で選挙ガバナンスの「成功」がみてとれるものであった。そして，全般的にはこれまで趨勢的にはIECへの信頼度や能力が高まるとともに，アフロバロメーターのデータでは選挙への信頼も向上する傾向が見られてきた。しかし，現在のズマ政権が発足した2009年以降に関する南アにおける政治参加調査の結果は，全般的に南アの民主主義や政治・社会諸制度への信頼が後退する傾向も見られ始めており，その中でIECへの評価も後退傾向であることを確認したが，これはまさにIECというEMBが「埋め込まれた制度」として位置づけられていることを示すものと評価できる。ここにはIECが懸案であった選挙暴力への対応はおおむね成功してきたものの，選挙に関する課題が次第に政治不審や関心の喪失にも示される民主主義や政治の質の後退という課題に直面する形で，EMBの役割の再定義が再び求められる局面にさしかかっているということも示唆されていたのである。

アフリカのように1990年代以降の「民主化」経験を経ても，民主主義の十分な質を実現できていない国は多く，そこには本章で扱ってきた選挙暴力も選挙に関わる重要な懸案として併存している状況が継続的に存在している。また，ケールの指摘するようにEMBに関しては事例検証を行っているナイジェリアのように，EMBの自律性が大きな課題となる場合も多いが，南アフリカのように効率的な選挙の実施に関わるEMBの能力が課題となるケースも見られる（Kerr 2011：18）。それぞれの文脈における選挙関連の諸制度との市民の関わり方が，EMBへの信頼，選挙への信頼，そしてひいてはその国の民主主義への評価に繋がっていくことが改めて示されている。何が妥当な問い立てになるのかを含め，アフリカにおける選挙ガバナンスの研究はさらなる開拓の余地が残されている。

注

(1) FLSと1980年独立したジンバブウェ，さらにボツワナ，レソト，スワジランドから構成された。

(2) http://www.sadcpf.org/

(3) EISAは現在，略号そのままだが，Electoral Institute for Sustainable Democracy in Africaと改称している。http://www.content.eisa.org.za/home

(4) http://www.ecfsadc.org/

(5) UNECAの報告書においては，アフロバロメーターとは異なる形で実施された，Africa Governance Report III Expert Opinion Survey 2012のデータをもとにしたグラフが示されているが，そこではIECと南アでの選挙についてはきわめて高い評価が行われている（UNECA 2013）。

(6) レベル3は20名以上の死者を出すような大規模な襲撃が繰り返し発生するケースであり，分類上は最も大規模な選挙暴力とされている（Strauss and Taylor 2012：21-2）。なお，レベル0は選挙暴力の報告がない場合，レベル1は警察などによるハラスメントや挑戦者の一時的な拘束などの場合，レベル2は暴力的な抑圧や，候補者の暗殺，長期にわたる拘束や継続的なハラスメントの実施をそれぞれの分類基準としている。

(7) 1994年選挙では，ANCは32.23％の票を得て26議席，IFPは50.32％の票を得て41議席を獲得している。また，1999年選挙では，ANCが39.38％の票を得て32議席，IFPは41.90％の票を得て34議席を獲得という形で，両者への支持が推移してきた。

(8) この制度は1999年の国政選挙，2000年の地方選挙の際にも導入されていた。

(9) 採用基準は，紛争マネージメントにおける経験を有していることに加え，党派的でないことなど8つからなるが，現実にはこれまでパネリストとしての経験を持っている地域の有力者（司祭，弁護士など）が選出されている。

(10) リッチモンドやショバショバネなど，20以上の市町村が含まれている。

(11) 当初，すべての投票所に監視員を配置することが考えられていたが，資金不足のためにそれは実現しなかった。

(12) データに関しては，HSRCに提供依頼を行ったが，IECが管理しており，公開可能な段階で提供される見通しであるという連絡を受けている。

(13) アフロバロメーターの調査をもとにしたズマ大統領への評価については，地域差を含め，様々な見方が混在している状況がある（Graham and Alpin 2012）。なお，南アフリカにおけるアフロバロメーターの調査（ラウンド5）は2011年に実施されているため，2012年のマリカナ鉱山の事件の影響は反映されていない。

参考文献

遠藤貢(2005)「『暴力の文化』から和解へ——新生南アフリカにおける政治実践をめぐって」『海外事情』53巻, 4号, 2005年.

Bekoe, Dorina A. (2012) *Voting in Fear : Electoral Violence in Sub-Saharan Africa*, Washington, D. C. : United States Institute of Peace Press.

Boone, Catherine (2014) *Property and Political Order in Africa : Land Rights and the Structure of Politics*, Cambridge : Cambridge University Press.

Booysen, Susan and Grant Masterson (2009) "Chapter 11 Southern Africa," in Kadima and Booysen (2009).

Bruce, David (2014) "The first to defend the rights of other parties ?-The ANC and the problem of intimidation in South Africa," *EISA Election Update 3*.

Burchard, Stephanie M. (2015) *Electoral Violence in sub-Saharan Africa : causes and Consequences*, Boulder : First Forum Press.

ECF・EISA (2003) *Principles for Election Management, Monitoring and Observation*, Auckland Park, Eisa publications (mimeo).

EISA and IEC (2004) *Conflict Management Programme Report : National and Provincial Elections*, 14 April, 2004, Johannesburg : EISA.

Fakir, Ebrahim and Waseem Holland (2014) *South African 2014 Election Updates, EISA Election Update One*, Johannesburg : EISA.

Goldsmith, Arthur A. (2015) "Electoral Violence in Africa Revisited," *Terrorism and Political Violence*, 27.

Graham, Paul and Carmen Alpin (2012) *Public Attitude towards the President of the Republic of South Africa, Jacob Zuma*, Afrobarometer Briefing Paper No. 104.

Höglund, Kristine (2009) "Electoral Violence in Conflict-Ridden Societies : Concepts, Causes and Consequences," *Terrorism and Political Violence*, 21.

ICG (2012) *Implementing Peace and Security Architecture (II) : Southern Africa*, Africa Report No. 191, Brussels : ICG.

Kadima, Denis and Susan Booysen (2009) *Compendium of Elections in Southern Africa : 20 Years of Multiparty Democracy*, Johannesburg : EISA.

Kerr, Nicholas (2009) *Electoral Governance in sub-Saharan Africa : Assessing the Impact of Electoral Management Bodies' Autonomy and Capacity on Citizens' Perceptions of Election Quality*, Charles and Kathleen Manatt Democracy Studies Fellowship Paper, IFES Fellowships in Democracy Studies, Michigan State University.

Kerr, Nicholas (2011) *Perceptions versus Reality : Assessing Popular Evaluation of Election Quality in Africa*, Afrobarometer Working Paper No. 137.

Lindberg, Stephen I (2006) *Democracy and Elections in Africa*, Baltimore : Johns Hopkins University Press.

López-Pintor, Rafael (2000) *Electoral Management Bodies as Institutions of Governance*, Discussion Paper. Bureau for Development Policy, the United Nations Development Programme.

Matlosa, Khabele (2006) *Election Management and Observation in Southern Africa : A Comparative Review of Existing Norms, Principles and Guidelines for Democratic Elections*, EISA Occasional paper No. 40.

Motsamai, Dimpho (2009) *When Elections Become a Curse : Redressing Electoral Violence in Africa*, EISA Policy Brief No. 1.

Mottiar, Shuna (2014) "KwaZulu-Natal," *South Africa 2014 Election Update Three : Sticks and Stones-Political Intolerance, Violence and Intimidation*, EISA.

Mozaffar, Shaheen (2002) "Patterns of Electoral Governance in Africa's Emerging Democracies," *International Political Science Review*, 23(1).

Norris, Pippa (2014) *Why Electoral Integrity Matters*, Cambridge : Cambridge University Press.

Opitz, Christian, Hanne Fjelde and Kristine Höglund (2013) "Including Peace : the Influence of Electoral Management Bodies on Electoral Violence," *Journal of Eastern African Studies*, 7(4).

Piper, Laurence (2004) "When More is Less : The Paradox of Observing in KZN," *Election Update 2004 South Africa*, No. 10 (7 June 2004).

Pottie, David (2001) "Electoral Management and Democratic Governance in Southern Africa," *Politikon*, 28 (2).

Roberts, Benjamin, Jarè Struwig and Steven Gordon (2014) *IEC Participation Survey 2013/14 : An Overview of Results*, Centurion : IEC available at http: //www. elections.org.za/content/

Straus, Scott. and Charlie Taylor (2012) "Democratization and Electoral Violence in Sub-Saharan Africa, 1990-2008," in Bekoe, ed..

Struwig, Jare, Benjamin Roberts and Elm Viver (2011) "A Vote of Confidence : Election Management and Public Perception of Electoral Processes in South Africa," *Journal of Public Administration*, 46.

UNECA (2013) *African Governance Report III : Elections and the Management of Diversity*, Oxford : Oxford University Press.

第10章　ラテンアメリカの選挙管理機関
——有権者と政治家の信頼の規定要因——

高橋百合子

1　選挙管理機関と民主主義

問題の所在

　選挙管理機関に対する信頼を醸成することは，民主主義にとって重要な意味を持つ。たとえば，メキシコでは2000年に71年振りの政権交代を果たし，制度的革命党（Partido Revolucionario Institucional, 以下 PRI）による長期支配が終焉を迎えたことによって，権威主義体制から民主主義体制への体制移行が実現した。この政権交代を実現させるにあたっては，連邦選挙機関（Instituto Federal Electoral, 以下 IFE）が，選挙不正の例が後を絶たない同国において，民主主義の定義である自由，公正かつ競争的な選挙の実施において重要な役割を果たした。しかし，2003年以降，IFE の委員選出をめぐる政党間の政治的対立が激化し，また2006年の大統領選挙で，僅差で敗れた候補者が票の再集計を求めて全国規模での抗議運動を展開すると，国民の IFE に対する信頼は失墜し，2014年の政治・選挙改革によって IFE が国家選挙機関（Instituto Nacional Electoral, 以下 INE）へと組織再編されるに至った。2016年現在，中央・地方政府レベルの選挙においても不正の例は多数報告され，かつては民主化の立役者として賞賛されたメキシコの選挙管理機関への信頼が回復する兆しは見られず，同国の民主主義の質の低下に対しては懸念が表明されている。

　こうしたメキシコの例は，とりわけ新興民主主義諸国において，選挙管理機関が民主主義の定着および深化にとって，重要な役割を果たすことを示唆している。すなわち，選挙管理機関が自由で公正な選挙の実施や信憑性のある選挙結果を保障すると，政治家と有権者の双方が民主主義のルールを「町で唯一のゲーム（the only game in town）」として広く受け入るようになり，その結果，民主主義が社会において広く正統性を確保するようになる（Di Palma 1990 ; Linz and Stepan 1996)。したがって，民主主義の定着および深化を目指す新興民主主義諸国にとって，選挙管理機関，ひいては選挙への信頼を高めることが，必須の課題であることが分かる。それでは，どのような要因が，政治家と有権者の選挙管理機関に対する信頼の度合いを規定するのだろうか。

選挙管理機関と民主主義に関する先行研究の問題点

　選挙管理機関が民主化に与える重要な役割にもかかわらず，最近まで，同機関についての政治学研究は行われてこなかった[1]。また，限られた先行研究のほとんどは，選挙管理機関の制度的特徴を独立変数として扱い，その政治的帰結について分析を行うにとどまっている。具体的に，選挙管理機関の政府からの独立性といった制度的特徴に焦点を当てて，それが選挙の質（Hartlyn, McCoy, and Mustillo 2008；Kerr 2013），選挙への信頼（Birch 2008；Rosas 2010），政治参加（投票）（Carreras and İrepoğlu 2013；Garnett 2014），民主主義の定着（信頼と安定性）（Lehoucq 2002）に与える影響を分析するものが主流となっている[2]。これらの研究は，従来の民主化研究で見過ごされてきた選挙管理機関が選挙や民主主義に対して人々が抱く信頼に与える影響を実証する新たな試みであり，民主化途上にある国にとって，独立した選挙管理機関の制度構築を進めることは，自由で公正な選挙の実現にとって重要な課題であることを示唆する。しかし，これらの研究は，以下の2点において課題を残す。

　まず，これまで選挙管理機関そのものに対する信頼の分析はほとんどなされてこなかった[3]。選挙管理機関は，選挙キャンペーンの管理，有権者登録，投票用紙の準備，投票所の設営，投票の集計，投票結果の発表等，一連の選挙過程を取り仕切る役割を担う。国によって相違はあるものの，これらの作業を一手に引き受ける選挙管理機関への信頼が醸成されてこそ，選挙の質や選挙への信頼，ひいては民主主義への信頼が高まると考えられる。従来の研究は，選挙管理機関の制度的特徴が，選挙の質や信頼，または民主主義への信頼へ与える影響に焦点を合わせてきた。しかし，その間に媒介する選挙管理機関そのものへの信頼についての研究は，ほとんどない。この選挙管理機関への信頼に影響を与える要因を分析することによって，「選挙管理機関の制度的特徴，有権者の選挙管理機関に対する認識，有権者の選挙に対する認識の3つの関係を丁寧に解き明かすこと」が可能になると考えられる（曽我 2013：50）。

また，選挙管理機関を独立変数として扱う際に，その制度的特徴として，政府からの独立性にのみ焦点を絞った研究がほとんどである。しかし，独立性の高い選挙管理機関であっても，十分な権限や専門性を持たないがゆえに，組織として能力が低い場合もある。そうした場合には，選挙管理機関が選挙の質，選挙への信頼，政治参加など，政治的帰結へ与える影響は限定的になるであろう（曽我 2013：41）。したがって，独立性に加え，権限の大きさ，専門性，能力といった，より広義の制度的特徴を分析に組み込む必要があろう（曽我 2013；Chernykh et al. 2014；Kerr 2014）。

　さらに，選挙法が定める，選挙管理機関の制度的特徴に着目することも重要である。選挙の実施に関わる上記の一連の作業を，選挙管理機関がどのように管理・運営するのか，選挙法に明確に定められている（Massicotte, Blais, and Yoshinaka 2004）。たとえば，選挙管理機関の管理・運営のもとで，誰に投票権が与えられるのか，票の集計はどのように行われるのか，在外投票権は認められるのか等について，各国の選挙法が明確に定めている。これらの制度的特徴が，有権者の選挙管理機関に対する信頼の程度に影響を与え，ひいては選挙や民主体制への信頼を左右すると考えられる。したがって，これらの制度的多様性も，選挙管理機関の制度的特徴として分析に組み込むことが重要だといえる。

本研究の目的——選挙管理機関に対する信頼の規定要因の分析

　本章は，これらの問題点を克服するべく，選挙管理機関の独立性に加えて，その権限，専門性，能力，そして選挙のあり方を包括的に定めた選挙法の詳細な規定も独立変数に含めることによって，政治家および有権者の選挙管理機関に対する信頼を決定する要因を体系的，包括的に探る試みである。有権者の分析については，ラテンアメリカ地域 18 カ国に焦点を合わせて，2012 年度に行われた「ラテンアメリカ世論調査プロジェクト（Latin American Public Opinion Project，以下 LAPOP）」データを用いて，どのような要因が選挙管理機関への信頼を決めるのか，統計分析によって明らかにする。他方，政治家の信頼については，サラマンカ大学がラテンアメリカ諸国の下院議員に対して行っているサーベイに基づく「ラテンアメリカの議員エリート・プロジェクト（Parliamentary Elites of Latin America，以下 PELA）」に依拠し，域内 17 カ国について，2003 年から 2011 年の調査で得られたデータを用いて，有権者についてと同様

の分析を行う。[7]

　以下の議論は，次のように構成される。第2節では，ラテンアメリカ諸国における，有権者および政治家の選挙管理機関に対する信頼の度合いについて考察する。第3節では，選挙管理機関の制度的特徴を中心に，選挙管理機関への信頼度を規定する要因を検討する。第4節では，有権者と政治家の選挙管理機関に対する信頼度を規定する要因について，国レベルと個人レベルの変数を用いて，マルチレベル・モデルを用いて推定を行う。第5節では，分析結果をまとめるとともに，残された研究課題を提示する。

2　ラテンアメリカにおける選挙管理機関

ラテンアメリカの選挙管理機関の特徴

　ラテンアメリカ諸国においては，1970年代後半以降，権威主義体制から民主主義体制への移行が進み，その後ベネズエラなど一部の国を除いては民主主義が崩れる気配は見られず，民主主義は定着へ向かっているといえる。そのためには，民主主義の質を向上させること，すなわち自由で公正な選挙の実施を保障する制度的枠組みを整備することが重要な課題となる。ギジェルモ・オドネル（Guillermo O'Donnell）やアンドレアス・シェドラー（Andreas Schedler）は，民主主義の質を向上させるためには，選挙管理機関，会計検査院，汚職対策機関等，政府から独立した監視機関の役割が重要であると主張する（O'Donnell 1998; Schedler et al. 1999）。特に選挙管理機関は，民主主義の根幹である自由で公正な選挙の管理・運営を担う意味で，民主主義の質の向上，ひいては定着に向けて重要な役割を果たすのである。

　こうしたラテンアメリカ諸国の選挙管理機関が最初に設立されたのは19世紀末であり，ほとんどの国では20世紀後半に制度構築が進められた。ラテンアメリカの選挙管理機関は，以下のような特徴を持つ。[8] ラファエル・ロペス-ピントール（Rafael López-Pintor）によると，選挙管理機関は，政府モデル，独立モデル，混合モデルの3タイプに分類され（López-Pintor 2000），ほとんどのラテンアメリカ諸国は，独立モデルを採用している。さらに詳しく述べると，まず，アルゼンチンを例外として，行政府および立法府からは独立している点が特徴である。そして，多くの国で，選挙管理機関は「裁判所（tribunal, corte)」という名称を持ち，司法権限を付与されている場合が多い。さらに，選挙管理機関は恒久的な性質を持つ点も，特徴として挙げられる。そして1970年代後半に始まった民主化とともに，各国は，選挙管理機関の政府からの独立性および中立性を高める改革を進めている。

選挙管理機関に対する信頼の域内比較

それでは，ラテンアメリカの人々は，民主化の進展に向けて重要な役割を果たす選挙管理機関についてどのような認識を抱いているのだろうか。以下，域内の有権者と政治家が抱く選挙管理機関への信頼について，国別に比較考察する。上述の通り，先行研究は，選挙管理機関というより，選挙に対する信頼の規定要因に焦点を合わせてきた。これらの研究は，世論調査，国内・国際選挙監視レポート，および専門家の意見に基づいて選挙に対する信頼の程度を測定する（Hartlyn, McCoy, and Mustillo 2008；Kerevel 2009；Montalvo 2009；Rosas 2010）。

(1)有権者の信頼

たとえば，ギジェルモ・ロサス（Guillermo Rosas）やヤン・ケレヴェル（Yann Kerevel）は，ラティノバロメトロ（Latinbarómetro）調査の回答を，有権者が選挙に対して抱く信頼度の指標として用いる（Kerevel 2009；Rosas 2009）。さらに，ラテンアメリカにおける有権者の選挙管理機関に対する信頼の規定要因を分析した研究では，LAPOPが使用されている（Montalvo 2009）。ラティノバロメトロ調査は，選挙管理機関に対する信頼の度合いについて4段階に分けて測定しているのに対して，LAPOPは7段階の尺度を用いている。したがって，後者の方がより厳密に信頼の度合いを測っていると判断できる。こうした理由から，本章では，有権者の信頼については，LAPOPの，ラテンアメリカ18カ国を対象とした2012年データに依拠して分析を行う。他方，政治家の信頼については，ラテンアメリカ17カ国を対象とする，2003年から2011年の間に実施された，PELAの第3，4波，および第5波サーベイの一部を使用する。

表9-1は，有権者の選挙管理機関に対する信頼度についての国別比較である。同表は，2012年度のLAPOP調査の「あなたはどの程度，選挙管理機関を信頼しますか。」という質問に対する回答の平均を，ラテンアメリカ18国に

表10-1　有権者の選挙管理機関への信頼度（平均）（ラテンアメリカ18カ国，2012年）
（1＝まったく信頼しない，7＝きわめて信頼する）

	信頼度（平均）	標準誤差
ウルグアイ	4.99	1.76
チリ	4.85	1.55
ベネズエラ	4.47	1.92
コスタリカ	4.42	1.88
メキシコ	4.41	1.81
エルサルバドル	4.19	1.95
ドミニカ共和国	4.15	2.08
パナマ	4.12	1.76
アルゼンチン	4.04	1.85
ペルー	4.00	1.55
ニカラグア	3.98	2.22
グアテマラ	3.95	1.59
エクアドル	3.88	1.77
ボリビア	3.68	1.49
コロンビア	3.64	1.67
ブラジル	3.56	1.92
パラグアイ	3.46	1.85
ホンジュラス	3.05	1.66

出典：The AmericasBarometer by the Latin American Public Opinion Project (LAPOP), http://www.vanderbilt.edu/lapop/. （2016年5月15日閲覧）

ついて比較したものである。回答者の信頼の程度は，7段階の順序尺度で測定される（1＝まったく信頼しない，7＝とても信頼する）。表10-1から，有権者の選挙管理機関への信頼度について，国別のバリエーションがあることが分かる。ウルグアイやコスタリカにおける信頼度は，ほぼ5の値をとり，選挙管理機関に対する信頼が高い。他方，パラグアイやホンジュラスについては，約3の値であることから，選挙管理機関に対する信頼はきわめて低いことが分かる。

さらに図10-1は，選挙管理機関に対する信頼度への回答（7段階）の分布を国ごとにまとめたものである。同表からは，チリやウルグアイなど，平均の信頼度が最上位に位置する国においては，高い信頼度を示す5から7を回答する人の割合が高く，平均値を高めていることが分かる。同様に，平均信頼度で最下位に位置するパラグアイやホンジュラスでは，低い信頼度を示す1から3を回答する人の割合が高い結果，平均値を下げている。一方で，他の国については，分布について一定の傾向が見られない。たとえば，平均信頼度では7位に位置するドミニカ共和国では，1を回答した人も，7を回答した人も，約

第10章 ラテンアメリカの選挙管理機関

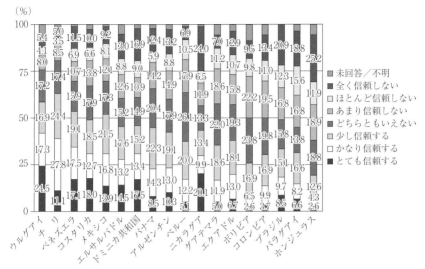

図10-1 有権者の選挙管理機関への信頼度（国別）（ラテンアメリカ18カ国，2012年）
（1＝まったく信頼しない，7＝とても信頼する）

出典：表10-1と同じ。

17％と同様の数値を示すことから，同国では，人々は，選挙管理機関をまったく信頼しない人と，とても信頼する人とに両極化していることが示唆される。この両極化傾向は，ニカラグアについても見受けられる。その他，メキシコ，アルゼンチン，ペルー，エルサルバドル，エクアドル，コロンビアなどは，3から5を回答する人の割合が多く，正規分布に近い。以上の表9-1，9-2の分析から，有権者の選挙管理機関に対する認識は，国レベルと個人レベルの要因が影響していることが予測される。

(2) **政治家の信頼**

表10-2は，政治家の選挙管理機関に対する信頼度を国別に比較考察している。同表は，PELAの「あなたの国の選挙管理機関は，どの程度信頼するに値しますか。」という質問に対する回答の平均を，ラテンアメリカ17国について比較したものであり，回答は4段階の順序尺度で測定される（1＝まったく信頼しない，4＝とても信頼する）。同表から，有権者の信頼と同様に，政治家の信頼についても，域内でバリエーションが見られることが分かる。

有権者と政治家への信頼を比較すると，興味深い傾向が見られる。ウルグア

第Ⅲ部　選挙ガバナンスのパフォーマンス

表10-2　エリートの選挙管理機関への信頼度（平均）（ラテンアメリカ17カ国，2003-11年）
（1＝まったく信頼しない，4＝とても信頼する）

	信頼度（平均）	標準誤差
パラグアイ	3.55	0.85
パナマ	3.44	0.53
ウルグアイ	3.22	0.76
チ リ	3.16	0.77
ブラジル	3.09	0.83
コスタリカ	3.07	0.84
コロンビア	2.90	0.87
グアテマラ	2.86	0.77
ボリビア	2.83	0.88
アルゼンチン	2.78	0.50
ペルー	2.77	0.78
メキシコ	2.65	1.12
ドミニカ共和国	2.38	0.91
ニカラグア	2.38	0.97
エルサルバドル	2.51	0.76
ホンジュラス	2.18	0.85
エクアドル	1.89	0.67

出典：Elites Parlamentarias de América Latina (PELA), 3rd and 4th waves.

イ，チリ，コスタリカといった，有権者の信頼において上位を占める国が，高い政治家への信頼を示す。他方，パラグアイやブラジルにおいては有権者の信頼は低い一方で，政治家が選挙管理機関に対して抱く信頼度は高い。これらの観察結果は，有権者と政治家の信頼度の間には，低い相関関係が見られることを示唆する。すなわち，有権者と政治家の選挙管理機関に対する認識には乖離が見られること，および有権者と政治家の選挙管理機関に対する信頼を規定する要因は異なることが予測される。

　次に図10-2は，政治家が選挙管理機関へ対して抱く信頼度への4段階の回答の分布を国ごとに比較したものである。同表からは，パラグアイ，パナマ，ウルグアイなど，平均の信頼度が最上位に位置する国においては，高い信頼度を示す4を回答する人の割合が高く，この割合は，順位が下がるにしたがって小さくなっていることが分かる。同様に，高い信頼度を意味する1および2を回答する人の割合は，平均信頼度の順位が下がるに従って大きくなっている。この傾向は，政治家についての方が，前述の有権者についての分析よりも顕著であることが理解される。以上の分析からも，有権者と同様に，政治家の選挙

第10章　ラテンアメリカの選挙管理機関

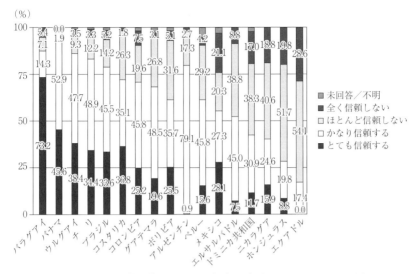

図10-2　エリートの選挙管理機関への信頼度（国別）（ラテンアメリカ17カ国，2003-11年）（1＝まったく信頼しない，4＝とても信頼する）
出典：表10-2と同じ。

管理機関に対する認識の形成には，国レベルと個人レベルの要因が影響していることが予測される。

3　選挙管理機関への信頼度の規定要因

マルチレベルの規定要因

これまで，多くの研究が有権者の選挙に対する信頼の決定要因について分析してきたが，これらは国レベルと個人レベルとの異なるレベルの要因に着目し，それぞれの要因が信頼の程度へ与える影響を，マルチレベル・モデルを推定することによって検証している。本章でも同様の方法に基づいて，有権者と政治家の選挙管理機関に対する信頼を推定するが，その前に本節では，国レベルの独立変数（選挙管理機関の独立性（制度的独立性，党派的独立性）・権限・専門性・能力，選挙法，民主主義）と個人レベルの独立変数（社会経済的属性，政治的特徴）が選挙管理機関や選挙への信頼に与える影響についての考察を行い，理論的予測を導く。

国レベルの独立変数

(1)選挙管理機関の制度的特徴——独立性，権限，専門性，能力

①選挙管理機関の独立性：制度的独立性と党派的独立性

　国レベルの主要な独立変数として，選挙管理機関の独立性が着目されてきた。ラテンアメリカを対象とした研究では，選挙管理機関の政府からの独立性が高いほど，特にエリートの間で選挙への信頼が高まることが示されている（Hartlyn et al. 2008；López-Pintor 2000；Rosas 2010）[11]。特にロサスは，独立性と信頼との関係性は，有権者よりも，政治家の選挙管理機関に対する分析において，より顕著にみられると論じる。さらにロサスは，独立性を，制度的独立性（professional autonomy）と党派的独立性（partisan autonomy）に分類する必要性を説く。前者については，専門性が高く，独自の予算を持ち，在職権が保障されている選挙管理機関は，政府（特に行政府）の干渉を受けずに選挙の管理・運営を行うことが可能であることから，公正な選挙を保障する蓋然性が高いと考えられる。したがって，選挙管理機関の制度的独立性が高いほど，選挙管理機関，ひいては選挙に対する有権者の信頼も高まることが予想される。他方，後者について，選挙管理機関のメンバー選定に，政党が均等に参加している場合，特にエリートの間で選挙管理や結果に対する信頼が高まると考えられる。よって，選挙管理機関の党派的独立性が低いほど，選挙管理や選挙に対する信頼は高くなることが推測される。

　ロサスは，制度的独立性の指標として，Hartlyn, McCoy, and Mustillo（2008）が作成したものを用いている[12]。具体的に，これらの指標は，選挙管理機関のスタッフの任命に関わっている政治アクターの数，任命権を持つ政治アクターの在職年数に対する選挙管理機関スタッフの在職年数の割合，および選挙管理機関の管理職（officials）の任命における司法府あるいは市民社会の役割の3点に基づき作成され，1から10の間の値を取る。この値が高いほど，制度的独立性が高いことを意味する。一方，党派的独立性の指標については，政党が選挙管理機関の管理職の選定および任命に関わる権限の度合いを基に作成した，3段階の指標を用いる[13]。表10-3は，ラテンアメリカ18カ国における，2006年度の制度的独立性，および党派的独立性を比較したものである。同表から，域内では制度的，党派的独立性のいずれにおいても，バリエーションがあることが分かる。

表10-3 ラテンアメリカ18カ国における選挙管理機関の制度的・党派的独立性（2006年）

	党派的独立性	制度的独立性
アルゼンチン	3	9.00
ボリビア	2	2.75
ブラジル	3	9.00
チリ	3	8.00
コロンビア	1	2.00
コスタリカ	3	9.00
ドミニカ共和国	2	2.40
エクアドル	1	2.00
エルサルバドル	1	2.40
グアテマラ	2	1.33
ホンジュラス	2	3.00
メキシコ	2	2.67
ニカラグア	2	1.80
パナマ	2	5.50
パラグアイ	3	1.75
ペルー	3	10.00
ウルグアイ	1	2.00
ベネズエラ	2	1.29

出所：Rosas（2009：80）より一部抜粋。

②選挙管理機関の権限

　冒頭で述べたように，選挙管理機関の独立性にのみ焦点を合わせて，その政治的帰結を扱った研究が多い。しかし，選挙管理機関が高い独立性を確保していても，権限や専門性を欠く組織であったら，選挙管理能力も低くなることが予想される。したがって，選挙管理機関の独立性に加えて，権限，専門性，能力にも着目し，それぞれの制度的特徴が有権者の認識にどのような影響を与えるのか，丁寧に考察することが重要である。まず選挙管理機関の権限については，憲法でその権限が保障されている場合，有権者が選挙管理機関に対して抱く信頼は高くなることが予想される。すなわち，選挙管理の法的地位が安定していることは，選挙の公正さに対する認識を助長すると考えられる。裏を返せば，選挙管理機関についてのルールが頻繁に変わると，特に負けた側にとって，選挙結果を受け入れることは難しくなる（Chernyukh et al. 2014：100）。したがって，通常の法律に比べて改正が難しい憲法によって，選挙管理機関の権限が定められている場合に，選挙管理機関に対する信頼は高まると考えられる（同上書）。

全ての独立国について、1789年以降に制定された成文憲法の内容をデータ・ベース化した「比較憲法プロジェクト（Comparative Constitution Project，以下CCP）」は、「憲法が、当該国の選挙管理機関もしくは選挙裁判所に対して、選挙プロセスを監視する権限を付与しているか」という質問項目を含む（Elkins, Ginsburg, and Melton 2014）[14]。ラテンアメリカについてみると、こうした憲法による規定を有する国（アルゼンチン、ブラジル、チリ、コロンビア、コスタリカ、ドミニカ共和国、グアテマラ、メキシコ、パナマ、パラグアイ、ペルー、ベネズエラ）と、持たない国（ボリビア、エクアドル、エルサルバドル、ホンジュラス、ニカラグア、ウルグアイ）とに二分される。本章では、前者を1、後者を0の値をとるダミー変数として分析に含めることにより、憲法による選挙管理機関についての権限を定める規定の有無が、信頼へ与える影響を探る。

③選挙管理機関の専門性

選挙管理機関が、選挙プロセスや選挙結果に対して公平かつ効率的であるためには、独立性を確保するのみならず、専門性を有する必要がある（曽我 2013；Kerevel 2009）。選挙管理や運営についての専門知識を持ち合わせていれば、投票所の運営から投票結果の集計に至るまで、誤りを防ぎ、自由で公正な選挙の実施を保障すると考えられる。ラテンアメリカでは選挙管理機関の構成員となるために、市民権と年齢という基本的要件のみを満たす必要がある場合（ボリビア、エクアドル、エルサルバドル、ホンジュラス、ニカラグア、ウルグアイ）と、それ以外に、憲法や選挙法に規定された学歴などの専門性に関する要件を満たす必要がある場合（アルゼンチン、ブラジル、チリ、コロンビア、コスタリカ、ドミニカ共和国、グアテマラ、メキシコ、パナマ、パラグアイ、ペルー、ベネズエラ）が見られる（Kerevel 2009）。本章の分析では、Kerevel（2009）のデータを用いて、前者を0、後者を1の値をとるダミー変数として、選挙管理機関の専門性の程度が、信頼へ与える影響を探る。

④選挙管理機関の能力

選挙管理機関は、選挙キャンペーンの管理、有権者登録、投票用紙の準備、投票所の設営、投票の集計、投票結果の発表等、一連の選挙過程を取り仕切る役割を担う。これらの作業を行う能力が高ければ、有権者は選挙管理機関に対して信頼を寄せると考えられる。この能力は、③で述べた選挙管理機関の専門性と関連しているが、ここでは区別して扱う。つまり、憲法や選挙法で、選挙

管理機関の構成員になるために必要とされる専門知識についての要件が規定されているが，法的な文言が実際の選挙管理能力に結び付くとは限らない。有権者は，投票所のスタッフの働きぶり，投票マシーンが適切に機能しているか，投票所での待ち時間など，実際に経験したことや，メディアを通じて得た情報をもとに，選挙管理機関の能力を評価する（Atkeson and Saunders 2007；Banducchi and Karp 2003；Claassen et al. 2013；Kerr 2014）。

　選挙管理機関の能力の測定については，「民主主義と権威主義における選挙（the National Elections Across Democracy and Autocracy, 以下NELDA）」データセットを用いる（Hyde and Marinov 2012）。具体的に，「（最近の）選挙後に暴動や抗議があったか」という質問項目への回答を用いる。これは，能力を直接的に測るものではではないが，選挙結果に反対する異議申し立てがあった場合は，選挙管理機関による選挙の公平性を保つ能力の欠如に対する有権者からの抗議と理解されることから，能力についての評価と解釈することが可能である。ラテンアメリカでは，調査が行われた2012年前に実施された選挙で，抗議が起こった国（ドミニカ共和国，ホンジュラス）と，抗議が起こらなかった国（この2カ国以外）とに分類が可能である。前者については1の値，後者については0の値をとるダミー変数を分析に含めることとする。すなわち，選挙後に抗議が起こった（能力が低いと判断された）場合は，選挙管理機関に対する信頼は低くなると考えられる。

(2)選挙法

　冒頭で指摘した通り，選挙管理機関の制度的特徴として，政府からの独立性のみに焦点を当てる研究がほとんどであるが，より広義の制度的特徴として，選挙法に定められた規定を分析に組み込む必要がある。各国の選挙法は，選挙管理機関の制度的独立に加え，選挙の実施に関わる上述の一連の作業を，選挙管理機関がどのように管理・運営するのかについて，明確に定めている（Massicotte, Blais, and Yoshinaka 2004）。選挙法についての先駆的研究であるMassicotte, Blais, and Yoshinaka（2004）は，1996-1997年の時点で民主主義とみなされた63カ国の選挙法について，(1)誰が投票権を持つのか，(2)誰が選挙へ立候補する権利を持つのか，(3)有権者登録制度，(4)誰が選挙を実施するのか（選挙管理機関），(5)人々はどのように投票するのか，(6)どのように集票が行われるのか，に焦点を合わせて，比較分析を行った。この中でも，(1)と(6)が，選挙に対

する人々のアクセスの程度，ひいては民主体制の包括度（inclusiveness）を決めるもので，有権者が選挙管理機関に対して抱く認識に著しい影響を与えると考えられる。

より具体的に，(1)では，精神的に障害がある人の投票権，市民権の必要性，選挙区における在住期間条件，選挙が行われる国における在住期間条件，在外投票の可否，囚人の投票権，についての，各国における選挙法の規定を調べ，投票する権利に対して，どのような制限が課されているのかを比較考察している。また，(6)については，郵便投票，期日前投票，代理人による投票，他者の支援を認める投票，移動式投票所の可否について，比較している。ラテンアメリカ諸国について，2012年に入手可能な情報に基づいてアップデートしたデータによると，(1)の在外投票の制限以外，域内で大きな差異は認められなかった[17]。チリ，エルサルバドル，グアテマラ，ウルグアイでは在外投票が認められておらず，その他の国では，認められている。本研究では，在外投票が認められている場合に1の値を，認められていない場合には0の値をとるダミー変数として分析に用いる。在外投票が認められていない場合には，民主体制の包括度が低く，ひいては有権者の選挙管理機関に対する信頼は低くなることが予想される。この点について，民主主義のレベルとの正の相関が考えられるが，(3)の民主主義レベルと在外投票の可否の相関係数は，0.324（5％水準で統計的に有意）とあまり高くない。よって，民主主義と在外投票の両方を分析に含めても多重共線性の問題は生じないと判断される。

(3)民主主義のレベル

有権者の選挙管理機関に対する信頼の要因を分析したMontalvo（2009）は，民主主義のレベルが信頼へ与える影響を重視する。その理由として，民主主義のレベルが高い国では，市民は，選挙を通じて政治に参加する権利が広範に認められていて，公共政策に重要な影響を与える代表を選ぶことが可能であり，そのような制度設計がなされている国では，市民が自国の選挙間管理機関に対して抱く信頼も高いことが予想される（Montalvo 2009：2）。その上で，ラテンアメリカ・カリブ海諸国において，2007年のフリーダムハウス指標で測った民主主義のレベルと，2008年のLAPOP調査による選挙管理機関への信頼との間には，高い正の相関関係があることを示した。同様に，有権者の選挙に対する信頼の分析でも，民主主義のレベルが組み込まれている。本章が分析の対

表10-4　ラテンアメリカ18カ国における民主主義のレベル（2012年）

	フリーダムハウス指標
アルゼンチン	2.0
ボリビア	3.0
ブラジル	2.0
チ リ	1.0
コロンビア	3.5
コスタリカ	1.0
ドミニカ共和国	2.0
エクアドル	3.0
エルサルバドル	2.5
グアテマラ	3.5
ホンジュラス	4.0
メキシコ	3.0
ニカラグア	4.5
パナマ	1.5
パラグアイ	3.0
ペルー	2.5
ウルグアイ	1.0
ベネズエラ	5.0

注：フリーダムハウス指標は1から7の間の値を取り，
　　1が最も民主的で，7が最も非民主的とされる。
出所：Freedom in the World 2012.
　　　(http://www.freedomhouse.org/report/freedom-
　　　world/freedom-world-2012#.VB6w8VeNMTB)

象とする2012年のフリーダムハウスの指標をラテンアメリカの国別に比較すると，域内でバリエーションが存在することが分かる（表10-4）。

個人レベルの独立変数

　個人レベルで，有権者の選挙管理機関に対する信頼に影響を与える要因としては，政治的特徴と社会経済的属性の2つが考えられる。政治的変数としては，政治知識，イデオロギー，前回投票，現職支持の4つが挙げられる。LAPOP調査では，政治知識に関する質問として，「アメリカ合衆国の現在の大統領（オバマ大統領）の名前は何ですか。」および「あなたの国の大統領（首相）の任期は何年ですか。」の2つの質問がある。これらの質問に対して，それぞれ回答が正しければ1の値，正解でなければ0の値を記録している。本研究では，これらの2つの質問に対する正答数を合計した数を，政治知識変数の値とする

(すなわち，0，1，2のいずれかの値を取る)[18]。政治知識が高いほど，選挙管理機関に対する信頼は高いことが予想される。イデオロギーは，1から10の値を取り，1が左派，10が右派を意味する。前回投票は，前回の大統領選挙で投票したかどうかを尋ねており，投票した場合は1の値，しなかった場合は0の値を取る[19]。投票に参加した人ほど，選挙管理機関への信頼が高いことが予想される。

最後に，現職支持の指標として，「もし次回の大統領選挙が今週行われるとしたら，次のどの行動をとりますか。」という質問に対する回答を用いる[20]。具体的にLAPOPは，回答の選択肢として，(1)投票しない（Wouldn't vote），(2)現職候補または政党に投票する（Would vote for the incumbent candidate or party），(3)現職とは異なる候補または政党に投票する（Would vote for a candidate or party different from the current administration），(4)投票はするが，白票を投じる（Would go to vote but leave the ballot blank or would purposely cancel my vote），が提示され，回答者が(2)を選択した場合は，現職支持変数は1の値，その他の場合は0の値を取る。現職を支持する人としない人とでは，政治システムに対する評価が異なることが先行研究によって指摘されている。前回の選挙で自分の支持する候補者が勝利した（もしくは，自分の支持者が政権を担っている）場合は，政治システムについても好意的な評価を行う一方で，敗れた（もしくは支持者が政権外にいる）場合については否定的な認識を持つことが予想される（Anderson et al. 2005；Maldonado and Seligson 2014；Singh et al. 2011）。

次に，社会経済的属性については，年齢，所得，性別，教育，居住地（都市部か農村部か）の5つが挙げられる。LAPOP調査では，年齢については回答者の年齢を連続変数として入力している。所得については，無所得（0）から始まり，16段階のスケールで所得レベルを計測している。性別はダミー変数で，男性の場合1，女性の場合0の値を取る。教育に関しては，回答者が受けた教育の累積年数を，連続変数として投入している。最後に居住地については，都市部の場合1，農村部の場合は0の値を取るダミー変数を用いる。ここでは，制御変数として，これらの変数を分析に組み入れる。

他方，政治家の選挙管理機関に対する信頼の規定要因を分析する際，分析に組み込む個人レベルの変数の数は，有権者の分析に比べて限定的となる。ロサスが指摘するように，政治家の場合，有権者と比較して，所得，教育，政治知

識などの属性について多様性が低い（Rosas 2010：81）。そのため，本章では，政治家の信頼の規定要因を探るために，年齢，性別，イデオロギー，現職支持のみを個人レベルの独立変数として分析に組み入れて推定を行う。年齢と性別については，PELAデータを用いて有権者の分析と同様の方法で操作化する。イデオロギーについてもPELAに依拠し，1（左派）から10（右派）の値を取る順序尺度変数として分析に含む。現職支持については，議員が大統領と同じ政党，もしくは連立政権を構成する正統に属している場合は1の値を取り，そうでない場合は0の値を取るダミー変数とする。前者の場合は，有権者の分析と同じ理由から，選挙管理機関に対する信頼は高くなることが予測される。

4 信頼度の規定要因の検証

分析方法

前節で説明した通り，本研究では，有権者の選挙管理機関，および選挙に対する信頼度を従属変数とし，国レベルの変数（選挙管理機関の制度的独立性，党派的独立性，権限，専門性，能力，民主主義，在外投票）と個人レベルの変数（年齢，性別，所得，教育，都市，政治知識，イデオロギー，前回投票，現職支持）の与える効果を検証する。異なるレベルの独立変数を含むことから，マルチレベル・モデルの推定を行う必要がある。LAPOP，PELAデータに依拠した従属変数は，順序尺度変数である。さらに，図10-1，10-2で示されるように，国別の信頼度について，回答の各尺度（LAPOPは7尺度，PELAは4尺度）の分布をみた場合，有権者と政治家の違い，および国別の違いが観察されることから，その程度は国および個人レベルの要因に規定されることが予想される。したがって，従属変数を，有権者モデルでは1から7の値を取る順序尺度変数，および政治家モデルでは1から4の値を取る順序尺度変数と設定し，マルチレベル順序ロジット・モデル（ランダム切片モデル）を疑似最尤法により推定した。各変数の記述統計は，付録を参照されたい（付録1，2）。

有権者モデル

表10-5は，国レベルの変数と個人レベルの変数が，有権者の選挙管理機関への信頼に与える影響の分析結果を示している。モデル1は，国レベルの独立

表10-5 有権者の選挙管理機関に対する信頼の規定要因（ラテンアメリカ18カ国，2012年）

	モデル1	モデル2	モデル3	モデル4
個人レベル				
年齢	0.003(0.003)	0.003(0.003)	0.003(0.003)	0.003(0.003)
性別	−0.017(0.035)	−0.017(0.035)	−0.017(0.035)	−0.017(0.035)
所得	−0.03 (0.07)	−0.004(0.007)	−0.004(0.007)	−0.003(0.035)
教育	0.001(0.006)	0.000(0.006)	0.001(0.006)	−0.000(0.006)
居住地	−.137(0.041)***	−0.141(0.043)***	−0.141(0.042)***	−0.139(0.043)***
政治知識	−0.010(0.040)	−0.008(0.041)	−0.007(0.041)	−0.013(0.040)
イデオロギー	0.047(0.021)**	0.047(0.021)**	0.047(0.021)**	0.047(0.021)**
前回投票	0.017(0.036)	0.01 (0.036)	0.015(0.036)	0.120(0.036)
現職支持	.696(0.120)***	0.698(0.121)***	0.698(0.121)***	0.700(0.122)***
国レベル				
民主主義	−0.044(0.013)***	0.005(0.025)		
制度的独立性	−0.009(0.005)		−0.001(0.004)	
党派的独立性	−0.102(0.023)***			−0.120(0.016)***
在外投票	−0.592(0.044)***	−0.490(0.052)***	−0.485(0.044)***	−0.497(0.047)***
権限	−0.206(0.056)***	−0.046(0.096)	−0.044(0.081)	−0.149(0.063)**
専門性	0.331(0.043)***	0.136(0.039)**	0.137(0.043)***	0.271(0.052)***
能力	−0.493(0.040)***	−0.379(0.068)***	−0.379(0.061)***	−0.493(0.055)***
分散とカットポイント				
切片	1.54e+08(1.32e+07)	1.56e+08(2.03e+07)	1.55e+08(1.59e+07)	1.61e+08(1.24e+07)
カットポイント1	−2.557(0.354)***	−1.975(0.312)***	−1.985(0.310)***	−2.342(0.278)***
カットポイント2	−1.877(0.299)***	−1.295(0.298)***	−1.304(0.293)***	−1.662(0.258)***
カットポイント3	−1.068(0.267)***	−0.486(0.271)*	−0.495(0.263)*	−0.853(0.224)***
カットポイント4	−0.236(0.269)	0.346(0.276)	0.337(0.267)	−0.020(0.224)
カットポイント5	0.695(0.267)**	1.277(0.277)***	1.268(0.265)***	0.910(0.222)***
カットポイント6	1.700(0.286)***	2.282(0.299)***	2.272(0.284)***	1.915(0.243)***
Wald検定	38618.74	3393.98	3323.93	15577.63

注：括弧内は，ロバスト標準誤差。***$p<0.01$，**$p<0.05$，*$p<0.10$。

変数として，民主主義，制度的独立性，党派的独立性，在外投票，権限，専門性，能力を投入した。しかし，民主主義は，制度的独立性（$r=-0.290$）および党派的独立性（$r=-0.504$）と相関しているため（5％水準で統計的に有意），モデル2は民主主義，モデル3は制度的独立性，モデル4は党派的独立性の影響を，それぞれ個別に推定した結果を表わしている。各セルには係数と，括弧内にはロバスト標準誤差が表記されている。

　個人レベルの変数について見てみると，すべてのモデルにおいて，居住地，イデオロギー，現職支持が統計的に有意な影響を与えていることが分かる。まず，居住地について負の方向に統計的に有意であるということは，都市の有権

者は選挙管理機関を信頼せず，農村部の有権者の方が信頼する傾向があるといえる。次に，イデオロギーに関しては，正の方向に統計的に有意であるということは，有権者が右派であるほど選挙管理機関への信頼も厚いことを示す。そして，現職支持は正の方向に統計的で有意であるとの結果は，現政権を支持する人は，選挙管理機関への信頼も高いことを意味する。一方，理論的予測に反して，政治知識や前回選挙での投票の有無は，選挙管理機関への信頼に影響を及ぼさないことが分かった。総合すると，個人レベルでは，政治知識や政治参加意欲（前回投票）よりも，非都市居住，右派，現政権支持であると，選挙管理機関への信頼が高いことが分かった。

　国レベルの変数については，ほぼすべてのモデルにおいて，民主主義，選挙管理機関の制度的特徴（党派的独立性，権限，専門性，能力）のいずれも有権者の選挙管理機関に対する信頼に影響を及ぼしている。まず，民主主義が負の方向に統計的に有意であるとの結果は，民主主義程度が高いほど，選挙管理機関に対する信頼も厚いことを示している。また選挙管理機関の制度的特徴については，制度的ではなく，党派的独立性が負の方向に統計的有意な結果が得られた。このことは，政党が選挙管理機関のメンバー選出に等しく関与している程，有権者が選挙管理機関に対して抱く信頼は高まることを示唆する。また，選挙管理機関の専門性と能力が高い場合も，有権者は選挙管理機関を信頼する傾向もみられる。

　これらの結果は理論的予測に合致するが，モデル1とモデル4においては，選挙管理機関の権限が負の方向に統計的に有意な結果が示された。これは，選挙管理機関の権限が制限されているほど有権者の信頼は高くなることを意味し，この結果を正しく解釈するためには，詳細な事例研究が必要となろう。この統計分析の結果からは結論を導くことはできないが，ある国で公的機関における汚職が蔓延している場合や，選挙管理機関に対する信頼が全体的に低い場合には，選挙管理機関に大きな権限を付与した場合に権力濫用を招くことを懸念して，選挙管理機関の権限は最小限にとどめておくことが望ましいと，有権者が判断したとも考えられるだろう。

　また，すべてのモデルにおいて，選挙法により在外投票権が定められていることは，選挙管理機関への信頼に対して，負の方向へ統計的に有意な効果をもたらすことが示された。この結果は，理論的予測に反している。ラテンアメリ

カ諸国では,出稼ぎを目的とした欧米諸国への移民が多いことから,在外投票の可否は重要性を持つ。在外投票を認めている国において選挙管理機関に対する信頼が低いことの説明として,次の理由が考えられる。在外投票が認められているということは,移民をする人の割合が多いからである。移民する人が多いということは,国民の中で居住国政府に対して不満を抱く人が多いことを示唆する。したがって,人々が,選挙管理機関を含む政府一般に対して抱く信頼度も低いのかもしれない。あるいは,在外投票を実施するためには行政コストがかかるため,否定的な意見を持ち,ひいては選挙管理機関に対して不信を抱くことに繋がるのかもしれない。[24]グローバル化の進展とともに国境を越えた人の流れが加速化し,在外投票制度の重要性が増していることを勘案すると,この在外投票の可否と選挙管理機関への信頼との関係については,さらなる検討を要するといえる。

以上の分析結果をまとめると,有権者の選挙管理機関に対する信頼の程度には,個人レベルでは,非都市居住,右派,現政権支持であること,そして国レベルでは,民主主義,選挙管理機関の党派的独立性・能力・専門性,および在外投票の可否が影響を与えることが分かった。先行研究では,政治家に比べると,有権者の選挙管理機関の制度的特徴への関心は低いため,選挙管理機関のあり方と信頼度の間には有意な関係は見られないことが示された (Rosas 2010)。しかし,この分析結果は,有権者の選挙管理機関に対する認識も,選挙管理機関のあり方に大きく規定されることを示唆している。

政治家モデル

表10-6は,国レベルの変数と個人レベルの変数が,政治家の選挙管理機関に対する信頼に与える影響の分析結果を示している。モデル1は,国レベルの独立変数として,民主主義,選挙管理機関の制度的独立性,党派的独立性,権限,専門性,能力,在外投票を含む。しかし,表10-5と同じ理由から,モデル2は民主主義,モデル3は制度的独立性,モデル4は党派的独立性の影響を,それぞれ個別に推定している。表10-5と同じく,各セルには係数と,括弧内にはロバスト標準誤差が表記されている。

個人レベルの変数について,すべてのモデルにおいて,現職支持が正の方向に統計的に有意な結果を示している。[25]この結果は,政治家が,政権党もしくは

表10-6 政治家の選挙管理機関に対する信頼の規定要因（ラテンアメリカ17カ国，2003-11年）

	モデル1	モデル2	モデル3	モデル4
個人レベル				
年齢	-0.002(005)	-0.002(0.00)	-0.002(0.00)	-0.002(0.005)
性別	0.155(0.155)	0.158(0.154)	0.153(0.156)	0.152(0.156)
イデオロギー	0.170(0.097)	0.171(0.097)	0.171(0.097)	0.170(0.097)
現職支持	0.784(0.389)**	0.788(0.387)**	0.791(0.387)**	0.788(0.388)**
国レベル				
民主主義	-0.518(0.176)**	-0.434(0.126)***		
制度的独立性	-0.086(0.106)		0.046(0.076)	
党派的独立性	0.316(0.531)			0.307(0.452)
在外投票	0.465(0.760)	0.225(0.546)	-0.057(0.582)	0.041(0.877)
権限	0.403(0.503)	0.390(0.424)	0.424(0.623)	0.457(0.732)
専門性	-0.406(0.446)	-0.368(0.403)	-0.352(0.90)	-0.382(0.667)
能力	-1.504(0.403)***	-1.390(0.272)***	-1.414(0.470)**	-1.463(0.358)***
分散とカットポイント				
切片	0.534	0.564(0.354)	0.719(0.369)	0.713(0.312)
カットポイント1	-2.282(1.488)	-2.537(0.937)**	-1.391(0.860)	-0.855(1.501)
カットポイント2	-0.374(1.505)	-0.629(0.867)	0.518(0.801)	1.053(1.1512)
カットポイント3	1.768(1.493)	1.514(0.869)	2.660(0.804)**	3.195(1.512)**
Wald検定	161.69	295.13	51.40	38.44

注：括弧内は，ロバスト標準誤差。***$p<0.01$，**$p<0.05$，*$p<0.10$．

連立政権を構成している政党に所属している場合，選挙管理機関に対する信頼は高くなることを意味する。これは，有権者モデルの分析結果と一致する。

また，国レベルの変数については，民主主義と選挙管理機関の能力のみが，政治家の選挙管理機関に対する信頼に有意な影響を与えることが分かった。民主主義については，政治家についても有権者と同様に，民主主義の程度が高まると，選挙管理機関に対してより厚い信頼を寄せる。他方，選挙管理機関の能力に関しては，負の方向に統計的に有意な結果が得られた。このことは，選挙後の紛争や選挙結果に対する抗議が少ないほど，すなわち，選挙管理機関の選挙の公平性を保障する能力が高いほど，政治家が選挙管理機関に対して抱く信頼は高くなることを示唆している。

その一方で，表10-6から，有権者モデルの推定結果とは異なり，選挙管理機関の党派的独立性・専門性，および在外投票の有無は，政治家の信頼に対して有意な影響を及ぼさないことが分かった。このことは，政治家の選挙管理機関に対する信頼は，その制度的特徴に規定されないことを意味する。この結果の解釈にはさらなる説明を要する。PELAは，ラテンアメリカ各国の下院議員を対象としてサーベイを行っており，サンプルには，政権党（および連立政

権を構成する政党）と野党の両方が含まれている。しかし，党派にかかわらず，いずれの議員も選挙に勝利して議席を得た政治家である。すなわち，どの政党の議員も，現立法府の構成として，選挙管理機関を含む現行の政治システム全般に対して肯定的な認識を共有している可能性は否定できない。こうした理由から，有権者と比べて，選挙管理機関の制度的特徴が，政治家の同機関に対する信頼の規定要因となりにくいことが考えられる。

5　今後の課題

　本章では，有権者と政治家の選挙管理機関に対する信頼の度合いを決定する要因について，マルチレベル分析によって明らかにした。この問いは，民主主義の定着過程にある国にとって重要な課題であるにもかかわらず，これまで網羅的に研究されてこなかった。さらに，先行研究は，選挙管理機関の政府からの独立性が与える影響に焦点を合わせてきたが，より広義の制度的特徴を分析に組み込む必要が指摘される。これらのギャップを埋めるべく，本章は，独立性に加えて，選挙管理機関の権限，専門性，能力，選挙のあり方を包括的に定めた選挙法の詳細な規定，および政治的・社会経済的要因も含め，選挙管理機関への信頼を決定する要因を体系的，包括的に検討した。

　分析の結果，有権者の選挙管理機関に対する信頼を左右する要因として，個人レベルでは，非都市居住，右派，現職支持であること，そして国レベルでは，民主主義，選挙管理機関の党派的独立性・専門性・能力，在外投票の可否が，統計的に有意な効果を与えることが分かった。この結果は，先行研究と異なり，有権者は選挙管理機関の様々な特徴に関心を寄せ，そのあり方やパフォーマンスを評価することを通して，同機関に対する認識を形成していることが示唆された。

　他方，政治家の選挙管理機関に対する信頼を規定する要因として，個人レベルでは，現職支持であること，そして国レベルでは，民主主義および選挙管理機関の能力が重要であることが分かった。その一方で，有権者と異なり，政治家は選挙管理機関の制度的特徴に関係なく，信頼度を決めていることが示された。なぜ，政治家よりも有権者の方が，選挙管理機関の制度的特徴により大きな関心を払うのかを探求することは，意義ある研究課題である。

第10章　ラテンアメリカの選挙管理機関

付録1　有権者モデルの記述統計

変　数	N	平均	標準偏差	最小値	最大値
個人レベル					
選挙管理機関への信頼	28,169	4.022	1.851	1	7
年　齢	29,052	39.925	16.081	15	96
性　別	29,256	0.492	0.499	0	1
所　得	25,262	8.089	4.177	0	18
教　育	28,369	7.743	4.624	0	18
都　市	29,256	0.703	0.457	0	1
政治知識	29,256	1.476	0.712	0	2
イデオロギー	23,695	5.496	2.664	1	10
前回投票	29,256	0.750	0.433	0	1
現職支持	29,256	0.293	0.455	0	1
国レベル					
民主主義	18	2.698	1.122	1	5
制度的独立性	18	4.123	3.025	1.29	10
党派的独立性	18	2.207	0.688	1	3
在外投票	18	0.792	0.406	0	1
権　限	18	0.736	0.441	0	1
専門性	18	0.626	0.484	0	1
能　力	18	0.111	0.314	0	1

付録2　政治家モデルの記述統計

変　数	N	平均	標準偏差	最小値	最大値
個人レベル					
選挙管理機関への信頼	1,538	2.778	0.914	1	4
年　齢	1,541	47.271	9.912	22	83
性　別	1,556	0.807	0.395	0	1
イデオロギー	1,528	4.815	2.074	1	10
現職支持	1,559	0.424	0.494	0	1
国レベル					
民主主義	17	2.699	0.892	1	4.5
制度的独立性	17	4.181	3.064	1.33	10
党派的独立性	17	2.094	0.677	1	3
在外投票	17	0.831	0.375	0	1
権　限	17	0.670	0.470	0	1
専門性	17	0.564	0.496	0	1
能　力	17	0.119	0.323	0	1

本章の冒頭でも述べたように，新興民主主義諸国にとって，民主主義の深化および定着のためには，自由で公平な選挙の実施を保障する選挙管理機関の役割がきわめて重要である。有権レベル，政治家レベルの分析結果は，ともに民主主義と選挙管理機関の能力が，選挙管理機関への信頼を規定する要因であることを提示した。民主主義の進展についての研究は枚挙に暇がない一方で，選挙管理機関の能力向上についての本格的な研究は，筆者が知る限り存在しない。選挙管理機関，選挙結果，ひいては民主主義の進展に繋がる選挙管理機関の能力を規定する要因を探ることも，今後取り組まれるべき研究課題と言えよう。

注

(1) 重要な先駆的業績として，López-Pintor（2000），大西（2013）が挙げられる。
(2) 曽我（2013）は，選挙管理機関を従属変数，および独立変数として扱う研究を網羅し，研究動向の整理を行った上で，残された課題の提示を行っている。
(3) Kerevel（2009）と Mustillo（2009）は選挙管理機関への信頼を扱っているが，影響を与えうる要因を網羅的に検討していない点で，不十分である。
(4) 権限と人的能力の影響を見る必要性を指摘して下さった，鹿毛利枝子氏に感謝申し上げる。
(5) ドミニカ共和国を含むため，厳密には，ラテンアメリカ・カリブ地域というのが正しいが，カリブ地域では同国しかデータセットに含まれないため，以下，本章では，ラテンアメリカと称することとする。
(6) LAPOP は，Vanderbilt 大学が中心となり，アメリカ国際開発庁，国連開発計画，米州開発銀行のサポートにより作成されたものである。データベースの一般公開を認めてくださったことに感謝申し上げる。
(7) PELA において主導的役割を果たしている，サラマンカ大学のマヌエル・アルカンタラ（Manuel Alcántara）氏および同大学研究チームに，データの使用をお認めいただいたことに感謝申し上げる。
(8) ウルグアイを中心とした，ラテンアメリカ諸国の選挙管理機関の特徴については，高橋（2014）に詳しく述べられている。ここでの説明は，同論文の記述を簡潔に述べたものである。
(9) この質問は，質問票「B11. To what extent do you trust the Supreme Electoral Tribunal ?」に相当する邦訳である。
(10) この質問は，質問票「¿qué gado de confianza, mucha, bastante, poca o nunguna, le merece su actuación en la vida pública XXXX（国名）El Tribunal Electoral ?」に相当する邦訳である。なお，質問票番号は，サーベイの波と国によって異なるため，

ここには記載しない。

⑾　バーチは，先進諸国を対象とした研究で，反対の結論を導いている。すなわち，選挙先進国の有権者について，選挙管理機関の独立性が高いほど，選挙に対する信頼が低いことを示した（Birch 2008）。ロサスによると，この結果は，独立性を二分法（dichotomous）で限定的に分類していることに起因する可能性を示唆する（Rosas 2009：77）。

⑿　Hartlyn, McCoy, and Mustillo（2008）の指標は，Moreno, Crisp, and Shugart（2003）が，国家独立機関の独立性の度合いを評価するために考案した方法に基づいている（Rosas 2009：79）。

⒀　党派的独立性の指標の詳しい説明は，Rosas（2009：79）を参照されたい。

⒁　この質問は，質問票「v431. Does the constitution provide for an electoral commission or electoral court to oversee the electoral process ?」に相当する邦訳である。

⒂　本章の分析では，2012年8月15日にアップデートされたVersion 3のデータセットを用いる。

⒃　この質問は，質問票「nelda29. Were there riots and protests after the election ?」に相当する邦訳である。

⒄　ラテンアメリカ諸国を中心に，各国の選挙法を調べ，⑴から⑹についてのアップデート作業の研究補助を効率よく行って下さった，Andrea Rodriguez氏に記して感謝申し上げる。

⒅　この方法は，Rosas（2009）が用いた政治知識の指標化に基づく。これらの質問は，それぞれLAPOPの質問票「GI1. What is the name of the current president of the United States of America ?」および「GI4. How long is the presidential/prime ministerial term of office in country ?」に相当する。

⒆　具体的に，LAPOPでは，「VB2. Did you vote in the last presidential election of (year of last presidential elections) ?」と尋ねている。

⒇　これは，質問票「VB20. If the next presidential elections were being held this week, what would you do ?」に相当する。

(21)　PELAには，居住地（都市部か農村部か）を尋ねた質問項目が存在しないため，これを独立変数としてモデルに組み込むことはできなかった。

(22)　異なるレベルで集計されたデータを用いる際にマルチレベル・モデルを推定することの必要性については，Steenbergen and Jones（2002）を参照。

(23)　表10-5では，すべてのモデルにおいて，個人レベルの全ての変数の係数と標準誤差はほとんど同じ値を示している。しかし，推定値を小数点第3位以下まで見てみると，それぞれ異なる値となっている。

⑷　在外投票の実施が行政コストを高め，選挙管理機関への不信を高める可能性を指摘して下さった，大西裕氏に感謝申し上げる。
⑸　表10-6では，すべてのモデルにおいて，個人レベルの全ての変数の係数と標準誤差はほとんど同じ値を示している。しかし，推定値を小数点第3位以下まで見てみると，それぞれ異なる値となっている。

参考文献

大西裕（2013）『選挙管理の政治学――日本の選挙管理と「韓国モデル」の比較研究』有斐閣。

曽我謙悟（2013）「選挙ガバナンスに関する研究の動向と展望」大西裕編『選挙管理の政治学――日本の選挙管理と「韓国モデル」の比較研究』有斐閣。

高橋百合子（2014）「ラテンアメリカにおける民主化と選挙管理機関」日本比較政治学会編『体制転換／非転換の比較政治』ミネルヴァ書房。

Alcántara, Manuel, dir. (1994-2011) *Proyecto de Elites Parlamentarias Latinoamericanas (PELA)*, Universidad de Salamanca.

Anderson, Christopher J., André Blais, Shaun Bowler, Todd Donovan, and Ola Listhaug (2005) *Loser's Consent : Elections and Democratic Legitimacy*, Oxford University Press.

Atkeson, Lonna Rae, and Kyle L. Saunders (2007) "The Effect of Election Administration on Voter Confidence : A Local Model ?" *PS : Political Science and Politics*, 40(4).

Birch, Sarah (2008) "Electoral Institutions and Popular Confidence in Electoral Processes : A Cross-National Analysis," *Electoral Studies*, 27(2).

Banducci, Susan A., and Jeffrey A. Karp (2003) "How Elections Change the Way Citizens View the Political System : Campaigns, Media Effects and Electoral Outcomes in Comparative Perspective," *British Journal of Political Science*, 33(3).

Carreras, Miguel, and Yasemin İrepoğlu (2013) "Trust in Elections, Vote Buying, and Turnout in Latin America," *Electoral Studies*, 32(4).

Chernykh, Svitlana, Zachary Elkins, James Melton, and Tom Ginsburg (2014) "Constitutions and Election Management," in *Advancing Electoral Integrity*, edited by Pippa Norris, Richard W. Frank, and Ferran Martinez i Coma, Oxford University Press.

Claassen, Ryan L., David B. Magleby, J. Quin Monson, and Kelly D. Patterson (2013) "Voter Confidence and the Election-Day Voting Experience," *Political Behavior* 35(2).

Di Palma, Guiseppe (1990) *To Craft Democracies : An Essay on Democratic Transitions*,

University of California Press.

Diamond, Larry (1999) *Developing Democracy : Toward Consolidation*, Johns Hopkins University Press.

Elkins, Zachary, Tom Ginsburg, and James Melton (2014) "Characteristics of National Constitutions, Version 2.0." *Comparative Constitutios Project*, Last modified : April 18, 2014. http://www.comparativeconstitutionsproject.org (2015 年 4 月 4 日閲覧)

Estévez, Federico, Eric Magar, and Guillermo Rosas (2008) "Partisanship in Non-Partisan Electoral Agencies and Democratic Compliance : Evidence from Mexico's Federal Electoral Institute," *Electoral Studies*, 27(2).

Garnett, Holly Ann (2014) "Election Management Bodies, Confidence and Voter Turnout," Paper prepared for 2014 pre-IPSA Workshop "Citizens, Parties, and Electoral Contexts," Montreal, Canada, July 18, 2014.

Hall, Thad E., Quin Monson, and Kelly D. Patterson (2009) "The Human Dimension of Elections : How Poll Workers Shape Public Confidence in Elections?" *Political Research Quarterly*, 62(3).

Hartlyn, Jonathan, Jennifer McCoy, and Thomas M. Mustillo (2008) "Electoral Governance Matters : Explaining the Quality of Elections in Contemporary Latin America," *Comparative Political Studies*, 41(1).

Hyde, Susan D., an Nikolay Marinow (2012) "Which Elections Can Be Lost ?" *Political Analysis*, 20(2).

Kerevel, Yann (2009) *Election Management Bodies and Public Confidence in Elections : Lessons from Latin America*, International Foundation for Electoral Systems (IFES). http://www.ifes.org/research.html (2014 年 9 月 20 日閲覧)

Kerr, Nicholas (2013) "Popular Evaluations of Election Quality in Africa : Evidence from Nigeria," *Electoral Studies*, 32(4).

Kerr, Nicholas (2014) "EMB Performance and Perceptions of Electoral Integrity in Africa," in *Advancing Electoral Integrity*, edited by Pippa Norris, Richard W. Frank, and Ferran Martínez i Coma, Oxford University Press.

Lehoucq, Fabrice E. (2002) "Can Parties Police Themselves ? Electoral Governance and Democratization," *International Political Science Review*, 23(1).

Linz, Juan J., and Alfred Stepan (1996) *Problems of Democratic Transition and Consolidation : Southern Europe*, South America, and Post-Communist Europe, Johns Hopkins University Press.

López-Pintor, Rafael (2000) "Electoral Management Bodies ad Institutions of Governance," Discussion Paper, Bureau for Development Policy, the United Nations

Development Programme.

Maldonado, Arturo, and Mitchell A. Seligson (2014) "Electoral Trust in Latin America," in *Advancing Electoral Integrity*, edited by Pippa Norris, Richard W. Frank, and Ferran Martínez i Coma, Oxford University Press.

Massicotte, Louis, André Blais, and Antoine Yoshinaka, eds. (2004) *Establishing the Rules of the Game : Election Laws in Democracies*, University of Toronto Press.

Montalvo, Daniel (2009) "Trust in Electoral Commissions," *AmericasBrometer Insights*, 23. http://www.vanderbilt.edu/lapop/insights/I0823en.pdf (2014年9月20日閲覧)

Moreno, Erika, Brian F. Crisp, and Matthew Soberg Shugart (2003) "The Accountability Deficit in Latin America," in *Democratic Accountability in Latin America*, edited by Scott Mainwaring and Christopher Welna, Oxford University Press.

O'Donnell, Guillermo (1998) "Horizontal Accountability in New Democracies," *Journal of Democracy*, 9(3).

Rosas, Guillermo (2010) "Trust in Elections and the Institutional Design of Electoral Authorities : Evidence from Latin America," *Electoral Studies*, 29(1).

Schedler, Andreas, Larry Diamond, and Mark F. Plattner, eds. (1999) *The Self-Restraining State : Power and Accountability in New Democracies*, Lynne Rienner Publishers.

Singh, Shane, Ignacio Lago, and André Blais (2011) "Winning and Competitiveness as Determinants of Political Support," *Social Science Quarterly*, 92(3).

Steenbergen, Marco R., and Bradford S. Jones (2002) "Modeling Multilevel Data Structures," *American Journal of Political Science*, 46(1).

［付記］本章は，2014年度日本政治学会研究大会，2015年6月にスペインのサラマンカ大学で開催された国際学会（Elites y Liderazgos en Tiempos de Cambio），同年7月に神戸大学で開催された科研研究会，および早稲田大学で行われたLatin American Politics Research Groupでの報告論文を加筆修正したものである。有益なコメントを下さった参加者の方々，特に，大西裕氏，鹿毛利枝子氏，浜中新吾氏に感謝申し上げる。また本章は，筆者が研究分担者を務めた日本学術振興会科学研究費による基盤研究（A）（課題番号：23243022，研究代表者：大西裕）の研究成果の一部である。記して感謝申し上げる。

第11章　在外投票制度の選挙ガバナンス

浅 羽 祐 樹

1　グローバルなヒトの移動と在外有権者

　グローバルなヒトの移動は1990年代以降急速に増加し，2015年現在，国連経済社会局によれば，全世界人口の73億4947万人の3.3％にあたる2億4370万人が国籍国以外に滞在している（UN DESA 2015a；UN DESA 2015b）。こうした現状に対して，これまでは移民（migrants）・難民（refugees）・移住労働者（migrant workers）として把握され，社会的包摂／排除（social inclusion/exclusion）や排外主義などについて社会学で研究されることが多かった。

　しかし，有権者（voters）として捉えると，在外有権者の存在は受け入れ国と送り出し国のそれぞれにとって政治的包摂／排除（political inclusion/exclusion）という課題を突き付けていて，政治学の領域になる。受け入れ国にとっての外国人参政権の問題は送り出し国にとっての在外投票の問題と表裏一体である。なかでも送り出し国にとって，在外有権者に対しても国内有権者と同じように投票の機会を保障することは，同じ国民に対する実質的な選挙権の保障の1つとして重要である。

　在外投票制度（external voting）はそれを可能にするための制度であるが，国内で入院患者や在宅要介護者，被疑者・被告人・受刑者や成年被後見人などに対して実質的な選挙権を保障するとき以上に，選挙ガバナンスの問題がともなう。保障を徹底しようとすればするほどコストがかかるし，それによって党派的な含意も変わるため，国や時代ごとに在外投票制度の有無，実施される選挙の範囲，投票方法にはバリエーションが存在する。本章では多国間比較を通じてその理由について明らかにする。

　在外投票制度の有無や多様な形態をもたらす要因として，本書ではまず，在外投票に限らず，選挙管理機関（Electoral Management Bodies：以下 EMB と略す

る)の全般的な能力や構成に注目する。さらに,選挙ガバナンスはEMBという単一の機関だけでなく,執政制度や選挙制度,それに司法制度など他の政治制度との相互作用によってそのありようが規定されているため,本章では特に司法制度に注目する。司法は法令の違憲審査などを通じて議会や執政長官など政治部門に対して一定の制約を課しているが,その選出方法の1つである在外投票制度についても何らかの影響を及ぼしているものと想定される。さらに,財産や性別などの形式的要件によって長らく制限されてきた選挙権が普通選挙制度の実現によって成人一般に普遍化されたが,居住地の違いなどによる実質的な制限を是正する上で,人権を保障する最後の砦である司法の影響を検討することは重要である。

このように本章では,EMBについては,その能力や構成のされ方の帰結に注目する。同時に,司法についても独立変数として設定し,EMBや司法といった非選出部門が政治部門の選出方法にどのような影響を及ぼしているのかについて明らかにする。そうすることで,在外投票についても,場合によっては政府(ガバメント)の一部門にすぎないEMBや「選挙管理」という観点ではなく,EMBと他の政治機関,特に司法機関も含めた「選挙ガバナンス」というアプローチが欠かせないことを示す。

2 なぜ在外投票制度が重要なのか

在外投票制度の概要

最初に,世界各地に偏在している在外投票制度について概観する。

そのためにはまず,在外投票制度の定義を明らかにしておく必要がある。大別すると2つの定義がある。第1に,形式的な定義である。国外に滞在している有権者が投票できるという規定が何らかの法に存在するかどうかである。有権者の資格や投票の方法など選挙制度は,多くの場合,法律で具体的に規定されているが,稀に憲法で規定されている場合もある。第2に,実質的な定義である。第1の定義のように法に規定が存在し,かつ,実際にその通り実施されているかどうかである。規定があっても必ずしもその通り実施されるとは限らず,在外投票制度は実質的な選挙権の保障である以上,実態を重視した定義である。後者の意義を否定するものではないが,本章では,制度があっても実施

されていない場合はきわめて稀であり，かつ，そのような場合にも規定があるからこそ実施に向けた働きかけが可能であることを重視して，形式的な定義を用いる。

　2007年5月現在，214の国・地域のなかで，115の国・地域では在外投票制度に関する法規定が存在する反面，99の国・地域では存在しない（IDEA 2007：13）。比率にすると，53.7％対46.3％で，1990年代以降前者が急増している。在外投票制度が存在する115の国・地域のうち，法規定が存在するものの選挙自体はまだ実施されていない4例と，データが経年で集計・公表されていない27例の計31例を除いた84例については，在外投票が初めて実施された年度が確認できるが，1990年代以降が55例（65.5％）で，今日的現象であることが分かる（IDEA 2007：234-245）。

　実施される選挙の範囲は国・地域，そしておそらく年度ごとに様々である。選挙の種類は，大統領選挙・議会選挙・地方選挙などの選挙（election）に，特定の政策争点や憲法改正などに関する国民投票（referendum）も加えると4つに大別できる。そのうちのいずれか1つに範囲が限定されている国・地域は45件（39.1％）である反面，2つ以上で実施されると規定されている国・地域は70件（60.9％）である。前者において，地方選挙あるいは国民投票だけ規定されているという事例は存在せず，大統領選挙だけが14件，議会選挙だけが31件である。後者には様々な組み合わせがあるが，大統領選挙と議会選挙の2種類が20件，それに国民投票も追加された3種類が11件，さらに地方選挙を含めた4種類全部が6件，その他，国民投票と議会選挙の2種類が7件，国民投票と大統領選挙の2種類が7件，それ以外の組み合わせが19件である（IDEA 2007：17）。

　投票方法も国・地域ごとに様々である。在外公館に設置された投票所に有権者本人が出向く直接投票，郵便投票，代理投票，ファックスや電子投票の4つに大別できる。国内投票でも最も一般的な方法である直接投票のみが54件（47.0％）で，未実施の4件と州によって方法が異なるアメリカを除いた残りの56件（48.7％）では，それ以外の方法が許容されている。そのうち，郵便投票のみが25件，代理投票のみが4件で，残り27件は混合型である（IDEA 2007：23-24）。

在外投票制度の帰結

次に，在外投票制度の帰結の重要さを検討する。

第1に，その有無や形態次第で，ある勢力には有利になる反面，他の勢力には不利になるという党派的含意があるということである。典型的なのは軍人や公務員にだけ有権者資格を限定する場合，政権与党は陰に陽に影響力を行使し自らに対する支持を誘導しやすい。そこまで露骨でなくても，一般に年齢が高くなるにつれて投票率が上がり保守政党を支持する傾向があるなかで，在外有権者の年齢構成が国内有権者以上に高齢層に偏っている場合，保守政党の方が在外投票制度を導入しようとしたり，制度が存在するときもより容易に投票できるように形態を変更しようとしたりするのは合理的である。

第2に，政治参加と選挙結果や政府に対する一般的信頼との関係である。一般に政治参加の機会が保障され，その程度が高ければ高いほど，支持する政党や候補者が負けた場合でも選挙結果を受け入れ，政府に対する信頼が高い傾向がある。在外有権者の場合，投票という最も基本的な政治参加の機会がそもそも保障されないと，選挙結果の受容や政府に対する信頼が低くなりかねない。居住地によって政治参加の機会に差があり，それが選挙結果の受容や政府に対する信頼における差に繋がると，それだけで有権者や国民の間に亀裂が生じるというわけである。

第3に，代議制民主主義のあり方を根本から問うことにもなる。代議制民主主義において，政治に参加することと，その国の国民であることと，その国に居住していることの3つは，すべて同時に満たされている（べきである）と暗黙の前提とされてきた。しかし，グローバルなヒトの移動にともない，今や外国人も国内に居住しているし，外国に居住している国民もいる。そのなかで，外国人参政権はその国に居住していれば外国人であっても政治に参加する権利を有するというものであるのに対して，在外投票制度は国民であればその国に居住していなくても政治に参加する機会を保障するというものである。参政権・国籍・居住の三位一体について，前者は国籍，後者は居住という要件を緩和するものである。換言すると，グローバルなヒトの移動において，受け入れ国にとっての外国人参政権と，送り出し国にとっての在外投票制度は対をなす問題群である。

第4に，遠隔地ナショナリズムとの関連や受け入れ国におけるエスニック政

治の問題である。在外投票制度が存在すると、エスニック集団と「本国」との政治的関係が密接になり、それだけ遠隔地ナショナリズムが刺激されるものと予想される。さらに、それが受け入れ国におけるエスニック政治に繋がると、排外主義が昂進したり、移民政策が変更されたりするかもしれない。

　第5に、ポスト紛争社会における国民統合との関連である。内戦など紛争が起きると難民や国内避難民（internally displaced persons）が大量に発生する。ひとたび停戦が成立し、国家を再建しようとするとき、特に国外に難を逃れた人たちをどのように統合や和解の過程に包摂することができるかは大きな課題である。その可能性は最初に行われる定礎選挙のあり方によって左右されるが、在外投票制度がなければ、紛争の前後で変化した国内外それぞれの有権者の構成や勢力配置において国内だけを「初期値」として固定することになりかねない。当然、排除された在外有権者は不満を抱き、国民統合や和解に繋がりにくい。

先行研究の検討

　在外投票制度の帰結は重大で、だからこそ、独立変数としても在外投票制度を位置づける必要があるが、先行研究は少なく、制度の概要紹介（河村 2013）や個別事例の記述（IDEA 2007）にとどまっている。

　従属変数としての在外投票制度についても同様である。制度の有無や、実施される選挙の範囲や投票方法という形態の決定要因として、「政治的考慮（political considerations）」の存在が指摘されているが（IDEA 2007：45）、経験的分析がともなっていない。なかでも投票方法については、執政制度や選挙制度との関連が示唆されているものの（IDEA 2007：45-48）、実証されていない。たとえば、選挙区が複数に分かれている議院内閣制よりも全国で1つの大統領制の方が、選挙管理が容易なため、在外公館における直接投票以外にも親和的であるという。同じことは選挙制度についても該当し、候補者ではなく政党に対して投票する拘束名簿式比例代表制の場合、直接投票以外の投票方法にも親和的であるとされる。また、選挙期間が長いほど郵便に要する時間を許容しうるため、郵便投票に親和的であるという。他にも、ポスト紛争社会における定礎選挙との関連が指摘されているが、方向性は示されていない。

　執政制度や選挙制度以外の政治制度、たとえばEMBや司法制度についても

検討されていない。在外投票制度も選挙の1つである以上，EMB の構成や能力と何らかの関係があるかもしれない。また，在外投票制度が実質的な選挙権保障の1つであるならば，人権を保障し法の支配を実現する司法制度のあり方と関連があるはずである。さらに，これら複数の政治制度の効果に関して多国間比較が行われていないため，在外投票制度の有無や，存在する場合も実施される選挙の範囲や投票方法という形態における差をもたらしている要因が解明されていない。

3 EMB や司法の重要性

　本章では，EMB の能力や構成と司法のありようが，在外投票制度の有無や，実施される選挙の範囲や投票方法という形態の決定に影響を及ぼしていると主張する。

　第1に，そもそも EMB に一定の能力がないと在外投票制度をマネジメントできない。在外投票を実施するには，国内投票以上にコストがかかり，それを管理するにはそれ相応のスキルを要求する。EMB に能力がともなわないと，在外投票制度を導入し，存続させられないだろう。

　第2に，選挙政策の立案を政府から独立して行うことができる EMB は，選挙ガバナンスにおいて実効性より包摂性を重視するかもしれない。一般に選挙ガバナンスには，できるだけ多くの有権者ができるだけ多くの選挙でできるだけ簡便に参加できるようにするという包摂性（inclusiveness）と，選挙を適正に実施し，有権者・候補者・政党などすべての参加者に選挙結果を受け入れさせるという実効性（effectiveness）との間で，どのようにバランスをとるのかという課題が存在する。在外投票においては，実施される選挙の範囲を広げ投票方法を増やすと包摂性は高まるが，実効性を担保しにくい。逆に，実施される選挙の範囲や投票方法を限定すると実効性は担保できるが，包摂性が低くなる。このなかで，実質的な選挙権を保障しようとして包摂性を高めると，選挙結果への党派的含意に不確実性が生じかねない。そもそも政府はこうしたリスクを回避し現状維持を選好するものなので，選挙政策の立案などの意思決定と選挙そのものの実施という EMB の2つの部門が両方とも政府に属していると，包摂性より実効性が重視される。逆に，少なくとも意思決定の部門だけでも政府

から独立していると，実効性より包摂性が重視される可能性が出てくる。もちろん，その場合も，EMBのメンバーに政党関係者が入ることはあるし，そもそもEMBには選挙法を改正する権限はないため，EMBの構成は何ら影響を及ぼさないかもしれない。

第3に，司法のありようは実質的な選挙権の保障の程度を規定する。誰がどの選挙でどのように投票できるのかについては，議会が選挙法で定めているのが一般的である。その議会や執政長官といった政治部門と司法との関係は国や時代によって様々である。司法が政治部門に対して積極的であればあるほど，実質的な選挙権を制約する選挙法に対して是正を求め，違憲・無効にする。その場合，政治部門も司法の判断を尊重して，選挙法を改正する。他方，司法が政治部門に対して消極的だと，実質的な選挙権を制約する選挙法に対して是正を求めないし，そうしたとしても政治部門は司法の判断を尊重せず，選挙法の改正を遅延させる。

第4に，司法が政治部門に対して積極的であるほど，選挙ガバナンスにともなうジレンマにおいて実効性より包摂性を重視する。司法は実質的な選挙権を保障する最後の砦であり，政治部門に対して相対的に積極的であれば，政治部門が実効性を重視し在外投票が実施される選挙の範囲の拡大や投票方法の増加を躊躇しても，その是正を法令の違憲審査などを通じて政治部門に命じることができる。

ここから導き出せる仮説は次の通りである。

第1に，EMBの能力が高いほど在外投票制度が存在する確率が高くなる。

第2に，EMBの意思決定部門が政治から独立して構成される独立型や混合型だと，政府の一機関である政府型の場合と比べると，在外投票が実施される選挙の範囲は拡大し，直接投票以外の投票方法が許容される確率が高くなるかもしれない。

第3に，司法が政治部門に対して積極主義であればあるほど，在外投票制度が存在する確率が高くなる。

第4に，司法が政治部門に対して積極主義であればあるほど，在外投票が実施される選挙の範囲は拡大し，直接投票以外の投票方法が許容される確率が高くなる。

4　多国間比較

モデル

EMB の能力や構成と司法のありようが，在外投票制度の有無と，実施される選挙の範囲や投票方法という形態の決定にどのような影響を及ぼしているか，多国間比較を行い，実証的に検証する。

従属変数は，在外投票制度の有無と，実施される選挙の範囲や投票方法の形態，すなわち包摂性である。実施される選挙の範囲が広く，投票方法が多様であるほど包摂性が高いといえる。用いるのは IDEA（Institute for Democracy and Electoral Assistance）のデータで，いずれも 2007 年時のものである（IDEA 2007：234-245）。これ以上新しいもので網羅的なデータは管見の限り存在しない。

制度の有無は存在しない場合を参照項にしたダミー変数である。

実施される選挙の範囲については，大統領選挙・議会選挙・地方選挙・国民投票の 4 つの種類において，いずれか 1 つだけしか存在しない場合と 2 つ以上存在する場合に分けて，前者を参照項にしたダミー変数を用いる。もちろん，存在している種類の数や組み合わせなど他にも変数のとりかたは考えられるが，それらの分布を勘案すると，「1 つか，2 つ以上か」の差を検討することが重要である。

投票方法についても，在外公館における直接投票，郵便投票，代理投票，ファックスや電子投票という 4 つの種類において，直接投票しか存在しない場合とそれ以外の方法が 1 つでも存在する場合に分けて，前者を参照項にしたダミー変数を用いる。もちろん，投票方法の数や組み合わせなど他にも変数のとりかたは考えられるが，それらの分布を勘案すると，「直接投票か，それ以外か」の差を検討することが重要である。何より，投票所を本人が訪問して投票するという方法は，国内投票でも「標準」とされてきた。

次に独立変数について説明する。

EMB の能力について直接測定した指標はないが，フリーダムハウスの「政治過程（political process）」スコア（Freedom House 2007）で代替する。このスコアは選挙がどれくらい公平に実施されているかを測定したもので，それを担保

するEMBの能力を間接的に示すものとみなすことができる。この値が高ければ高いほど，在外投票制度が存在する確率は高く，存在する場合，実施される選挙の範囲や投票方法における包括性が高くなるものと思われる。

　また，EMBの構成については，ACEによる3類型，政府型・混合型・独立型に依拠し，政府型を参照項にした混合型ダミーと独立型ダミーを用いる（ACE, "What is the Electoral Management model ?"）。EMBのタイプは政府型に比べると意思決定部門が政府から独立している混合型や独立型のほうが，在外投票制度が存在する確率は高く，存在する場合，実施される選挙の範囲や投票方法における包括性が高くなるかもしれない。先行研究では，議院内閣制に比べると大統領制のほうが，選挙区が全国で1つであるぶん，在外投票制度を導入しやすく，郵便投票にも親和的であるとされる。

　司法の積極性については，フリーダムハウスの「法の支配（rule of law）」スコア（Freedom House 2007）を用いる。政治部門に対する司法の積極性は，政治部門の選出や決定において重視される多数決主義や民主主義に対して原理的に緊張関係にある法の支配とみなすことが妥当である。この値が高ければ高いほど，在外投票制度が存在する確率は高く，存在する場合，実施される選挙の範囲や投票方法における包括性が高くなるものと思われる。

　統制変数として，先行研究でその影響が示唆されている執政制度や選挙制度の違いを加味する。執政制度は議院内閣制，大統領制，半大統領制の3つに分類するのが一般的であるが，本章では世界銀行の政治制度データベース（IBRD 2013）における3類型，すなわち議院内閣制（Parliamentary），議会選出の大統領（Assembly-Elected President），大統領制（Presidential）について，前2者を議院内閣制，最後の1つを大統領制として再コード化した研究（Higashiyama and Kasuya 2016）に従い，2つに分けた分類に依拠する。大統領が存在しても議会選出の場合は有権者が直接選挙に関与するものではないため，直接選挙がある大統領制だけを識別できれば十分であるからである。

　選挙制度は，ACEによる10類型（ACE, "What is the electoral system for Chamber 1 of the national legislature ?"）について，比例性の程度に応じて再類型をした先行研究（Lijphart 2012：133；粕谷 2014：163）を参考に，小選挙区制（Plurality）・選択投票制（Alternative Vote）・完全連記制（Block Vote）・決選投票制（Two-Round System）・単記非移譲式投票制（Single Non-Transferable Vote）・

単記移譲式投票制（Single Transferable Vote）・その他（Other）を非比例代表制，並立制（Parallel）と併用制（Mixed Member Proportional）を混合型，拘束名簿式比例代表制（List PR）を比例代表制として3つに分けた分類に依拠する。非比例代表制を参照項にした混合型ダミーと比例代表制ダミーを用いる。先行研究では，非比例代表制に比べると混合型や比例代表制のほうが，政党に対する投票が存在する分，在外投票制度を導入しやすく，郵便投票にも親和的であるとされる。

さらに，義務投票制の有無（ACE, "Is voting on the national level voluntary or compulsory ?"）についても統制する。義務投票制が存在する以上，投票する権利を保障するはずだとも考えられる反面，義務投票制が実施されている選挙の種類によっては，必ずしもそうした想定が妥当しないかもしれないので，方向性については両方考えられる。

ACE のデータはすべて 2015 年 1 月に最終確認したもので，従属変数の元となっている IDEA のデータの 2007 年当時とは時期が一致せず齟齬が生じている可能性を排除できないが，他に利用可能で網羅的な経年データが存在しないため，やむをえない措置として許容されるものと思われる。

分析結果

実証分析の結果は次の通りである。

第1に，在外投票制度の有無について検討する（表11-1）。効果を及ぼしているのは選挙制度と執政制度の2つである。選挙制度が比例代表制で政党投票が実施されていると，期待どおり，非比例代表制に比べると 2.59 倍も在外投票制度が存在する確率が高い。また，候補者への投票を伴う混合型（並立制・併用制）でも 2.49 倍，在外投票制度が存在する確率が高い。政党投票は候補者投票に比べて，選挙区の確定や集計も容易であるため，在外投票制度を導入したり維持したりしやすいためだと推定される。

執政制度については，大統領制だと，期待とは逆に，議院内閣制と比べて在外投票制度が存在する確率が 0.50 倍，ちょうど半減する。全国を1つの選挙区とした大統領選挙は，複数の選挙区に分かれる議会選挙と比べると在外投票制度に親和的であるはずだが，大統領ポストにかかる権力のステイク（size of the prize）の高さが関係しているのかもしれない。

表11-1 在外投票制度の有無

	B	S.E.
(Intercept)	0.885	0.727
大統領制	−0.691*	0.415
EMB構成		
混合型	−0.095	0.797
独立型	−0.729	0.559
EMB能力	0.051	0.079
選挙制度		
混合型	0.913*	0.484
比例代表制	0.951**	0.410
義務投票制	0.784	0.566
法の支配	−0.051	0.076
Negelkerke R^2	0.145	
χ^2	18.090(df=8)	
N	161	

***p<.01, **p<.05, *p<.1

　その他,本章で注目するEMBの能力や構成,法の支配は一切効果を及ぼしていない。

　第2に,実施される選挙の範囲について検討する(表11-2)。執政制度が大統領制だと,期待通り,複数の選挙で在外投票制度が存在する確率が3.81倍も高くなる。議院内閣制と比べると選挙の種類がそもそも1つ多く,大統領選挙は候補者投票であっても全国が1つの選挙区で,議会選挙における比例代表制のように事実上政党投票として機能するため,在外投票制度に親和的であるからだと思われる。選挙制度は効果を及ぼしていないが,義務投票制は,期待とは逆に,負の効果を及ぼしている。投票が義務であるにもかかわらず投票できない選挙が存在する確率がむしろ高くなるのは,端的に代議制民主主義に対する背理である。ただ,本章で用いている変数は義務投票制の有無だけで,複数ある選挙の種類ごとの差は考慮していないため,義務投票制が用いられている選挙に限ると,期待どおりに正の関係が観察されるかもしれない。

　本章で注目するEMBの能力や構成はここでも効果を及ぼしていない。法の支配の効果は期待どおりで,その程度(17点尺度)が1増えると複数の選挙で在外投票制度が存在する確率が1.22倍高くなる。

表11-2 実施される選挙の範囲

	B	S.E.
(Intercept)	−0.483	1.098
大統領制	1.336**	0.616
EMB構成		
混合型	−0.300	0.949
独立型	−0.787	0.730
EMB能力	−0.099	0.110
選挙制度		
混合型	0.002	0.661
比例代表制	0.656	0.572
義務投票制	−1.992***	0.624
法の支配	0.198*	0.119
Negelkerke R^2	0.244	
χ^2	19.968(df=8)	
N	101	

***p<.01, **p<.05, *p<.1

　第3に，投票方法について検討する（表11-3）。執政制度が大統領制だと，期待に反して，在外公館での直接選挙以外の投票方法が認められる確率が低くなる（0.32倍）。在外投票制度の有無に関しても大統領制は負の効果を及ぼしているが，執政長官にとっての権力のステイク（size of the prize）が高いとそもそも在外投票制度を導入しようとすることに反対し，導入しても包摂性より実効性を重視するからではないかと推論できる。

　EMBの構成には効果がないが，その能力は，期待とは逆に，高くなると直接投票以外の投票方法が認められる確率が低くなる。13点尺度において1増で0.78倍である。これも解釈が困難である。法の支配の効果は期待どおりで，徹底されているほど直接選挙以外の投票方法が認められる確率が高くなる。17点尺度において1増で1.42倍であるため，2増でおよそ2倍になる計算である。

　最後に，在外投票制度の有無，実施される選挙の範囲，投票方法の3つについて，独立変数の効果を整理すると次の通りである（表11-4）。

　本章で注目するEMBの構成は，3ついずれにおいても，一切効果を及ぼしていない。EMBの構成は，意思決定と実施という2つの機能それぞれが政府

表11-3　投票方法

	B	S.E.
(Intercept)	-0.109	1.105
大統領制	-1.128*	0.606
EMB 構成		
混合型	-0.653	0.929
独立型	-0.266	0.725
EMB 能力	-0.254**	0.126
選挙制度		
混合型	0.724	0.725
比例代表制	-0.835	0.600
義務投票制	-0.157	0.706
法の支配	0.353***	0.133
Negelkerke R^2	0.371	
χ^2	31.902(df=8)	
N	98	

***p＜.01,　**p＜.05,　*p＜.1

表11-4　各政治制度の効果に関するまとめ

			有無	範囲	方法
執政制度	大統領制		－*	＋**	－*
EMB	構成	混合型			
		独立型			
	能力				－**
選挙制度	混合型		＋*		
	比例代表制		＋**		
	義務投票制			－***	
司法	法の支配			＋*	＋***

***p＜.01,　**p＜.05,　*p＜.1
＋：正の効果　－：負の効果

から独立しているのかによって政府型・混合型・独立型の3つに分類されるが，政府との関係よりもメンバー選出の基準の方が重要なのかもしれない（大西 2013：24）。メンバー選出の基準について，ACEでは党派性（partisanship）・専門性（expertise）・混合型の3つに分類しているが，欠損値が多く，活用できなかった（ACE, "The EMB members/commissioners are selected on the basis of their"）。そもそも，EMBには立法権はないし，司法とは異なり議会に法改正

を命じることもできないため，法改正を必要とする在外投票制度の導入やその具体的な実施形態の決定には影響を及ぼしようがないのかもしれない。だからこそ，議会との関係において，法令の違憲審査権を有する司法の役割や法の支配がその分重要になる。

EMBの能力は投票方法においてのみ効果があるが，能力があるほど直接選挙以外の投票方法が認められる確率が低くなるというもので，先行研究で示唆されていたのとは逆の負の方向である。直観にも反し，その理由については不明である。

司法については法の支配の程度として操作化したが，実施される選挙の範囲や投票方法という包摂性において効果があり，期待どおり正の方向で，法の支配が徹底されているほど包摂性が高くなるということである。選挙管理において包摂性と実効性の間にはジレンマがともなうが，実質的な選挙権を保障する最後の砦である司法は，実効性よりも包摂性を重視しているということである。

先行研究で示唆されていた「政治的考慮」に影響を及ぼす政治制度は執政制度と選挙制度の2つである。執政制度については，3つすべてで効果があるが，方向は様々で，実施される選挙の範囲のみ期待どおり正の方向だが，在外投票制度の有無や投票方法では期待とは逆に負の方向である。選挙制度は在外投票制度の有無においてのみ効果があり，期待どおり正の方向である。

5 司法を通じた実質的選挙権の保障へ

最後に本章の知見を要約した上で，現実政治に対する含意を導出し，今後の研究課題を提示する。

本章は仮説検証型ではなく，事実発見型の探求的水準にとどまるが，EMBの能力や構成だけでなく司法の役割も同時に検討した多国間比較の試みとして一定の意義は認められよう。実証分析の結果，在外投票制度の選挙ガバナンスにおいて，制度の有無，実施される選挙の範囲や投票方法といった包摂性の要因として，EMBの構成のされ方や能力はほとんど効果を及ぼしていないことが明らかになった。むしろ司法の役割，立法裁量の限界を画する法の支配の程度のほうが重要である。だからこそ，選挙ガバナンスについて検討する場合は，政府（ガバメント）の一機関の場合もあるEMBだけでなく，政府とは区分さ

れる司法も含めることが必要である。つまり，EMBや司法といった非選出部門は，選出部門にとって死活的な利害がかかる選出方法の決定や選出過程を左右しているが，在外投票制度の場合も例外ではないということである。

　現実政治に対する含意も明白である。実質的選挙権の保障を拡大するためには，EMBや司法を通じた方途がある。しかも，在外投票制度の導入だけでなく，ひとたび導入された後も，実施される選挙の範囲を広げ，投票方法を増やすことが可能である。事実，日本の場合，どちらも選挙区と比例代表制の混合型選挙制度が用いられている衆議院選挙と参議院選挙において，国会はまず比例代表制にだけ在外投票制度を導入したが，最高裁判所で違憲とされると選挙区にも導入した（最高裁判所 2005）。これは同じ議会選挙内部での変更のため，本章の指標では包摂性の拡大としてカウントされないが，実際は在外投票制度が実施される選挙の範囲が拡大した事例である。

　また，韓国でも憲法裁判所による違憲判決によって在外投票制度が導入されたが，日本とは異なり，大統領選挙と同時に，議会選挙では最初から選挙区と比例代表制の両方で導入された（憲法裁判所 2007；南 2012）。ただ，当初，選挙のたびに有権者本人がまず在外公館に出向いて選挙人登録をし，後日投票する必要があるなど，選挙ガバナンスにおいて包摂性より実効性を重視したものだった。しかし，中央選挙管理委員会が郵便や代理人などによる選挙人登録も可能にする公職選挙法の改正意見を国会に提出すると（中央選挙管理委員会 2012），国会はそのように法改正を行った（磯崎・大西 2013）。これはあくまでも選挙人「登録」方法における変更のため，本章で対象にした「投票」方法の増加には該当しないが，有権者にとって選挙人登録と投票という一連の投票行動において，包摂性の増大，実質的選挙権の保障であることは間違いない。

　在外投票制度の選挙ガバナンスに関する研究は端緒についたばかりで今後に向けた課題が多い。従属変数として，本章では，ある時点における制度の有無や，実施される選挙の範囲や投票方法といった包摂性を設定したが，導入のタイミングや，在外年数など有権者資格なども検討に値する。また，特にEMBの能力などそれぞれの変数の指標化の方法についても精緻化する必要があるし，経年変化をフォローできる網羅的なデータベースの構築や公表も後続研究を促すだろう。さらに，全有権者に占める在外有権者の比率やその地域的な偏在の程度なども影響を及ぼしている可能性があり，これらについても指標化し，分

析に組み込むのが本来望ましい。

参考文献

磯崎典世・大西裕（2013）「韓国における選挙管理機関の立法への影響力」大西裕編『選挙管理の政治学——日本の選挙管理と「韓国モデル」の比較研究』有斐閣.

大西裕（2013）「民主主義と選挙管理」大西裕編『選挙管理の政治学——日本の選挙管理と「韓国モデル」の比較研究』有斐閣.

粕谷祐子（2014）『比較政治学』ミネルヴァ書房.

河村和徳（2013）「在外選挙制度」岩崎正洋編『選挙と民主主義』吉田書店.

最高裁判所（2005）「在外日本人選挙権剥奪違法確認等請求事件（最大判平成17年9月14日民集59巻7号2087頁）」2005年9月14日.
  http://www.courts.go.jp/app/hanrei_jp/detail2?id=52338（2016年9月20日閲覧、以下別記しない限り、同日に確認）

ACE Project, "Is voting on the national level voluntary or compulsory ?"
  http://aceproject.org/epic-en/CDMap?question=LF004&f=（2015年1月25日閲覧）

ACE Project, "What is the Electoral Management model ?"
  http://aceproject.org/epic-en/CDMap?question=EM012&f=（2015年1月25日閲覧）

ACE Project, "What is the electoral system for Chamber 1 of the national legislature ?"
  http://aceproject.org/epic-en/CDMap?question=ES005&f=（2015年1月25日閲覧）

ACE Project, "The EMB members/commissioners are selected on the basis of their"
  http://aceproject.org/epic-en/CDMap?question=EM014&f=（2015年1月25日閲覧）

Freedom House (2007) *Freedom in the World 2007*.
  https://freedomhouse.org/report/freedom-world/freedom-world-2007#.VMIkMOn9n3g

Higashijima, Masaaki and Yuko Kasuya (2016) "The Peril of Parliamentarism ? Executive-legislative Relations and the Transition to Democracy from Electoral Authoritarian Rule," in European University Institute, MWP Working Papers, 2016/01.
  http: //cadmus. eui. eu/bitstream/handle/1814/39147/MWP_2016_01. pdf? sequence=1

Institute for Democracy and Electoral Assistance (IDEA) (ed.) (2007) *Voting from*

Abroad : The International IDEA Handbook, Federal Electoral Institute of Mexico. http://www.idea.int/publications/voting_from_abroad/

International Bank for Reconstruction and Development (IBRD) (ed.) (2013) *Database of Political Institutions 2012*.
　　http://econ.worldbank.org/WBSITE/EXTERNAL/EXTDEC/EXTRESEARCH/0,,contentMDK: 20649465~pagePK: 64214825~piPK: 64214943~theSitePK: 469382, 00.html

Lijphart, Arend (2012) *Patterns of Democracy : government forms and performance in thirty-six countries*, 2nd ed., Yale University Press.

United Nations, Department of Economic and Social Affairs, Population Division (UN DESA) (2015a) *International migrant stock 2015*.
　　http://www.un.org/en/development/desa/population/migration/data/estimates2/estimates15.shtml

United Nations, Department of Economic and Social Affairs, Population Division (UN DESA) (2015b) *World Population Prospects : The 2015 Revision*, Key Findings and. Advance Tables.
　　https://esa.un.org/unpd/wpp/Publications/Files/Key_Findings_WPP_2015.pdf

(韓国語)

南来鎮 (2012)『司法的判断が政策過程に及ぼす影響に関する研究——韓国の在外選挙制度の導入と実効性に関する事例分析』高麗大学校大学院行政学科博士論文.

中央選挙管理委員会 (2012)「公職選挙法改正意見」2012 年 7 月 2 日。

憲法裁判所 (2007)「2004 憲マ 644・2005 憲マ 360 (併合) 決定文」2007 年 6 月 28 日。
　　http://search.ccourt.go.kr/ths/pr/ths_pr0103_P1.do?seq=0&cname=&eventNum=12926&eventNo=2004%ED%97%8C%EB%A7%88644&pubFlag=0&cId=010200&page=&qrylist=&selectFont=

あとがき

　選挙ガバナンスは，民主主義にとってきわめて重要であるが，政治学が扱う他の研究対象のように，研究対象としての面白さや意義が自明なわけではない。実際，編者である私がこの分野の研究を始めた 2008 年は，大先輩のある先生に，私が選挙管理の研究をすると話して，怪訝な顔をされたところから始まっている。私が大学院生として研究生活を初めて以来取り組んできた政治経済学でも，あるいは主たる研究対象としてきた韓国にとって重要な問題であった政治体制論でもない，地味で面白みも学問的なレレバンシーもない分野をなぜ敢えて，ということだったのだろう。それはこの先生だけでなく，他の先達の先生方も友人たちも同様であった。このような疑問や違和感は，今から考えれば当然の反応である。それゆえか，日本では選挙管理に関する類書がほとんどない。研究を開始するなり，私は選挙管理の研究が政治学において，どのような意義を有するのかを説明する必要性に直面した。

　意義を説明するためには，先行研究と関連分野を広く深く勉強する必要がある。先行研究とは，この場合選挙管理と選挙管理機関に関するものである。関連分野は，研究者がどう考えるかによって広がり方は異なってくる。当初進めたのは前者である。すると，選挙管理のあり方が，政治体制論と強い繋がりがあることが分かってきた。選挙管理が適切かどうかが，民主主義体制の安定性に直結する。選挙結果への信頼がなければ，代議制民主主義の正統性は担保されないからである。このことは，途上国ではもちろん，先進国でも問題となっていることが分かってきた。そこでは，選挙管理は民主主義の制度的基盤であるとの観点から制度設計が問われていたのである。

　政治体制論との繋がりが見えてきたとき，選挙管理はより広く，他の制度も含めて選挙ガバナンスとして捉えるべきだということも分かってきた。しかしこのような視野の広がりは，民主主義の質や，選挙の質への踏み込みを強いることになる。これはなかなかに難しい。これらのテーマは，従来からの政治体制論では収まらないがゆえに，議論が成熟しておらず，選挙ガバナンスを取り

巻く概念も曖昧であり，多義的でもあったからである。まだまだ多くの論点を消化できてはいないが，検討過程で浮かび上がってきた現時点でのテーマが，積極的投票権保障であった。

以上のような研究の意義追求の過程を経て，政治体制の中での選挙管理のあり方と，積極的投票権保障を研究対象へのアプローチの軸として研究を進めてきた。幸いなことに，私の興味関心に付き合ってもいいと言ってくださる研究者仲間が現れ，今日まで途切れることなく共同研究を行っている。選挙管理のあり方に関する初歩的な成果は，日本・韓国・フィリピンの3国比較を軸に，拙編著『選挙管理の政治学』（有斐閣，2013年）として公刊した。本書は日本における選挙ガバナンス研究の第一歩として重要な価値を有するとは思うが，3カ国では対象としての広がりに欠けているし，分析の主眼を置いている日本国内でも，そのあり方が市町村によって異なることが分かったにとどまり，どう異なるか，なぜ異なるのかは，事例が少なく判然としない。そこで，より多くの研究者仲間にご協力をお願いし，2011年から新たなプロジェクトをスタートさせ，共同研究をさらに進めているところである。なお，研究を行うにあたっては，「選挙ガバナンスの比較研究」（2011-14年度科学研究費補助金・基盤研究（A），研究課題番号：23243022，研究代表者・大西裕），「積極的投票権保障の展開と効果に関する研究」（2015-18年度科学研究費補助金・基盤研究（A），研究課題番号：15H01931，研究代表者・大西裕）として支援を受けている。

本書は，こうした共同研究の成果の一部である。日本では，世界各国で選挙管理や積極的投票権保障のあり方がどう異なるのかはもちろん，異なること自体知られていない。異なる理由となればなおさらである。しかし，この状況は日本だけではない。国際的にも選挙ガバナンスの実態に迫る研究書はまだまだ不足している。本書をきっかけに多くの方がこの分野に関心を抱き，この分野の開拓が進むことに繋がれば望外の幸せである。なお，本書は後続する『選挙ガバナンスの実態　日本編』の姉妹編である。日本の選挙管理のあり方を，アンケート調査をもとに明らかにする日本編も，併せて読んでいただけると幸いである。

本書は調査研究の段階で多くの方にお世話になった。調査対象となった世界各国の選挙管理関係者の方々には，ヒアリング，資料収集などについて便宜の提供をお願いし，大変協力的に応じていただいた。心からお礼申し上げる。日

あとがき

本語版が出た暁には，ぜひとも英語版を出してほしいとの要請を各地でいただいている。それに応えるべく頑張っていきたい。

　刊行にあたっては，ミネルヴァ書房編集部の田引勝二さんに大変お世話になった。出版事情が厳しい中，しかも世界編と日本編の2巻本で，という高いハードルにもかかわらず，本書の意義を認めて出版を引き受けてくださったことに，どれだけ心強く，励まされたことか。心から感謝申し上げる次第である。

　　2017年1月

　　　　　　　　　　　　　　　　　　　　　　　　大　西　　裕

人名索引

あ 行

アキノ, C.　56, 57
アキノ Jr., B.　56
アバロス, B.　58
アロヨ, G. M.　58
エストラーダ, J.　51, 55, 58
エリザベス2世　137
オドネル, G.　250
オバマ, B.　160, 161
オピッツ, C.　234

か 行

カチンスキ, J.　92, 93
ガルチャーノ, B.　58
クック, J.　117
クラーク, H. E.　135
ケール, N.　228, 229
ケレヴェル, Y.　251
ゴア, A.　150
コモロフスキ, B.　92, 94

さ 行

サマック, S.　63
シェドラー, A.　250
スカルノ　64
スチンダ, K.　59
ストラウス, S.　233, 236
スハルト　64, 65
ズマ, J.　240

た 行

タクシン, S.　49, 50, 61-63
ダビデ, H.　57
タンカンカンコ, R.　58

な 行

ナザルディン　66
ノリス, P.　20

は 行

パストール, R. A.　27
ハビビ, B. J.　68
ブッシュ, G. W.　150
ヘイドン, B.　125
ホーク, B.　125
ポッティ, D.　228

ま 行

マグサイサイ, R.　57
マシコッテ, L.　30, 31
マルコス, F. E.　51, 54-57
メガワティ, D. P.　63
モザファー, S.　225
モンソド, C.　58

や 行

ヤング, M. J.　125
ユドヨノ, S. B.　64, 66, 67
ヨラク, H.　58

ら・わ 行

リンドバーグ, S. I.　232
ロサス, G.　251, 256
ロペス-ピントール, R.　24, 25, 31, 225, 250
ロンギ, D. R.　135
ワヒド, A.　64

事項索引

※「選挙」「選挙ガバナンス」は頻出するため省略した。

あ行

アフリカ民族会議（ANC）（南アフリカ） 236, 238
アメリカ投票支援法（HAVA） 9, 147, 150-161, 163, 164
委員兼事務総長（オーストラリア） 127
イエローカード（フィリピン） 60, 62
委譲式比例代表制 120
一票の較差 18, 19
移動式投票所 260
移動投票 123
インカタ自由党（IFP）（南アフリカ） 236, 238
欧州議会・地方選挙法（2004年）（イギリス） 115
欧州議会選挙（1992年） 112
欧州人権裁判所 107
欧州評議会閣僚委員会 107
オーストラリア連邦憲法 119
オーストラリア連邦選挙庁 124, 125
オンブズマン制度 215-217, 220

か行

会計院（フランス） 179, 184, 186
外国人参政権 275, 278
拡大選挙委員会（オーストラリア） 124, 126
仮投票 123
韓国 21, 22
議会選挙制度及び選挙区法（2011年）（イギリス） 111
期日前投票 132, 260
議長委員会（イギリス） 113, 114, 116
義務投票制度 119, 122
義務登録制度 119
旧選挙管理委員会（ニュージーランド） 134
強制選挙登録制 129, 131
競争的権威主義 16
供託金 107, 121, 131, 139
区割り委員会（ニュージーランド） 132, 138
区割り見直し案（イギリス） 111
経済自由戦士（EFF）（南アフリカ） 241
継続調査様式 108
ゲリマンダリング 18
権威主義（体制） 247, 250, 259
県選挙管理委員会（スウェーデン） 202, 211
県選挙管理委員会（ノルウェー） 204, 211
憲法院（フランス） 179-182, 186, 188, 189
控訴院（フランス） 187
高等法院（イギリス） 112, 116
公平性 173, 174, 179, 189, 190
公民権運動（アメリカ） 149
効率的な集計 17
国民背番号制 215, 217, 220
国民代表法（1983年）（イギリス） 112
国民代表法（2000年）（イギリス） 108, 110
国民投票 → レファレンダム
国連アフリカ経済委員会（UNECA） 235
個人別登録（制度） 108, 111, 116
コスタリカ 20
国家選挙委員会（チェコ） 85-88
国家選挙委員会（ポーランド） 82-85, 91-95

国家選挙機関（INE）（メキシコ）　247
5％条項　131
戸別訪問　18, 109
ゴルカル（インドネシア）　65
混合モデル　7, 8, 10, 24, 25, 81, 139, 174, 189, 220
コンセイユ・デタ（フランス）　179, 183-186

　　　　　さ　行

在外投票（権，制度）　12, 133, 149, 153, 260, 263-268, 275-290
在外有権者　278, 279, 289
再区画案（オーストラリア）　123, 124
詐偽投票　111
参政権法（オーストラリア）　119
暫定投票　153, 160
事前投票センター（オーストラリア）　123
視聴覚高等評議会（CSA）（フランス）　182, 184-186, 188, 189
市町村選挙管理委員会（スウェーデン）　202
市町村選挙管理委員会（ノルウェー）　204
実質的投票権保障　275, 276, 280, 281, 288, 289
司法制度　279-281, 283, 287-289
司法的アプローチ　27
社会保障番号　108, 111
州会計検査庁（オーストラリア）　123
州議会議員選挙（オーストラリア）　128
州再区画委員会（オーストラリア）　123, 126, 138
州支局長（オーストラリア）　127
囚人の選挙権　107, 120, 121, 138
州選挙管理委員会（オーストラリア）　128
自由選挙のための国民運動（NAMFREL）（フィリピン）　57
州測量長（オーストラリア）　123
州の選挙長（オーストラリア）　123

州務長官（アメリカ）　151, 156-158
主任選挙管理者（ニュージーランド）　134
主任投票管理責任者（イギリス）　116
準権威主義　16
上院議員定数拡大　125
商業用登録簿　108, 109
小選挙区制（FPTP）　116
小選挙区比例代表併用制（MMP）　130
情報公開　215, 217, 220
庶民院（下院）（イギリス）　114, 116
　──議長（イギリス）　111, 113, 139
新興民主主義国　247, 270
人文科学研究評議会（HSRC）（南アフリカ）　239-241
人民の力党（タイ）　62
政策に直結する投票　17
政治資金規制　116
政治資金の流れ　113
政党，選挙及び国民投票法（2000年）（PPERA）（イギリス）　105, 113, 116, 117
政党・選挙法（2009年）（イギリス）　115
政党登録（イギリス）　113
政府内アプローチ　27
政府モデル　7, 24, 25, 34, 105, 112, 119, 139, 162, 220
税務局（スウェーデン）　202
世帯別登録　108, 111
積極的投票権保障（SVRs）　4-7, 15, 29-33, 151-153, 155, 160
世論調査委員会（フランス）　182, 183, 186, 188, 189
選挙・国民投票改正法（2011年）（オーストラリア）　121
選挙委員会（EC）（イギリス）　105, 108, 113-116
　──委員長（イギリス）　117
選挙運動監視全国委員会（フランス）　181, 186, 187, 189

299

選挙運動監視地方委員会（フランス） 186,
　187, 189, 190
選挙運動収支報告及び政治資金全国委員会
　（CNCCFP）（フランス） 182-184,
　188, 189
選挙運動費用の支出額上限 109
選挙監視委員会（インドネシア） 67
選挙監視組織（インドネシア） 65
選挙管理 4, 15
　——の本質的要素 5
選挙管理委員会（PPI）（インドネシア）
　45, 64-69
選挙管理委員会（タイ） 45, 52, 59-63
選挙管理委員会（フィリピン） 45, 51, 55-58
選挙管理官（オーストラリア） 128, 138
選挙管理官（ニュージーランド） 136
選挙管理機関（EMB） 4, 21-24, 26, 27,
　275, 276, 279-283, 285-289
　（アメリカ） 148-164
　（中東欧諸国） 81-96
　（南部アフリカ） 225-236
　（南アフリカ） 236-243
　（ラテンアメリカ） 247-270
　——への信頼（ラテンアメリカ） 247-268
選挙管理事務総長（イギリス） 105, 111,
　112, 115
選挙管理法（2006年）（イギリス） 111
選挙局（スウェーデン） 202, 203, 208
選挙局（デンマーク） 205, 211
選挙区画員会（イギリス） 111
選挙区選挙管理官（オーストラリア） 127
選挙区割り 123, 137, 138
選挙結果訴訟裁判所（オーストラリア）
　124
選挙権威主義 16
選挙後暴動（PEV）（ケニア） 230
選挙サイクル 20-22

選挙裁判官（イギリス） 112
選挙裁判所（イギリス） 111, 112
選挙事務官（オーストラリア） 127
選挙制度改革に関する国民投票（2011年）
　（イギリス） 116
「選挙制度の実験場」 117
選挙立会人 122
選挙登録及び選挙管理法（2013年）（イギリス） 111
選挙登録官（ERO）（イギリス） 105, 115
選挙登録センター（ニュージーランド）
　134
選挙人（制度）（アメリカ） 148, 151
選挙人登録及び選挙管理法（2013年）（イギリス） 108, 111
選挙人登録名簿（オーストラリア） 128
選挙不正 4, 14, 16, 18, 19
選挙法 249, 255, 259, 265, 268
選挙暴力 10, 11, 232-236
選挙命令 122
選挙倫理委員会（DK, DKPP）（インドネシア） 67
宣誓投票 123
選択投票制（AV） 116
全米有権者登録法（モーター・ヴォーター法） 149, 154
専門家アプローチ 27
専門性 249, 256, 258, 263-267
全郵便投票制度 110
総選挙（1980年）（オーストラリア） 125
総選挙庁（LPU）（インドネシア） 65
訴訟申立権者 112

た　行

代議制民主主義 16, 17, 278, 285
大審裁判所（フランス） 177
タイラックタイ党 61, 62
多元主義 185
地域マネジャー（ニュージーランド） 136

事項索引

地方自治体選挙（オーストラリア）　128
地方政府型　117
地方長官（フランス）　175, 177, 178, 187
チャーチスト運動（チャーチズム）（イギリス）　105, 106
中央選挙管理委員会（スウェーデン）　207, 209, 211
中央選挙管理委員会（ノルウェー）　204, 207
調整議席　202, 204, 206-208, 214
電子式直接記録投票機（DRE）　154-156, 158
道徳観　215, 218-220
投票・開票監視委員会（フランス）　186, 188, 190
投票権法（1965年）（アメリカ）　149
投票作業員　153
投票調査委員会（フランス）　186-190
投票法（1872年）（イギリス）　107, 112
独立機関型　117
独立行政機関　182, 186, 188, 190
独立性　249, 255, 256, 258, 263-268
独立選挙委員会（IEC）（南アフリカ）　236
独立モデル（独立型）　6-8, 24, 25, 81, 104, 105, 116, 119, 125, 126, 139, 140
トランスパレンシー・インターナショナル　88-90, 97, 217
内務省（フランス）　175-177, 187

な 行

南部アフリカ開発調整会議（SADCC）　227
南部アフリカ経済共同体（SADC）　226
ニューサウスウェールズ州　128
　──選挙管理委員会　128
ニューパブリックマネジメント（NPM）　9, 135
　ポスト──　135, 140

ネット選挙　109
能力　249, 255, 256, 258, 259, 263-266, 268, 270

は 行

バーミンガム市（イギリス）　110
破棄院（フランス）　179, 184, 186
秘密投票制　107, 117, 121, 129
比例代表制　204, 205, 213, 215, 220
フィリピン　30
複数政党的アプローチ　27
不在者投票　123, 160
婦人参政権　117, 119
普通選挙制度　119
ブッシュ対ゴア事件　150, 151
不当区画　123
腐敗及び違法行為防止法（1883年）（イギリス）　109, 112
包摂性　17

ま 行

マオリ選挙区（ニュージーランド）　132
民主主義　247, 248, 250, 255, 259, 260, 263-268, 270
　──の「第三の波」　16
メキシコ　20
モーター・ヴォーター法　→　全米有権者登録法

や 行

有権者登録　149, 150, 152, 153
優先順位付連記投票（制）　119, 120
郵便投票（事前投票）　110, 123, 132, 137, 260, 277, 279, 282-284
「良き市民」　134

ら 行

利権追求（レントシーキング）　11
レッドカード（フィリピン）　60, 62

301

レファレンダム（国民投票） 105, 116, 117, 128
連座制 109
連邦議会下院（オーストラリア） 127
連邦最高裁判所（オーストラリア） 124
連邦制度改革上下両院合同委員会（オーストラリア） 125
連邦選挙委員会（FEC）（アメリカ） 159, 161
連邦選挙管理委員会（AEC）（オーストラリア） 125-128, 139
　——事務総長（オーストラリア） 123, 124, 127
連邦選挙管理機関（IFE）（メキシコ） 20
連邦選挙管理庁（オーストラリア） 124
連邦選挙機関（INE）（メキシコ） 247
連邦選挙支援委員会（EAC）（アメリカ） 147, 153-155, 157-161, 163
連邦選挙庁（オーストラリア） 119
連邦選挙法（1902年）（オーストラリア） 119
連邦総督（オーストラリア） 126
ローチvs連邦選挙管理委員長事件判決（オーストラリア） 121

欧　文

ACE　24, 25, 27, 28
BME（イギリス） 108
Chief Counting Officer　138
CNCCFP　→　選挙運動収支報告及び政治資金全国委員会（フランス）
DRE　→　電子式直接記録投票機
EAC　→　連邦選挙支援委員会（アメリカ）
EasyVote Pack（ニュージーランド）　133
EMB　→　選挙管理機関
FPP　130
HAVA　→　アメリカ投票支援法
IDEA　24
IFES　24
Justice of the Peace（ニュージーランド）　134
NPM　→　ニューパブリックマネジメント
OSCE　24
PPERA　→　政党，選挙及び国民投票法（2000年）（イギリス）
Returning Officer　→　選挙管理官（オーストラリア）
SVRs　→　積極的投票権保障
UNDP　24

執筆者紹介 (執筆順, *は編者)

＊大西　裕（おおにし・ゆたか）　はしがき, 第1章, 第2章, あとがき
　　編著者紹介欄参照。

川中　豪（かわなか・たけし）　第3章
　1966年　埼玉県生まれ。
　2004年　神戸大学大学院国際協力研究科博士後期課程修了。博士（政治学）。
　現　在　アジア経済研究所地域研究センター次長。
　著　作　*Political Determinants of Income Inequality in Emerging Democracies*, Singapore: Springer, 2016（with Yasushi Hazama）.
　　　　　"Trading Compromises: Interaction of Powers in the Philippine Presidential System," in *Presidents, Assemblies and Policy-making in Asia*, ed. by Yuko Kasuya. London: Palgrave-Macmillan, 2013.
　　　　　「新興民主主義の不安定——勝利連合の変更と制度からの逸脱」『アジア経済』第52巻第1号, 2011年。

仙石　学（せんごく・まなぶ）　第4章
　1964年　千葉県生まれ。
　1994年　東京大学大学院総合文化研究科博士課程単位取得退学。
　現　在　北海道大学スラブ・ユーラシア研究センター教授。
　著　作　『ポストネオリベラル期のネオリベラリズム——新興民主主義国の事例から』編著, 京都大学学術出版会, 2017年。
　　　　　「ポーランド政治の変容——リベラルからポピュリズムへ？」『西南学院大学法学論集』49巻2・3合併号, 2017年。
　　　　　『新興諸国の現金給付政策——アイディア・言説の視点から』共著, アジア経済研究所, 2015年。

稲継裕昭（いなつぐ・ひろあき）　第5章
　1958年　大阪府生まれ。
　1983年　京都大学法学部卒業。2001年京都大学博士（法学）。
　現　在　早稲田大学政治経済学術院教授。
　著　作　『自治体ガバナンス』放送大学教育振興会, 2013年。
　　　　　『地方自治入門』有斐閣, 2011年。
　　　　　『公務員給与序説』有斐閣, 2005年。

松本俊太 (まつもと・しゅんた) 第6章
1976年　大阪府生まれ。
2006年　米国フロリダ州立大学（Florida State University）大学院博士課程修了。Ph.D.（政治学）。
現　在　名城大学法学部教授。
著　作　『アメリカ大統領は分極化した議会で何ができるか』ミネルヴァ書房，2017年。
　　　　『現代日本政治の争点』共著，法律文化社，2013年。
　　　　『オバマ後のアメリカ政治――2012年大統領選挙と分断された政治の行方』共著，東信堂，2014年。

玉井亮子 (たまい・りょうこ) 第7章
1976年　広島県生まれ。
2009年　仏国モンテスキュー＝ボルドー第四大学ボルドー政治学院博士課程修了。Docteur (science politique)。
2010年　関西学院大学大学院法学研究科博士後期課程修了（両大学国際共同指導協定）。博士（政治学）。
現　在　京都府立大学公共政策学部准教授。
著　作　『地方分権の国際比較――その原因と中央地方間の権力関係の変化』共著，慈学社，2016年。
　　　　『縮小都市の政治学』共著，岩波書店，2016年。

福島淑彦 (ふくしま・よしひこ) 第8章
1963年　東京都生まれ。
2003年　スウェーデン王立ストックホルム大学経済学部大学院博士課程修了。Ph. D. in Economics（経済学博士）。
現　在　早稲田大学政治経済学術院教授。
著　作　"Public1Sector Size and Corruption," *Japanese Journal of European Studies*, Vol. 4, 2016.
　　　　「北欧の労働市場」『北欧学のフロンティア』ミネルヴァ書房，2015年。
　　　　"Flexibility of Human Resource Portfolio and Labour Market," *Global Business & Economics Anthology*, Volume I, March, 2015.

遠藤　貢 (えんどう・みつぎ) 第9章
1962年　秋田県生まれ。
1993年　英国ヨーク大学大学院南部アフリカ研究センター博士課程修了。DPhil.
現　在　東京大学大学院総合文化研究科教授。
著　作　『武力紛争を越える――せめぎ合う制度と戦略のなかで』編著，京都大学学術出版会，2016年。
　　　　『崩壊国家と国際安全保障――ソマリアにみる新たな国家像の誕生』有斐閣，2015年。
　　　　『日本の国際政治学3　地域から見た国際政治』共編著，有斐閣，2009年。

高橋百合子 （たかはし・ゆりこ） **第10章**
- 1970年　神奈川県生まれ。
- 2008年　米国コーネル大学（Cornell University）大学院博士課程修了。Ph.D.（政治学）。
- 現　在　早稲田大学政治経済学術院准教授。
- 著　作　『比較政治学の考え方』共著，有斐閣，2016年。
  　　　　『アカウンタビリティ改革の政治学』編著，有斐閣，2015年。
  　　　　「ラテンアメリカにおける民主化と選挙管理機関」日本比較政治学会編『体制転換／非転換の比較政治』ミネルヴァ書房，2014年。

浅羽祐樹 （あさば・ゆうき） **第11章**
- 1976年　大阪府生まれ。
- 2006年　韓国ソウル大学校社会科学大学政治学科博士課程修了。Ph.D.（政治学）。
- 現　在　新潟県立大学大学院国際地域学研究科教授。
- 著　作　『戦後日韓関係史』共著，有斐閣，2017年。
  　　　　『「憲法改正」の比較政治学』共著，弘文堂，2016年。
  　　　　『日韓政治制度比較』共編著，慶應義塾大学出版会，2015年。

《編著者紹介》

大西　裕（おおにし・ゆたか）

　1965 年　兵庫県生まれ。
　1993 年　京都大学大学院法学研究科博士後期課程中途退学。博士（法学）。
　現　在　神戸大学大学院法学研究科教授。
　著　作　『先進国・韓国の憂鬱――少子高齢化，経済格差，グローバル化』中公新書，2014 年。
　　　　　『選挙管理の政治学――日本の選挙管理と「韓国モデル」の比較研究』編著，有斐閣，2013 年。
　　　　　『韓国経済の政治分析――大統領の政策選択』有斐閣，2005 年。

　　　　　　　　　選挙ガバナンスの実態　世界編
　　　　　　　――その多様性と「民主主義の質」への影響――

　　2017 年 3 月 30 日　初版第 1 刷発行　　　　　　　〈検印省略〉

　　　　　　　　　　　　　　　　　　　　　　　定価はカバーに
　　　　　　　　　　　　　　　　　　　　　　　表示しています

　　　　　　　　　　編著者　　大　西　　　裕
　　　　　　　　　　発行者　　杉　田　啓　三
　　　　　　　　　　印刷者　　大　道　成　則

　　　　　　　　　発行所　株式会社　ミネルヴァ書房
　　　　　　　　607-8494　京都市山科区日ノ岡堤谷町 1
　　　　　　　　　　　　　電話代表　（075）581-5191
　　　　　　　　　　　　　振替口座　01020-0-8076

　　　　©大西裕ほか，2017　　　　　　　　　太洋社・新生製本
　　　　　　　　　ISBN978-4-623-07943-8
　　　　　　　　　　Printed in Japan

R・D・パットナム編著／猪口孝訳 A5判・466頁
流動化する民主主義 本体 4800円
――先進8カ国におけるソーシャル・キャピタル

松本俊太 著 A5判・360頁
アメリカ大統領は分極化した議会で何ができるか 本体 6000円

吉田　徹 編著 A5判・288頁
野党とは何か 本体 6000円
――組織改革と政権交代の比較政治

加茂利男・稲継裕昭・永井史男 編著 A5判・248頁
自治体間連携の国際比較 本体 5500円
――市町村合併を超えて

粕谷裕子 編著 A5判・208頁
アジアにおける大統領の比較政治学 本体 5500円
――憲法構造と政党政治からのアプローチ

粕谷裕子 著 A5判・280頁
比較政治学 本体 2800円

梅津實・森脇俊雅・坪郷實・後房雄・大西裕・山田真裕 著 A5判・290頁
新版　比較・選挙政治 本体 2800円
――21世紀初頭における先進6カ国の選挙

坪郷　實 編著 A5判・304頁
比較・政治参加 本体 3200円

新川敏光・大西裕 編著 A5判・324頁
日本・韓国（世界政治叢書9） 本体 3000円

猪口孝・袴田茂樹・浅羽祐樹・鈴木隆 編著 A5判・336頁
環日本海国際政治経済論 本体 3500円

―― ミネルヴァ書房 ――
http://www.minervashobo.co.jp